Von Apfelessig bis Zahnpasta

1000 Haushaltstips
für Leute mit wenig Zeit

MOEWIG

Hinweis: Die Ratschläge und Empfehlungen dieses Buchs wurden von Autoren und Verlag nach bestem Wissen und Gewissen erarbeitet und sorgfältig geprüft. Dennoch kann eine Garantie nicht übernommen werden. Eine Haftung der Autoren, des Verlags oder seiner Beauftragten für Personen-, Sach- und Vermögensschäden ist ausgeschlossen.

© VPM Verlagsunion Pabel Moewig KG, Rastatt
Alle Rechte vorbehalten
Umschlagmotive: VPM
Redaktion: Dr. Elvira Weißmann-Orzlowski
Printed in Germany
ISBN 3-8118-1394-3

Inhalt

Großreinemachen

Von niemandem geliebt, doch keiner kommt
dran vorbei. Schnell und zeitsparend
bringen Sie diese Arbeit hinter sich, wenn Sie unsere
praktischen Tips befolgen.

Abflußrohre

- Kochendheißes Kartoffelwasser hält Abflußrohre umweltfreundlich frei.
- Auch Kaffeesatz, regelmäßig hindurchgespült, sorgt für saubere Abflußrohre.
- In verstopfte Abflußrohre schüttet man etwas Soda und spült mit heißem Wasser nach.
- Verstopfte Abflußrohre werden durch kochendheißes Wasser wieder frei. Falls nötig, nehmen Sie eine Saugglocke zu Hilfe. Um erneuter Verstopfung vorzubeugen, legen Sie ein passend zugeschnittenes Stück Fliegendraht auf den Ausguß oder kaufen Sie ein spezielles Abflußsieb.

Abziehbilder

- Abziehbilder auf Kunststoffflächen entfernt man am besten, indem man mit einem Fön so lange heiße Luft darauf bläst, bis sich das Bild leicht lösen läßt. In hartnäckigen Fällen hilft auch etwas Nagellackentferner. Aber Achtung: Kunststoffflächen könnten dadurch stumpf werden.

Aluminium

- Aluminium putzt man mit Stahlwolle. Aluminiumtöpfe werden auch sauber, wenn man Rhabarber oder Kartoffeln darin kocht.

Armaturen

- Badezimmerarmaturen und ähnliches sollte regelmäßig eine spezielle Reinigung erhalten. Wischen Sie Ihre Chromgegenstände im Bad einfach mit einem weichen, in Spiritus getränkten Tuch ab.
- Armaturen im Bad (Chromteile) putzen Sie am besten mit Wasser, dem Sie einen kräftigen Schuß Salmiak zugegeben haben. Spülen Sie gut nach und reiben Sie die Teile trocken, bis sie glänzen.
- Mit Klarspüler für die Geschirrspülmaschine lassen sich Kalkrückstände an Armaturen leicht und nachhaltig entfernen.

Aschenbecher

- Spart Wasser: Nach der Party sämtliche Aschenbecher mit benutzten Papierservietten auswischen. Erst danach ins Spülwasser geben.

Autoteppich

- Salzreste in Autoteppichen im Frühjahr mit einer Mischung aus Wasser und Essig (zu gleichen Teilen) entfernen.

Badewanne

- Umweltfreundlich und sehr wirksam: Die Badewanne mit Schmierseife putzen, so wird sie niemals rauh oder stumpf.
- Sie haben jahrelang eine glänzende Badewanne, wenn Sie diese mit einem Gemisch aus Essig und Salz reinigen.
- Badewannen und Armaturen reinigt man ganz leicht mit Paraffin. Es nimmt Schmutz und Kalkränder und gibt schönen Glanz. Doch ist gutes Nachspülen erforderlich, damit kein Geruch zurückbleibt.
- Dunkle Flecken und Rost in Badewannen behandelt man am besten mit einer Paste aus Borax und Essig.
- Emailbadewannen reinigt man mit gelöster Schlämmkreide und spült mit kaltem Wasser nach.

Badezimmerkacheln

- Bevor Sie die Kacheln oder die Wanne reinigen, lassen Sie eine Zeitlang die Dusche so heiß wie möglich laufen. Der durch den Dampf gelöste Schmutz läßt sich leichter abwaschen.
- Wenn's besonders glänzend werden soll, reiben Sie die Kacheln, Badewanne und Waschbecken nach dem Reinigen mit normalem Autowachs ein. Einige Minuten wirken lassen, so daß es noch nicht angetrocknet ist, und dann mit einem sauberen Tuch polieren. Danach wird Ihr Badezimmer in neuem Glanz erstrahlen, und Wasserflecken lassen sich viel leichter wegwischen.
- Bereits matt gewordene Kacheln bringen Sie wieder auf Hochglanz, wenn Sie sie mit Zeitungspapier oder einem Fensterleder, das in Salmiaklösung getaucht wurde, abreiben.

Besen, neue

- Ein neuer Besen kehrt gut. Noch besser kehrt er, wenn man ihn vor seinem ersten Einsatz mit den Borsten in Salzwasser stellt.
- Besen und Bürsten soll man niemals auf die Borsten stellen, sondern hängend aufbewahren. Das erhöht die Lebensdauer.

- Weich gewordene Borsten an Schrubber oder Besen werden wieder fest, wenn man sie in Alaunwasser legt.
- Bürsten und Besen, deren Borsten sich durch häufigen Gebrauch flachgedrückt haben, eine Zeitlang über starken Wasserdampf halten – die Borsten richten sich dann von selbst wieder auf.
- Besen wäscht man in einer Schmierseifenlösung aus und trocknet sie hängend.

Betten

- Federbetten nie in der prallen Sonne lüften. Die Federn werden brüchig. Bei zu hoher Luftfeuchtigkeit können die Federn klumpen.

Bilderrahmen

Reinigung

- Bilder- und Spiegelrahmen am besten mit lauwarmem Salmiakwasser reinigen und trocknen.
- Vergoldete Bilderrahmen kann man reinigen, indem man sie mit einer rohen Kartoffel abreibt.
- Vergoldete Bilderrahmen kann man auch so säubern: Mit Pinsel oder Schwamm etwas Weinessig daraufstreichen. Nach einigen Minuten mit klarem Wasser nachwischen und den Rahmen an der Luft trocknen lassen.
- Vergoldete Spiegel- und Bilderrahmen können Sie auch gut mit einem Wattebausch und Spiritus reinigen.
- Vergoldete Rahmen säubert man mit einer Mischung aus einem Viertelliter Wasser und zwei Eßlöffeln Salmiakgeist mit einem sauberen Schwamm. Die Rahmen erhalten wieder neuen Glanz, wenn man sie mit einer Mischung aus Eiweiß und etwas Salz überpinselt.

Auffrischen

- Vergoldete Rahmen zum Auffrischen mit einer Mischung aus vier Teilen Eiweiß und einem Teil Kochsalz abbürsten.

Bildschirm

- Ungetrübte Fernsehfreuden hat man, wenn man den Bildschirm mit einem weichen, mit Spiritus beträufelten Lappen abreibt. Mit einem sauberen Tuch nachreiben. Gute Wirkung zeigt auch eine Behandlung mit dem Auto-Klarsichttuch.

Blumenvasen

- Blumenvasen werden wieder fleckfrei klar, wenn man sie mit verdünnter Salzsäure gut durchspült. Danach natürlich sehr gründlich mit klarem Wasser nachspülen und klartrocknen.
- Leckende Tonvasen werden garantiert wasserdicht, wenn man flüssig erwärmtes Stearin einfüllt und so lange schwenkt, bis alle Seiten der Vase damit überzogen sind. Danach gut trocknen lassen.
- Schlanke und hohe Vasen kippen leicht. Das kann man vermeiden, indem man etwas Sand, ein Bleistück, einen Stein oder ein paar Glasmurmeln hineinlegt.

Bohnern

- Zum Bohnern ist altes Seidenpapier sehr gut geeignet, da es sich nicht so mit Wachs vollsaugt wie ein Lappen. Zum Schluß kann man es zum Anheizen des Kamins verwenden.

Brandflecken

- Brandflecken auf Holztischen mit Mayonnaise bestreichen, 30 Minuten einwirken lassen und anschließend gut abreiben.

Brandloch im Teppich

- Es war ein fröhliches Fest, weniger schön jedoch ist das Brandloch im Teppich. Schneiden Sie mit einem sehr scharfen Messer die schadhafte Stelle aus. Nehmen Sie dann das ausgeschnittene Teil als Vorlage für das Stück, das Sie einsetzen wollen. Schneiden Sie es sauber aus einem Teppichrest aus, kleben Sie es in das Loch ein – und schon ist die Reparatur perfekt.

Bücher

- Bücher einfach mit einem kleinen Handstaubsauger entstauben. Geht schnell und wirbelt keinen zusätzlichen Staub auf.

Bügeleisen

- Auch Bügeleisen brauchen von Zeit zu Zeit eine Generalreinigung. Um Ablagerungen im Dampfbügeleisen zu entfernen, füllt man es zu gleichen Teilen mit Wasser und Essig. Einschalten, warten, bis es zu dampfen beginnt, abschalten. Dann eine Stunde einwirken lassen. Nach dieser Behandlung gründlich mit klarem Wasser nachspülen.

- Die Außenseite wird wieder sauber, wenn man mit Metallpolitur oder Zahnpasta gründlich darübergeht.
- Bügeleisen reibt man, wenn sie noch heiß sind, mit Kerzenwachs ab und putzt mit einem Wolltuch nach.

Bürsten

- Nasse Bürsten trocknen Sie am besten hängend mit den Borsten nach unten, da sonst die eingezogenen Drähte rosten und die Borsten faulen.
- Bürsten und Kämme reinigt man in einer Mischung aus einem Teil Salmiakgeist und acht Teilen Wasser – mit klarem Wasser nachspülen.
- Bürsten und Kämme reinigt man mühelos mit Rasierschaum. Lassen Sie ihn kurz einwirken und spülen Sie ihn anschließend gründlich aus.
- Kämme, Bürsten, Glas und Schmuckstücke können gründlich und schonend mit Ammoniak gereinigt werden: ein Eßlöffel auf zwei Tassen Wasser – gut nachspülen.
- Harte Borsten werden weicher, wenn man Milch und Wasser zu gleichen Teilen mischt und die Bürsten für einige Zeit hineinlegt.

Chemie im Haushalt

- Vermeiden Sie zuviel Chemie. Gerade im Haushalt kann man einiges dazu beitragen, die Umwelt vor allzuviel Chemie zu schützen. So sind keine raffinierten chemischen Zusammensetzungen für einen gründlichen Hausputz notwendig. Die folgenden Mittel reichen völlig aus:
- Schmierseife: Universalreiniger für alles, was naß geputzt werden kann.
- Essig: zum Entkalken und gegen den Grauschleier auf Armaturen.
- Einfache Scheuermittel für Küche und Bad. Prüfen Sie die Inhaltsstoffe; auf Bleich- und Desinfektionsstoffe können Sie verzichten!
- Spiritus: macht im Putzwasser alles aus Glas strahlend sauber.

Chrom

- Chrom mit Petroleum oder Terpentin reinigen und mit einem weichen Lappen nachpolieren. Bei hartnäckiger Verschmutzung die Chromteile mit einem mit Mehl bestäubten weichen Lappen polieren.

Chromgegenstände in Bad und Küche *vgl. Armaturen*

Deckenlampen

• Besonders auf den Deckenlampen befindet sich schnell eine Staubschicht, die selbstverständlich entfernt werden muß. Begeben Sie sich aber nicht unnötig in Gefahr durch waghalsige Kletterpartien! Einfacher und sicherer geht es, wenn Sie an einem Mop oder Besenstiel einen in Spiritus getränkten Lappen befestigen. So können Sie die Reinigung der Lampen vom Boden aus durchführen.

Dusche

• Den verkalkten Brausekopf der Dusche abschrauben und einige Zeit in heißes Salz- oder Essigwasser legen. Wenn nötig, Wasser erneuern und den Vorgang wiederholen.
• Die Glaswände der Dusche bringt man mit einem essiggetränkten Schwamm schnell auf Hochglanz.

Duschvorhänge aus Plastik

• Häßlich gewordene Duschvorhänge aus Plastik in der Badewanne auslegen, gut mit Wannenspray besprühen und einwirken lassen, bis sich der Schmutz löst. Dann gut klarspülen – fertig.

Edelstahl

• Edelstahl reibt man blitzblank mit ausgepreßten Zitronenschalen.

Elfenbein

• Vergilbte oder verschmutzte Gegenstände aus Elfenbein werden wieder sauber, wenn man sie mit lauwarmem Seifenwasser reinigt und gut abtrocknet.
• Gelb gewordene Elfenbeinketten kann man mit einem kurzen Bad in Wasser mit Zahnreinigungstabletten wieder herrlich weiß bekommen.
• Elfenbein mit lauwarmem Seifenwasser oder Milch putzen und mit einem weichen Lappen nachpolieren.
• Vergilbtes Elfenbein und Klaviertasten behandelt man mit verdünntem Wasserstoffsuperoxyd.
• Vergilbtes Elfenbein läßt sich auch reinigen, wenn man es mit einem weichen, in Terpentin getauchten Lappen abreibt und es anschließend in der Sonne trocknen läßt.

Email

• Emaileimer reinigt man leicht mit Terpentin.

Entkalken

• Zum Entkalken von Töpfen und anderen Gefäßen ist Essigwasser im Verhältnis drei Teile Wasser und ein Teil Essig ein gutes Mittel. Das Gemisch in oder mit dem zu reinigenden Gefäß oder Gerät aufkochen, abkühlen lassen und den Vorgang so lange wiederholen, bis sich alle Kalkrückstände gelöst haben.
• Mit Zitronensäure kann man Wasserkessel, Kaffeemaschinen und andere Küchengeräte entkalken.
• Ist die Kaffeemaschine verkalkt, läßt man eine Lösung aus Wasser und Essigessenz durchlaufen, danach mehrmals mit klarem Wasser nachspülen.

Eternit-Fußböden

• Sie sollten niemals gescheuert werden. Statt dessen einfach mit Seifenwasser reinigen und anschließend, nach dem Trocknen, mit farblosem Bohnerwachs behandeln.

Etiketten

• Das Entfernen von Etiketten und Aufklebern auf Glas, Kacheln usw. nimmt man mit Aceton oder Waschbenzin vor. Auch Nagellackentferner hilft.

Federbetten

• Federbetten kann man leicht selbst auflockern. Ein Stück Naht von etwa 4 cm auftrennen. Den Fön in die Öffnung stecken, etwa 5 Minuten in die Füllung blasen.
• Federbetten sollten niemals geklopft werden. Das zerstört die Federn.

Fenster, glänzende

• Damit Fensterscheiben schöner glänzen, nach der Reinigung eine alte Nylon-Feinstrumpfhose zum Nachpolieren verwenden.
• Fenster sollte man nicht bei strahlendem Sonnenschein putzen, denn sie würden zu schnell trocknen und dann Streifen zeigen.
• Fensterscheiben bleiben länger sauber, wenn Sie einmal pro Woche innen und außen die trockenen Scheiben mit einem nicht fasernden Tuch sorgfäl-

tig abreiben. Das spart Ihnen viel Zeit, und den nächsten „Naßputz" können Sie verschieben.

- Blinde Fensterscheiben werden wieder klar, wenn Sie sie mit einem in Öl getränkten Wollappen abreiben und mit Löschpapier nachpolieren. Auch eine Einreibung mit Brennesseln sorgt für klare Sicht.

Fensterputzen

- Wenn Sie sehr hohe Fenster haben, lohnt sich die Anschaffung eines Fensterreinigungsgerätes (langer Stiel mit Schwamm, Gummischaber).
- Putzstreifen lassen sich vermeiden, wenn Sie eine Seite nur senkrecht, die andere nur waagrecht putzen; so erkennen Sie sofort, wo noch mal nachpoliert werden muß.
- Holzfenster und -rahmen reibt man nach dem Reinigen zur Pflege mit Bohnerwachs ein.
- Fliegenschmutz entfernt man von Fensterscheiben mit Salmiakgeist, von vergoldeten Rahmen mit einer halbierten Zwiebel, von Möbeln und Seide mit lauwarmem Essigwasser und von Metall mit Spiritus.
- Fensterputzen im kalten Winter bereitet keine Schwierigkeiten, wenn dem warmen Wasser ein wenig reiner Alkohol beigegeben wird.
- Fenster kann man auch trocken reinigen, indem man sie kräftig mit Zeitungspapier abreibt.

Fensterputzmittel

- Das gehört ins Putzwasser: eine halbe Tasse Salmiakgeist, ebensoviel Essig oder Brennspiritus und zwei Eßlöffel Stärke. Zum Reinigen selbst nehmen Sie entweder einen weichen Lederlappen oder nasses Zeitungspapier. Zum Nachpolieren ideal: trockenes Zeitungspapier. Wenn's mal ganz schnell gehen soll (hauptsächlich für Innenseiten): Einfach ein weiches Tuch in Essig tauchen!
- Fensterputzmittel kann man wie folgt selbst herstellen: Einen Schuß Essig, einen Schuß Spülmittel und einen Schuß Spiritus auf einen Liter Wasser geben. In eine Spritz- oder Sprühflasche gefüllt, erfüllt es seinen Zweck ebenso gut wie käufliche Mittel.
- Zum Fensterputzen kann man auch folgendes Mittel verwenden: Eine halbe Tasse Salmiakgeist, eine halbe Tasse Essig und zwei Eßlöffel Stärke auf einen Eimer mit warmem Wasser geben.

- Wenn man dem Wasser etwas Salz zusetzt, werden die Fensterscheiben doppelt so blank.
- Strahlend blanke Fenster bekommt man, wenn man unmittelbar nach dem Putzen mit einem sauberen Tafelschwamm über die trockene Scheibe reibt.
- Für Milchglasscheiben bitte nur heißes Essigwasser verwenden.

Fenster, Spiegel, Glasflächen

- Fenster, Spiegel, Glasflächen bleiben von Fliegen verschont, wenn sie mit Essigwasser abgerieben wurden.

Fensterbretter, Türen

- Schonend vorgehen sollte man beim Reinigen von weißlackierten Fensterbrettern und Türen. Trägt man eine dünne Schicht Bohnerwachs auf, so bildet sich eine Schutzschicht, von der man Flecken auch mal abreiben kann, ohne gleich mit dem Putzeimer anzurücken.

Fensterleder

- Fensterleder bleiben geschmeidig, wenn man sie nach dem Gebrauch mit lauwarmem Salzwasser auswäscht.
- Fensterleder wird wieder schön weich, wenn es einige Stunden in Seifenwasser gelegt und mit Salmiakgeist ausgespült wird. Anschließend kommt es zum Trocknen an die Luft.
- Fensterleder bewahrt man vor dem Brüchigwerden, indem man das Putzmittel alle zwei Wochen auswäscht und das Leder mit Rizinusöl einfettet. Dann wieder putzen.

Fliegengitter

- Fliegengitter putzt man mit einem Bürsten-Lockenwickler. Leicht darüberbürsten – Fusseln und Staub bleiben daran hängen.

Fliesen

- So reinigt man Fliesen richtig: Kalkränder auf den Fliesen mit Essig abreiben. Zur Reinigung ein mildes Geschirrspülmittel oder Salmiakwasser verwenden. Nach dem Abtrocknen ein paar Tropfen Speiseöl auf ein weiches Tuch geben und damit die Fliesen polieren. Das gibt ihnen einen schönen Glanz und schützt sie vor Feuchtigkeit.

- Fliesen, Badewanne usw. werden schön sauber, wenn man sie mit sauer gewordener Vollmilch putzt.

- Matt gewordene Fliesen erhalten neuen Glanz, wenn man sie mit salmiakgetränktem Zeitungspapier abreibt.

- Fliesen werden wieder glänzend, wenn sie mit einer Mischung aus zwei Dritteln Leinöl und einem Drittel Terpentin gereinigt werden.

- Für glänzende Fliesen statt Allzweckreiniger dem Putzwasser (einfaches) Haarshampoo beifügen – es sorgt für Glanz und pflegt zugleich.

- Vergilbte Becken und Fliesen strahlen wieder in alter Frische, wenn man sie mit einer Mischung aus Salz und Terpentin abschrubbt.

- Den Grauschleier auf gefliesten Böden entfernt man mit Essig im Putzwasser.

Fotografien

- Fotografien kann man mit einem in Spiritus getauchten Wattebausch reinigen. Hilft garantiert.

Frühjahrsputz ohne Risiko

- Sind Sie schon bei der Planung Ihres Frühjahrsputzes? Dann sollten Sie sich unbedingt auch ein paar Gedanken über Ihre Sicherheit machen! Experten haben es errechnet: Von den jährlich insgesamt 2 Millionen Haushaltunfällen gehen über eine halbe Million auf das Konto „Frühjahrsputz". Grund genug, mal die eigenen Putzgewohnheiten zu überprüfen. Hier finden Sie die häufigsten Fehler und Gefahrenquellen; wenn Sie diese vermeiden, haben Sie schon eine Menge für Ihre Sicherheit getan!

- Schon bei Ihrer Kleidung geht's los: Tragen Sie nichts mit weiten Ärmeln und keine losen Schürzenbänder, erst recht keine hochhackigen Schuhe.

- Zum Steigen gehört unbedingt eine Leiter mit Sicherheitszeichen – auf gar keinen Fall aufeinandergestellte Stühle.

- Ihre Putzgeräte wie Besen, Schrubber und Eimer bitte immer so aufbewahren, daß sie nicht zur Stolperfalle werden.

- Beim Fensterputzen sollten Sie, wenn irgend möglich, auf dem Boden bleiben und – niemals auf die Außenseite des Fensterbrettes treten!

- Daß sämtliche Reinigungsmittel geschützt vor dem Zugriff von Kindern aufbewahrt werden müssen, sollte zwar selbstverständlich sein – doch die Unfallstatistiken beweisen leider das Gegenteil.

Fugen

- Weiße Fugen in Bad und Küche mit Schlämmkreide reinigen.
- Die Fugen zwischen Fliesen mit einem Brei aus Backpulver und Wasser reinigen. Einfach die Fugen einstreichen, etwa eine Stunde einwirken lassen und mit Wasser gut abspülen.

Fußboden

- Fußböden lassen sich sehr gut mit Schmierseife putzen. Das Wischwasser über Blumen gießen, die dadurch gedüngt werden.
- Der Fußboden glänzt, wenn man dem Wischwasser eine halbe Tasse Weichspüler beigibt.
- Schwarze Striemen von Gummisohlen auf Fußböden entfernt man mit einem spiritusgetränkten Lappen.
- Alte Glanzschichten auf Fußböden lassen sich mit einem Schuß Salmiakgeist im Wischwasser entfernen.
- Schimmel vom Fußboden entfernt man, wenn man zuerst den Schimmel mit einem trockenen Lappen wegrubbelt und dann mit Terpentin nachreibt.

Glastüren

- Glastüren glänzen, wenn sie mit einem in Essig getränkten Schwamm abgerieben werden.

Gläser

- Feine Gläser eignen sich nicht für die Spülmaschine, sie gehen viel zu leicht zu Bruch. Lieber von Hand spülen.

- Kristallgläser werden schön blank, wenn das Spülwasser etwas Essig enthält.
- Gläser trocknet man am besten mit fusselfreien Tüchern ab, hervorragend eignet sich Leinen.

Glastische

- Kleine Kratzer in Glastischen kann man mit Zahnpasta wegpolieren.

Glühbirnen

- Von Zeit zu Zeit sollte man die Glühbirnen mit Spiritus abwischen. Sie geben wieder viel besseres Licht.

Goldschmuck

- Zahnprothesenreiniger ist auch gut für Goldschmuck. Über Nacht einwirken lassen. Anderntags nachspülen und trockenreiben. Fertig.
- Goldschmuck erstrahlt nach einem Salmiakbad in neuem Glanz – ein paar Tropfen auf einen Liter warmes Wasser genügen schon.
- Alter Goldschmuck ohne Edelsteine wird wieder wie neu, wenn man den Goldschmuck mit einer weichen Zahnbürste in mildem Waschpulver längere Zeit bürstet und danach in heißen Sägespänen trocknet.

Grünspan

- Grünspan ist häßlich. Dabei bekommt man ihn so leicht wieder weg: einfach mit unverdünntem Essig abreiben.

Harzflecken

- Weihnachtszeit, schöne Zeit. Dazu gehören Gestecke aus Tannenreisig. Leider sind verharzte Hände alles andere als schön. Um wieder saubere, gepflegte Hände zu bekommen, ist nichts weiter nötig als etwas Butter. Damit reibt man die Hände ein, läßt einwirken – noch einmal gründlich mit Seife waschen –, und alle unschönen Spuren sind beseitigt.

Heizkörper

- Prima putzen lassen sich Heizkörper auf folgende Weise: Hinter dem Heizkörper wird ein feuchtes Tuch angebracht. Dann pustet man mit dem Fön kräftig zwischen die Heizrippen – der Staub ist im feuchten Tuch.

Heizöl

• Waschpulver ist ein gutes Mittel gegen ausgelaufenes Heizöl. Einfach darüberstreuen, es saugt das Heizöl restlos auf.

Herd

• Ob Fünf-Gänge-Menü oder nur eine Suppe – überkochen kann immer mal
  etwas. Deshalb ist es wichtig, ein paar Kniffe zu kennen, die Ihren Herd nicht
  nur wieder saubermachen, sondern auch lange schön halten.
• Elektroherd: Bei starken Verschmutzungen hilft eins ganz sicher: Einweichen!
  Einfach heiße Spüllauge eine Zeitlang in der Herdmulde stehen lassen. Danach läßt sich der Schmutz leicht entfernen. Die trockenen Platten brauchen
  hin und wieder eine „Abreibung" mit einem Spezial-Pflegemittel; ebenso die
  Edelstahlflächen.
• Gasherd: Gitter zum Säubern herausnehmen und mit Metall-Putzmittel behandeln. An selbstreinigenden Brennerdeckel bitte nie mit Scheuermittel her-
  angehen. Besser vorher einweichen oder feucht abwischen. Bei starker
  Verschmutzung ist Stahlwolle erlaubt. Achtung: Beim Gasherd kein Reini-
  gungsspray verwenden! Es könnte zu gefährlichen Verpuffungen kommen.
• Glas-Keramik-Kochfeld: Hier genügen meist ein feuchtes Tuch und Spülmittel. Bei sehr starker Verschmutzung – z. B. eingebranntem Zucker – empfiehlt
  sich ein Glasschaber. Danach alles wieder mit klarem Wasser wegwischen
  und trockenreiben.

Holz

• Holzflächen, die spröde und verschmutzt sind, mit warmem Bier reinigen.
  Sie bekommen so wieder einen schönen Glanz.
• Ränder auf Holztischen lassen sich durch eine Mischung aus einem Teelöffel
  Butter, einem Teelöffel Mayonnaise und etwas Zigarettenasche entfernen.
  Die Mischung auftragen, ungefähr fünf Minuten einwirken lassen, dann
  nachpolieren.
• Auf Druckstellen in Holz legt man über Nacht einen feuchten Schwamm oder
  Lappen, dann sind sie am nächsten Morgen verschwunden.

Holzbrettchen

• Holzbrettchen, unentbehrlich in der Küche, werden wieder wie neu, wenn
  man sie mit Essigwasser behandelt.

Holzflechtmöbel

- Holzflechtmöbel vergilben weniger, wenn man sie mit warmem Salzwasser abwäscht. Damit sie aber nicht austrocknen, muß man sie hin und wieder mit Zitronenöl einreiben.

Holzfußböden

- Holzfußböden mit kaltem schwarzem Tee oder mit grüner Seife putzen.
- Helle Flecken in einem Holzfußboden kann man beseitigen, wenn man eine braune Schuhcreme unter das Bohnerwachs mischt und die hellen Stellen damit behandelt.
- Kratzer in Holzfußböden mit Stahlwolle, die zuvor in Bohnerwachs getaucht wurde, entfernen.

Hunde- und Katzenhaare

- Hunde- und Katzenhaare entfernt man mit feuchten Perlonstrümpfen.

Inletts

- Inletts nicht starker Sonnenhitze aussetzen. Sie würden brüchig werden und reißen. Sind bereits Risse im Inlett, kann man diese mit aufbügelbarem Leukoplast oder Quick-Flecken reparieren. Nähen hätte keinen Sinn, ein bereits brüchig gewordenes Inlett reißt immer wieder an den Nahtstellen des Geflickten ein.

Jalousetten

- Die Zwischenräume der Lamellen reinigt man am besten, indem man ein weiches, in Spirituswasser getauchtes Tuch um einen Teigschaber wickelt.

Kachelfugen

- Häßliche graue Kachelfugen kriegt man wieder weiß, wenn man eine ausgediente Zahnbürste in leicht verdünnten Salmiakgeist taucht, die Fugen damit ausbürstet und nachspült – sie strahlen wieder weiß wie neu.
- Die schnellste Methode: Fugen in Kachelöfen von Zeit zu Zeit immer mal mit Milch reinigen. So werden sie herrlich weiß.

Kacheln und Kunststoffflächen

• Kacheln und Kunststoffflächen in Bad, Dusche oder Küche, die mit Autowachs behandelt werden, sind wasserabweisend und fleckenresistent. Die Mühe lohnt sich in jedem Fall.

Kaffeemühle

• Die Kaffeemühle mit weißem Sand reinigen. Beim Durchdrehen werden alle unsauberen Teilchen mitgenommen, und es bleiben keine Spuren zurück.
• Kaffeemühlen von Zeit zu Zeit mit einem trockenen Pinsel reinigen.

Kalkflecken

• Gegen Kalkflecken auf Armaturen und in Spülbecken wirkt folgendes Mittel: Ein Essig-Salz-Gemisch herstellen und die Lösung für einige Zeit im Spülbecken stehen lassen. Wasserhähne und Armaturen mit einem getränkten Tuch umwickeln – gut nachspülen.

Kalkränder

• Weiße Kalkränder und -flecken an Tontöpfen verschwinden, wenn man die Töpfe in Essigwasser einweicht und abbürstet.

Kamin

• Um Rußanfall im offenen Kamin so gering wie möglich zu halten, sollte man ab und zu Salz auf das Feuerholz streuen. Damit erspart man sich das häufige Reinigen der Feuerstelle.

Kaugummi im Teppichboden

• Ein Kaugummi wurde im Teppichboden festgetreten. So kriegt man ihn wieder ab: Man legt einen Eiswürfel aus dem Tiefkühlfach auf den Kaugummi. Nach einer Weile läßt er sich leicht ablösen.

Kerzenleuchter

• Ist der silberne Kerzenleuchter übel mit Wachs bekleckert, dann bloß nicht dran rumkratzen! Lieber steckt man ihn für eine Stunde ins Gefrierfach des Kühlschranks, damit das Wachs extrem hart wird. Danach kann man die lästigen Wachsspuren ganz leicht abpulen.

Klaviertasten

- Klaviertasten vergilben mit der Zeit. Mit Zahnpasta auf einem gut feuchten Tuch einreiben, trocken wischen und mit einem weichen Staubtuch polieren. Darauf achten, daß nicht zu viel Zahnpastarückstände zwischen die Tasten geraten.
- Klaviertasten darf man nicht mit Wasser reinigen, da sie dadurch vergilben. Nehmen Sie lieber Alkohol, Terpentin oder einen Brei aus Benzin und Schlämmkreide.
- Reiben Sie vergilbte Klaviertasten mit einem Wattebausch ab, den Sie mit verdünntem Spiritus (1:1) angefeuchtet haben.

Kleiderbürsten

- Kleiderbürsten reinigt man am einfachsten, indem man sie an die Saugdüse des Staubsaugers hält.

Kleiderschrank

- Auch Ihr Kleiderschrank hat von Zeit zu Zeit eine Reinigung nötig. Nach dem Auswaschen sollten Sie ihn noch von innen mit einigen Tropfen Zedernöl einreiben; sie erhalten es in der Drogerie. Ihr Schrank duftet dann herrlich für eine lange Zeit. Außerdem schützt das Öl auch vor Motten.

Klosett

- Die WC-Muschel läßt sich anstatt mit einem Reinigungsmittel auch gut mit Backpulver säubern – einfach einwirken lassen.
- Wasserflecken auf Toilettenbrille und -deckel aus Holz beseitigt man mit farblich passender Schuhcreme. Reiben Sie die Fläche ein und polieren Sie gründlich nach: Der Deckel sieht aus wie neu.

Kochlöffel

- Kochlöffel werden wieder ganz sauber, wenn man sie für ein paar Tage in Sodawasser legt.

Küchenschrank

- Küchenschränke werden sauber, wenn man in das Putzwasser ein fettlösendes Spülmittel gibt.

Kühlschrank

- Monatliche Inventur: Ungefähr jeden Monat einmal sollten Sie den Kühlschrank ausräumen und reinigen – aber bitte keine scharfen Mittel verwenden. Am besten geeignet ist lauwarmes Wasser, dem Sie etwas Spülmittel zufügen können.
- Etwas Puder für die Tür: Die Gummidichtung an der Tür muß unbedingt fest schließen. Reiben Sie sie ab und zu mit etwas Talkum-Puder ein, damit sie geschmeidig bleibt.
- Im Urlaub Stecker raus: Falls Ihr Kühlschrank mal für längere Zeit außer Betrieb sein sollte – zum Beispiel, wenn Sie verreisen –, ziehen Sie den Stecker heraus, lassen Sie das Verdampferfach abtauen, und reinigen Sie den Innenraum. Während Ihrer Abwesenheit sollte die Kühlschranktür geöffnet bleiben. So entstehen keine muffigen Gerüche.
- Lebensmittel, verpackt: Lebensmittel, die im Kühlschrank aufbewahrt werden, sollten immer verpackt sein. Offene trocknen viel schneller aus. Außerdem entsteht bei offenen Lebensmitteln ein unangenehmer Geruch.
- Nur kurz öffnen: Achten Sie darauf, die Kühlschranktür stets gleich wieder zu schließen, damit keine warme Luft eindringen kann.
- Keine heißen Gerichte: Stellen Sie keine heißen, dampfenden Gerichte in den Kühlschrank. Immer alles zuerst auf Zimmertemperatur abkühlen lassen. Sie verhindern dadurch, daß der Verdampfer zu schnell vereist.
- Kühlschränke entweder mit schwacher Sodalösung oder mit Essigwasser reinigen.
- Papier fängt Tropfen. Wenn Sie den Kühlschrank sauber halten wollen, nehmen Sie Haushaltspapier und legen es in den Gemüsebehälter. Das saugt herabtropfende Flüssigkeit auf.

Kupfer

- Kupferkessel können Sie mit Sauerkrautbrühe oder mit Salzsäure reinigen.
- Kupfer und Messingteile lassen sich gut mit einem Essigteig putzen – das ist eine dünnflüssige Mischung aus Essig, Mehl und Salz. Das Metall damit bestreichen und nach dem Abwaschen mit einem Tuch oder Fensterleder so lange abreiben, bis es glänzt.
- Kupfer mit einer Zwiebelhälfte blankreiben. Bei Grünspan auf Kupfer hilft Essig. Auch folgendes Rezept wirkt: Den Gegenstand mit Weinessig oder Zitronensaft abreiben und anschließend mit heißem Sodawasser nachspülen. Für angelaufene Kupferteile kann man warme Sauerkrautbrühe nehmen.

- Angelaufenes Kupfer reibt man mit einer halbierten, rohen Zwiebel blank. Oxidiertes Kupfer wird mit einem erhitzten Essig-Salz-Gemisch (1:1) abgewischt, oder man legt es sogar einige Stunden in diese Lösung.

Lampenschirme

- Lampenschirme aus Pergament putzt man am besten nur mit einem feuchten Tuch ohne alle Zusätze.

Ledermöbel

- Lederpolster reinigt man am besten mit einem feuchten Tuch. Damit das Leder nicht brüchig wird, kann man es auch mit einer Mischung aus Essig und Leinöl im Verhältnis 1:2 einreiben.
- Leder auffrischen kann man mit lauwarmer Milch und Zitronenscheiben. Nach der Behandlung gut trockenreiben und später mit Leinöl sparsam einreiben.

Leitern

- Leitern können nicht mehr wegrutschen, wenn man ihre Füße mit Filz- oder Gummistückchen beklebt.

Linoleum

- Linoleum reinigt man mit dem Wasser von abgekochten Kartoffeln. Risse im Linoleum werden mit Hartparaffin ausgegossen.
- Linoleum wird wieder glänzend, wenn man es alle paar Wochen mit Milch und Wasser, zu gleichen Teilen gemischt, abreibt.
- Das Brechen des Linoleums verhindert man, indem man Essig und Öl zu gleichen Mengen mischt und damit das Linoleum kräftig abreibt.

Mahagonimöbel

- Kratzer in rotem Mahagoniholz werden am besten mit Jodtinktur ausgebessert.

Markisen und Gartenschirme

- Markisen und Gartenschirme brauchen von Zeit zu Zeit eine Behandlung. Mit einer Bürste und eventuell etwas Kernseife abbürsten. Anschließend mit dem Gartenschlauch gründlich abspritzen.

Marmorfensterbänke

- Marmorfensterbänke mit farbloser Schuhcreme einreiben, eintrocknen lassen und anschließend polieren.

Marmorplatten

- Haben Marmorplatten bereits Spuren falscher Behandlung abgekriegt, so kann man das wiedergutmachen: Helle, glanzlose Stellen reibt man mit Salmiakwasser ab, trocknet sie gut und gibt eine dünne Schicht Bohnerwachs darüber. Mit einem weichen Tuch (Wolltuch) nachwischen, am besten gleich polieren. Hartnäckige Flecken entfernt man mit Zitronensaft oder auch mit Benzin. Oft hilft auch ein Tintenradiergummi oder eine Kleesalzlösung.

Marmorplatten

- Marmorplatten mit einer Zitronenschale reinigen, auf die etwas Salz gestreut wurde. Nie Seife oder Scheuermittel benutzen.

Marmortreppen

- Marmortreppen verlangen eine entsprechende Pflege. Regelmäßig mit klarem Wasser abgewaschen und mit einem Ledertuch trockengeputzt, bleibt die Freude am edlen Stein lange Zeit erhalten. Sollten einmal schwarze Flecken auf Marmor sein, probiert man deren Beseitigung erst einmal auf die sanfte Tour, zum Beispiel mit einem guten Möbelpflegemittel. Klappt es damit nicht, kann man den Fleck mit Steinöl oder Benzin entfernen.

Matten oder Brücken

- Matten oder Brücken rutschen nicht auf glattem Parkett oder ähnlichen Fußböden, wenn man an den Ecken der Unterseite einen alten Einmachgummiring oder ein Stück Schaumgummifolie annäht. Bei weniger kostbaren Stücken kann man die Ringe auch ankleben.

Matratzen

- An Matratzen niemals mit dem Teppichklopfer rangehen! Richtig reinigt man sie mit dem Staubsauger oder auch durch Abbürsten.

Messing

- Für Ihre guten Stücke aus Messing bereiten Sie am besten eine Lösung aus Salmiak und Wasser zum Abwaschen. Danach abtrocknen, polieren und eventuell mit einem speziellen Messing-Pflegemittel einreiben.

- Messing mit einer Zitronenhälfte putzen, die vorher in Salz getaucht wurde. Kräftig einreiben, nachspülen und trockenpolieren. Statt der Zitronenhälfte kann man auch Zitronensaft oder Sauerkraut nehmen.

- Wasserhähne, Türklinken und Stangen aus Messing glänzen länger, wenn sie nach dem Putzen dünn mit weißem Bohnerwachs eingerieben werden.

- Messing mit einem Brei aus Salz und Essig oder Salz und Speiseöl putzen.

- Messinglampen sind Anziehungspunkte für Fliegen. Den Fliegendreck entfernt man mit einem weichen Tuch, auf das Kölnisch Wasser gegeben wurde. Sanft sauberreiben.

Milchglasfenster

- Milchglasfenster niemals mit scharfen Putzmitteln reinigen. Einfach Essigwasser verwenden und dann gut trockenpolieren.

Möbel

- Tische, die unter direktem Sonneneinfluß stehen, bleichen aus. Deshalb sollte man die Tische ein paarmal übers Jahr drehen, so daß alle Stellen gleichmäßig von der Lichtschädigung befallen werden. Bei Ausziehtischen sollten die Einlagebretter von Zeit zu Zeit hineingelegt werden, sonst wird mit der Zeit die Farbtönung zu unterschiedlich.

- Parfüm und Alkohol hinterlassen auf Möbeln gefürchtete Ringe und Flecken. Mit einer Paste aus zerriebenem Bimsstein und Salat- oder Leinsamenöl entfernt man die Flecken leicht. Die Paste wird mit einem weichen Tuch immer in Richtung der Maserung eingerieben.

Bambusmöbel

- Bambusmöbel reinigt man mit einem petroleumgetränkten Lappen.

Baumwoll- und Leinenbezüge

- Verschmutzte Baumwoll- und Leinenbezüge reibt man mit einem weichen Kunststoffradiergummi ab. Oder man reinigt die Möbel mit einer Lauge aus Feinwaschmittel.

Chrommöbel

• Chrom säubert man mit einem mit Salmiakgeist befeuchteten Tuch, so wird er streifenlos sauber und glänzt wie neu.

Eichenmöbel

• Eichenmöbel bekommen neuen Glanz und verlieren Wasser- und Schmutzstellen, wenn man sie mit etwas erwärmtem Bier und einem weichen Lappen abwäscht. Gut trockenpolieren ist danach allerdings wichtig.

• Häßliche Flecken auf alten Eichenmöbeln lassen sich entfernen, wenn man die ganze Fläche mit feinem Schleifpapier abschmirgelt und dann mit Terpentin abreibt. Anschließend neu lacken.

• Schöne alte Eichenmöbel kann man selbst auffrischen. Man nimmt ein hühnereigroßes farbloses Stück Wachs und kocht es mit ein bis zwei Eßlöffeln Zucker auf. Dann streicht man die Paste mit einem Pinsel auf das Eichenholz, läßt es trocknen und reibt mit einem weichen Tuch nach.

Gartenmöbel

• Gartenmöbel aus Eisen rosten nicht, wenn man ein paar kleine Löcher in die Sitzflächen bohrt; so kann das Regenwasser ablaufen.

• Kissenfüllungen schützt man vor Nässe, indem man sie zuerst in Plastikhüllen steckt und dann erst den Bezug darüber zieht.

Holzmöbel

• Holz bringt man auf Hochglanz, wenn man es mit herkömmlicher gekaufter Möbelpolitur nach Anweisung behandelt. Danach etwas Stärkemehl darüberstreuen und kräftig mit einem sehr weichen Tuch einreiben. Mit dieser Methode wird überflüssige Möbelpolitur entfernt, und es entsteht eine streifenlose Oberfläche. Jetzt bleiben keine Fingerabdrücke auf dem Holz zurück.

• Eine ganz beachtliche Wirkung erzielt folgende Mischung auf stumpf gewordenem Holz: Gleiche Teile Rotwein und Salatöl gut vermischen, damit das Holz einreiben, gut nachpolieren. Sie werden überrascht sein, wie das Holz jetzt glänzt.

• Wachs auf Holztischen entfernt man mit ein paar Tropfen Terpentin auf einem weichen Tuch. Den Tisch kräftig damit abreiben (das Terpentin löst das Wachs auf). Mit einem sauberen Tuch nachwischen.

• Chromstahl-Reinigungsmittel eignet sich ebenfalls gut; allerdings ist die erstgenannte Methode die bessere.

Möbel, Bezüge

- Schmutzstellen auf Möbelbezügen aus Baumwolle oder Leinen lassen sich mit einem weichen Radiergummi aus Kunststoff leicht entfernen.
- Wenn man Möbelbezüge wäscht, dann empfiehlt es sich, dem Spülwasser etwas Essig beizugeben. Das frischt die Farben auf.
- Möbel mit einem Überzug aus Cord reinigt man mit Sauerampfersud.

Möbel, gebeizte

- Gebeizte Möbel feucht abwischen und danach mit einem Lappen trockenreiben.

Korbmöbel

- Auch Korbmöbel benötigen von Zeit zu Zeit eine gründliche Reinigung! Hierzu sollten Sie sie mit einer Bürste mit Salzwasser reinigen. Danach unbedingt klar abspülen und ganz sorgfältig trockenreiben.
- Gelegentliches Abreiben mit Zitronenöl verhindert das Austrocknen der Weide.
- Über den Winter die Weidenmöbel niemals in völlig trockenem Raum aufbewahren. Weide braucht Feuchtigkeit, um geschmeidig zu bleiben. Im Notfall einen Luftbefeuchter aufstellen.
- Rohrgeflecht von Stühlen wird gestrafft, wenn man es von unten mit heißem Wasser abreibt und den Stuhl dann in Zugluft trocknen läßt.

Möbel, Kratzer

- Möbelkratzer verschwinden, wenn man sie mit einer Mischung aus gleichen Teilen Essig und Öl betupft.

Möbel, Kunststoff

- Kunststoffpolster darf man niemals einfetten, da sie sonst hart werden. Richtig pflegt man sie mit einem groben, feuchten Tuch, auf das man Natron oder Essig gibt. Anschließend mit einem milden Geschirrspülmittel abwaschen. Sonnenöl und Cremes, die man von der Haut auf die Möbel überträgt, lassen den Kunststoff ebenfalls hart werden. Es ist daher dringend zu empfehlen, die Möbel öfter zu reinigen.

Möbel, Leder

- Lederpolster sind wunderschön, doch leider etwas heikel in ihrer Pflege. Sie sollten Ihr gutes Stück gelegentlich mit einem feuchten Tuch und Sattelfett reinigen.

- Um das Brüchigwerden von Ledermöbeln zu vermeiden, pflegt man sie regelmäßig mit einer Mischung aus 1 Teil Essig und 2 Teilen Leinölfirnis.

Möbel, Polster-

- Polstermöbel verschmutzen von vornherein nicht so schnell, wenn man sie öfter mit Essigwasser abbürstet.
- Oder man stellt eine Mischung aus zwei Tassen kochendem Wasser und einer halben Tasse Feinwaschmittel her. Warten, bis die Mischung kalt ist, dann mit einem Schneebesen zu steifem Schnee schlagen. Mit diesem Schaum die Polster reinigen.
- Hunde- und Katzenhaare auf Polstermöbeln und Teppichen entfernt man am besten mit einem feuchten Schaumgummischwamm. Auch für Wintermäntel oder Anzüge ist diese Methode geeignet.

Möbel, Stahl-

- Stahlmöbel befreit man von Rost, indem man sie kräftig mit Terpentin abbürstet.

Möbel, polierte

- Fingerabdrücke, Schmutz, Obstsaft usw. kann man von polierten Möbeln leicht mit einer Mischung aus Salmiakgeist, Spiritus und etwas Wasserstoffsuperoxyd entfernen.
- Weiße Flecken auf hochglanzpolierten Möbeln, die von alkoholhaltigen Flüssigkeiten herrühren, durch Einreiben mit Metallpolitur entfernen.

Möbel, Politur

- Apfelessig ist ein sehr gutes Möbelpflegemittel.
- Ein Rezept für Möbelpolitur: Drei Eßlöffel Essig auf drei Eßlöffel Öl, das Ganze schaumig schlagen.
- Möbelpolitur kann man auch wie folgt selbst herstellen: Ein Drittel Terpentin, ein Drittel Leinölfirnis (aus dem Farbenfachgeschäft) und ein Drittel Essig gut miteinander mischen. Mit einem weichen Tuch auftragen und mit einem sauberen Lappen nachreiben.
- Eine einfache Möbelpolitur ist eine Emulsion, hergestellt aus je drei Eßlöffeln Essig und Öl. Zusätzlich mit einem Teelöffel Salz vermischt, erhält die Emulsion einen mehr reinigenden Charakter. Für dunkle Möbel eine Mischung aus Rotwein und Öl verwenden.
- Man reibe die Möbel mit einem Lappen ab, der in eine Mischung aus drei Teilen Leinöl und einem Teil Spiritus getaucht wurde. Mit einem Wolltuch kräftig nachpolieren.

Möbel, weiße

- Weiße Türen, Fenster und Möbel behandelt man mit Schlämmkreide, die, mit ein wenig warmem Wasser verrührt, aufgetragen wird. Dann mit einem Wolltuch nachpolieren.

Mop

- Sie wollen Ihren Mop ausschütteln, fürchten sich aber vor Kritik der Nachbarn? Einfach den Mop in eine Plastiktüte stecken, zubinden und kräftig schütteln. So wird der Mop staubfrei, der Schmutz bleibt in der Tüte.

Nickel

- Nickel putzt man mit einem Tropfen Öl.
- Dunkle Flecken auf Nickeltabletts werden mit angefeuchteter Zigarrenasche weggerieben.
- Rostflecken auf Nickel verschwinden, wenn man sie mit einem dicken Öl bestreicht und nach drei Tagen mit einem mit Salmiakgeist befeuchteten Lappen abreibt.

Nippes oder Holzschnitzereien

- Nippes oder Holzschnitzereien kriegen Sie mit dem Haarfön im Handumdrehen sauber.

Nußbaumholzmöbel

- Möbel aus Nußbaumholz bleiben schön, wenn sie nach dem Staubwischen mit frischer Milch eingerieben werden. Hinterher gut nachreiben.
- Kratzer in Nußbaumoberflächen verschwinden, wenn man mit einem halbierten Walnußkern darüberreibt.

Ölgemälde

- Auch Ölgemälde sollte man ab und zu reinigen. Mit frischem Weißbrot ohne Rinde abreiben. Mit einem Tuch nachwischen, damit die Weißbrotreste ganz entfernt werden (etwa alle drei bis vier Monate).
- Ölgemälde reinigt man mit einem in warme Milch getauchten weichen Lappen, anschließend trocknet man sie mit einem Seidentuch.
- Verschmutzte Ölgemälde mit einer halbierten Zwiebel reinigen, indem man die Oberfläche damit abreibt.

- Ein Ölgemälde frischt man auf, indem man es mit einer rohen Kartoffel abreibt.

Ölfarbanstriche

- Stumpf gewordene Ölfarbanstriche erhalten wieder ihren alten Glanz, wenn sie mit Schlämmkreidewasser abgewaschen werden. Mit klarem Wasser nachwaschen, mit einem Wolltuch nachpolieren.

Parkett

- Fettflecken im Parkettfußboden erst mit Stahlspänen ab- und dann mit Terpentin einreiben. Danach das Parkett wie üblich wachsen.

Petroleumlampen

- Den Docht von Petroleumlampen einige Stunden in Salzlösung legen und anschließend gut trocknen. Er rußt dann beim Abbrennen weniger.

Plastik-Kehrichtschaufel

- Die neue Plastik-Kehrichtschaufel nimmt den Staub nicht so leicht an, wenn man sie vor dem ersten Gebrauch mit Möbelpolitur einreibt.

Polstermöbel

- Wenn man Polstermöbel putzt, soll man zuvor ein mit Essig befeuchtetes Tuch auflegen. Erstens wird dadurch weniger Staub aufgewirbelt, und zweitens werden die Farben aufgefrischt.
- Bei normaler Verschmutzung nimmt man einfaches Essigwasser, um Polstermöbel zu reinigen. Bei hartnäckigem Schmutz ist Rasiercreme sehr wirkungsvoll.
- Mit einer Lauge aus Feinwaschmittel, einer Handvoll Salz und einem Schuß Essig bekommt man Polstermöbel und Teppiche am besten wieder sauber.
- Polstermöbel, die stark verschmutzt sind, reibt man am besten vorsichtig mit Terpentin ab.

PVC-Beläge

- Mit einer Tasse Wäscheweichspüler im Putzwasser bekommt man PVC-Beläge wieder glänzend.

Reinigermilch

- Reinigermilch für den Haushalt – selbst hergestellt: Ein Eßlöffel Schmierseife wird mit 200 Millilitern Wasser und fünf Gramm Pottasche unter ständigem Rühren im Wasserbad aufgelöst. Dann das Rührgerät herausnehmen und 20 Gramm Schlämmkreide vorsichtig unterrühren. Zum Schluß fünf Tropfen Zitronenöl zugeben, gut verrühren und abfüllen. Die Haltbarkeit des Reinigers beträgt etwa drei Monate. Diese selbstgemachte Reinigermilch ist auch gut geeignet für Personen, die auf moderne Haushaltsreiniger allergisch reagieren.

Rolladengurt

- So halten Ihre Rolladengurte länger: einfach ab und zu mit einer Kerze einreiben. Das Wachs hält sie immer schön geschmeidig.

Saughaken für Fliesen

- Ein ganz toller Tip ist es, Saughaken für Fliesen mit Eiweiß zu bestreichen. Damit kleben sie auf den Fliesen wie angenagelt.

Scheren

- Stumpf gewordene Scheren sind nicht länger ein Ärgernis, wenn man feines Sandpapier damit zerschneidet. Nach dieser Behandlung sind die Scheren mindestens genauso scharf, als wären sie neu.

Schleiflackmöbel

- Schleiflackmöbel und weiße Türen reinigt man mit dünner Seifenlösung, der ein Schuß Petroleum untergemischt wurde. Die Möbel und Türen glänzen dadurch auch ohne Polieren.

Schmuck

- Echten Schmuck reinigen Sie am besten in warmem Seifenwasser, dem Sie etwas Salmiakgeist beigeben.
- Bewahren Sie Ihren Schmuck in einer Kassette auf? Er wird nicht anlaufen, wenn Sie ein Stück Tafelkreide dazulegen.

Schwamm

- Schwämme werden gereinigt, indem man sie für einige Zeit in kaltes Wasser legt, dann ausdrückt und wieder in etwas Wasser legt, dem der Saft einer Zitrone beigefügt ist. Nach einiger Zeit den Schwamm ausdrücken, gründlich spülen und an der frischen Luft oder in der Sonne trocknen.

• Naturschwämme werden gereinigt, indem man sie nach jedem Gebrauch gründlich mit klarem kaltem Wasser ausspült und einmal wöchentlich 24 Stunden lang in Salzwasser legt (125 Gramm Salz auf einen Liter Wasser). Anschließend in klarem kaltem Wasser nachspülen und an der Luft trocknen.

• Ist der Gesichtsschwamm glitschig geworden, waschen Sie ihn bei der nächsten Wäsche bei 30 oder 90 Grad mit. Dann wird er wieder sauber.

Silber

• Silberputzmittel können Sie so herstellen: Legen Sie das Silber einige Minuten lang in eine Lösung aus einem Liter Wasser, vier Teelöffeln Salz und vier Teelöffeln Soda. In Seifenwasser nachwaschen und mit einem Fensterleder (Rehleder) polieren.

• Legen Sie das angegraute Silber in einen Kochtopf, möglichst aus Emaille. Dann begießen Sie das Silber mit einer starken Kochsalzlösung, die Sie dann zum Kochen bringen. Wenn das Wasser sprudelt, legen Sie hühnereigroße Bällchen aus Alufolie in den Topf hinein. Bei einem zwölfteiligen Silberbesteck genügen drei bis vier Alubälle. Nach wenigen Minuten haftet der Belag am Aluminium, und das Besteck ist sauber.

• Silber und Gold, z. B. Schmuck oder Besteck, glänzen wieder, wenn man sie mit Zahnpasta abreibt, da die in ihr enthaltene Schlämmkreide neuen Glanz bringt.

• Silber läuft durch den Schwefelgehalt der Luft schwarz an. Deshalb die silbernen Gegenstände in farbigen Flanell oder buntes Seidenpapier einwickeln. Keine weißen Stoffe oder weißes Papier benutzen, da zum Bleichen von Stoffen und Papier auch Schwefel verwendet wird.

• Das Silber in der Schublade läuft nicht mehr an, wenn man ein Stück (Tafel-) Kreide hineinlegt.

• Silberne Gegenstände, in einem Plastikbeutel aufbewahrt, laufen nicht mehr an.

• Schwarz gewordenes Silber reibt man mit einem Lappen ab, den man in Salmiakgeist getaucht hat.

• Silber mit abgesiehtem Kartoffelkochwasser putzen. Schwarz angelaufenes Silber mit einer Mischung aus Kreidepulver, etwas Essig und Alkohol behandeln.

- Grünspan auf Silber, Kupfer und Messing beseitigt man mit einer Mischung aus Salzwasser und etwas Salmiakgeist. Anschließend die Gegenstände mit Kreide blankreiben.
- Gold, Silber, Zinn, Messing und Kupfer lassen sich mit Zigarrenasche reinigen.

Spiegel

- Spiegel soll man nur mit schwachem Seifenwasser putzen.
- Beschlagene Spiegel im Bad? Reiben Sie den Spiegel mit Seife ein, und polieren Sie ihn mit Toilettenpapier. Danach beschlägt er nicht mehr.
- Blinde Spiegel mit Magnesium bestreuen und mit einem spiritusgetränkten Lappen gut abreiben.
- Spiegel nicht dem grellen Sonnenlicht aussetzen, da sich sonst Flecken bilden.
- Spiegel mit einer rohen Kartoffelhälfte sauberreiben, mit klarem Wasser nachwischen und mit Toilettenpapier oder Zeitungspapier trockenreiben.

Spülbecken

- Rostflecken im Stahlspülbecken? Feuerzeugbenzin schafft Abhilfe.

Steinböden

- Steinböden in Küche und Bad reinigt man mit ziemlich starkem Salmiakwasser.

Telefon

- Glanz für das Telefon bringt eine Reinigung mit Spiritus.

Teppiche

- Nach dem Shampoonieren der Teppiche keine Stahlrohrmöbel auf die noch feuchten Teppiche stellen. Es entstehen sonst Rostflecken.
- Vergraute Teppiche hellt man so wieder auf: Großzügig Salz über die Teppiche streuen, nach einer Stunde wieder absaugen.
- Für alle Teppiche, besonders aber für echte Stücke, ist folgender Tip: Teppiche frischt man mit einem Schwamm oder Tuch auf, das vorher in lauwarmes Essigwasser getaucht und leicht ausgewrungen wurde. Trocknen lassen. Die teppichtypischen Farben leuchten in voller Pracht.

- Teppichfransen reißen mit der Zeit aus, wenn man häufig darübersaugt. Vor dem Saugen einfach die Fransen unter den Teppich fächern, damit nichts passiert.

Teppich

- Staubfrei klopfen lassen sich Polstermöbel oder Teppiche auch in der Wohnung, wenn man ein feuchtes Tuch auflegt. Es hält den Staub fest.
- Man klopft Teppiche nur von der linken Seite (Unterseite) und bürstet den Staub von der rechten ab. Um große Teppiche besser auf die Stange heben zu können, rollt man sie von zwei Seiten ein. Im Winter legt man den Teppich mit der rechten Seite auf den neugefallenen Schnee und klopft ihn so. Das frischt die Farben auf, und der Schmutz fliegt nicht umher. Im Sommer ersetzt ein taufeuchter Rasen den Schnee.
- Teppiche reinigt man sehr vorsichtig mit Salmiakwasser. Dabei darf der Teppich nicht zu naß werden, weil sonst die Farben verblassen. Kokosläufer werden wieder schön, wenn man sie mit Salz- oder Sodawasser abbürstet.
- Teppiche werden aufgefrischt, wenn man vor dem Staubsaugen nasses Salz daraufstreut.
- Zur Teppichsäuberung und Farbauffrischung nimmt man folgendes Mittel: Einige rohe Kartoffeln reiben, mit kochendem Wasser überbrühen, zwei bis drei Stunden stehenlassen, dann fein durchseihen. Den Teppich damit abbürsten und abreiben. Stark verschmutzte Teppiche mit Sauerkraut belegen, aufrollen, 24 bis 48 Stunden einwirken lassen. Gut abbürsten, eventuell noch mit Kartoffelwasser abreiben.
- Urinflecken, die durch Babys, Hunde oder Katzen auf dem Teppich oder Teppichboden entstanden sind, entfernt man, indem man zuerst einmal mit Küchenkrepp oder Toilettenpapier die Nässe herauszieht. Dann soll man mit warmer Seifenlauge und Essig oder Zitrone nachbehandeln. Anschließend nimmt man ein mit Salmiak befeuchtetes Tuch und reibt noch einmal über die Stelle. Das nimmt den unangenehmen Geruch sicher weg.
- Zur Fleckentfernung auf einem Teppich kann man anstatt eines Trockenschaumreinigers auch Rasierschaum verwenden. Dann aber mit Wasser auswaschen.
- Sind auf dem Teppich oder auf dem Teppichboden Flecken entstanden, Fleckentferner erst dann verwenden, wenn der Teppich trocken ist.
- Teeflecken auf dem Teppich lassen sich beseitigen, wenn man zuerst Terpentin auf den Fleck aufträgt, dann mit Benzol reinigt.

- Tierhaare auf Teppichen (z. B. von Hunden oder Katzen) entfernt man, indem man mit einem mit Spiritus befeuchteten Schwämmchen darübergeht.
- Staub unter Teppichen und Fußabstreifern beseitigt man, indem man Zeitungspapier darunter legt. Man braucht dann das Zeitungspapier nur zusammenzuschlagen, um den Schmutz zu beseitigen.
- Teppiche leuchten schöner, wenn man zum Abbürsten der Teppiche etwas Salzwasserlösung verwendet.
- Alleskleber auf Teppichen mit Aceton entfernen.

Terrazzoböden

- Terrazzoböden reinigt man mit Seifenwasser.

Thermoskannen

- Braune Flecken in Thermoskannen wirken unappetitlich und verfälschen den Geschmack des Getränkes. Ohne Kratzen und Reiben kriegt man die Kanne wieder sauber, wenn man ein Tütchen Backpulver hineinschüttet. Dann ganz mit warmem Wasser auffüllen und etwa zwei Stunden stehen lassen. Danach das Backpulverwasser ausschütten, zwei- bis dreimal gut mit warmem, klarem Wasser nachspülen. Die Thermoskanne glänzt wieder wie neu.

Töpfe

- Rostige Topfböden reibt man mit Petroleum ein und läßt sie mehrere Tage lang stehen. Ist der Rost verschwunden, reinigt man die Töpfe sehr gründlich.

Topfschrank

- Der Boden des Topfschrankes hat in der Küche am meisten zu leiden. Sprüht man ihn nach dem Auswischen mit Wäschestärke ein, bleibt er viel länger sauber.

Trockenblumen

- Trockenblumensträuße lassen sich leicht mit dem Haarfön (auf die niedrigste Leistungsstufe einstellen) entstauben.
- Trockensträuße kann man aufmöbeln, indem man sie mit Haarspray besprüht.

Türen

- Weiße Türen und Fenster werden mit weißem Bohnerwachs gereinigt. Seifenwasser macht mit der Zeit die Lackierung stumpf.
- Fingerabdrücke auf gestrichenen Türen und lästige Flecken lassen sich leicht entfernen, wenn man die Türen mit einem weichen Tuch abreibt, auf das vorher Zahnpasta gegeben wurde. Die Farbe leidet dadurch nicht.

Türbeschläge

- Ziergegenständen wie Türbeschlägen oder Metalleuchtern können Sie einfach mit einer Schicht Klarlack Glanz und Schutz gegen das Anlaufen geben.

Vorhangstangen

- Vorhangstangen haben ab und an eine Reinigung nötig. Wenn danach die Vorhänge nicht mehr so gut gleiten, hilft ein Nachreiben mit Bohnerwachs. Auch neue Stangen kann man so behandeln.

Waschbecken

- Waschbecken und Wanne bleiben länger sauber, wenn man sie nach dem Putzen mit etwas Weichspüler abreibt. Dadurch perlt das Wasser ab.
- Lästige Ränder im Waschbecken und an der Badewanne kann man entfernen, wenn man auf einen Lappen etwas Salz gibt.
- Gelbe Flecken im Waschbecken und in der Badewanne, von tropfenden Wasserhähnen hervorgerufen, entfernt man mit einem zu gleichen Teilen aus Essig und Salz angerührten Brei. Den Brei einwirken lassen, bevor er wieder abgespült wird.

Wäscheleine

- Nicht vergessen vorm Wäscheaufhängen: Erst die Wäscheleine mit einem feuchten Tuch abwischen. So verhindert man häßliche Schmutzstellen an der Wäsche.

Waschbenzin

- Waschbenzin kann man mehrmals verwenden. Nach jedem Gebrauch durch eine Filtertüte oder ein feines Tuch filtrieren. Kühl und kindersicher aufbewahren.

Waschmaschine

• Das reinigt die Waschmaschine: Auch sie hat von Zeit zu Zeit einen Waschgang nötig. Gönnen Sie ihr ein ganzes Waschprogramm, doch an Stelle von Waschpulver kriegt die Waschmaschine vier Liter gewöhnlichen Essig verabreicht.

Wasser, hartes

• Hartes Wasser wird weich, wenn man es abkocht. Oder man fügt Natron, Borax, Glyzerin, Calgon, Pottasche oder Zitronensaft hinzu.

Wasserflecken

• Wasserflecken auf Türen, zum Beispiel von Putzwasser, reiben Sie mit Spiritus ab.
• Häßliche Wasserflecken oder Wasserringe auf Tischplatten und Anrichten entfernt man am besten, wenn man eine Mischung aus Kupfer und Zigarettenasche nimmt und sie mit einem feuchten Tuch einreibt. Wenn die Möbel poliert sind, hilft Einreiben mit Petroleum.

Wasserränder

• Wasserränder auf hellem Holz beseitigt man, indem man mit einer öligen Paranuß darüberreibt.

Wasserstein

• Wasserstein an Gläsern reibt man mit angefeuchteter Schlämmkreide (pulverisiert) aus.

Zahnbürsten

• Ausrangierte Zahnbürsten kann man gut zum Säubern schlecht erreichbarer Ecken und Winkel benutzen. Die Bürste bitte zum jeweiligen Putzzeug legen, um Verwechslungen vorzubeugen.

Zahnputzgläser

• Zahnputzgläser mit häßlichen Rändern oder Ablagerungen reinigt man mühelos mit Zahnprothesenreiniger.
• Zahnputzgläser mit starkem Belag sehen unappetitlich aus. Man kriegt sie wieder rein, indem man sie mit starkem lauwarmem Salz- oder Essigwasser reinigt.

Zinn

- Zinngefäße niemals mit scharfem kratzigem Scheuerpulver bearbeiten. Richtig gereinigt werden sie mit einem Brei aus Schlämmkreide und Spiritus. Gut damit einreiben, einwirken lassen, nachpolieren.
- Zinn putzt man mit Schlämmkreide, die man mit Terpentinöl befeuchtet hat.
- Gegenstände aus Zinn werden wieder wie neu und erhalten einen besonders schönen Glanz, wenn man sie mit erwärmtem Bier abreibt.

Kleider- und Wäschepflege

Ein beachtlicher Posten in Sachen Haushalt.
Doch auch dafür gibt es eine Menge Tricks, mit denen
Sie Zeit und Geld sparen können:
Fürs Nähen oder Aufbewahren, fürs Waschen oder
Bügeln.

Abfärben

- So kann man es verhindern, daß Stoffe beim Waschen abfärben oder ruiniert werden: Bevor man irgendeinen Stoff wäscht, nimmt man ein Stückchen davon, feuchtet es an und reibt damit auf einem weißen Blatt Papier hin und her. Waschechter Stoff wird dabei keinerlei Farbflecken auf dem Papier hinterlassen. Dies ist ein äußerst zuverlässiges Prüfverfahren für Stoffe, über deren Farbechtheit man sich nicht sicher ist.
- Neue bunte Kleidung färbt beim ersten Waschen nicht aus, wenn dem Wasser ein Schuß Essig beigefügt wird.
- Kleiderfarbe läuft nicht aus, wenn man den Stoff vor dem Waschen eine Nacht lang in ungekochte Milch legt.

Angora

- Wenn der Angorapulli fusselt, steckt man ihn in eine Plastiktüte und friert ihn ein. Oder man legt ihn drei Stunden vor dem Tragen in einer Plastiktüte in den Kühlschrank; dadurch wird er flauschig-weich und fusselt ebenfalls nicht.

Badekleidung

- Badeanzug und -hose, die im Meer benutzt wurden, sollen mit Süßwasser ausgespült werden, da das Salzwasser das Gewebe angreift.
- Bademützen und -schuhe streut man im Winter tüchtig mit Talkum ein und wickelt sie in ein Tuch.

Betten

- Betten dürfen nicht in praller Sonne liegen, weil dadurch die Federn geschädigt werden.

Bettfedern

- Bettfedern weicht man drei bis vier Tage in einer schwachen kohlensauren Natronlösung in Wasser ein. Gut abtropfen lassen, in reinem Wasser nachwaschen und auf Sieben trocknen.

Bettinletts

- Bettinletts werden dicht, wenn man ihre Innenseite mit einem Gemisch aus gleichen Teilen Wachs und Schmierseife bestreicht.

• Bettinletts färben leicht auf die Bettwäsche ab. Man weiche die Stellen einige Stunden in Spiritus ein und wasche sie dann mit lauwarmem Seifenwasser aus.

Bettwäsche

• Bettwäsche läßt sich besser im Schrank stapeln, wenn man einen flachen Karton oder ein Stück Papier zwischen die einzelnen Teile legt. So kann man jedes Wäschestück gut entnehmen.
• Bettbezüge sollte man von links waschen und bügeln. Zum Beziehen nicht umstülpen, sondern einfach über das Bettzeug ziehen.

Bleichmittel

• Ein unschädliches Bleichmittel ist ein mit Eierschalen gefüllter Müllsack. Einfach mitwaschen.
• Ein natürliches Bleichmittel, das man allerdings nur bei robusten Stoffen anwenden sollte, ist das Aufhängen an kalten Wintertagen, bis die Wäsche steif geworden ist. Danach abnehmen und im Haus langsam auftauen und trocknen.

Blusen

• Blusen sind richtig aufgehängt, wenn man als Halte-Hilfe an die innere Kragennaht ein Bändchen näht, an dessen anderem Ende ein Druckknopf angebracht wird. Dieses Bändchen über den Bügelhaken legen und an der Krageninnenseite zudrücken.

Blutflecken

• Blutflecken sollte man immer zuerst mit klarem, kaltem Wasser auswaschen. In heißem Wasser gerinnt das im Blut enthaltene Eiweiß und verbindet sich mit dem Gewebe.
• Blutflecken in Seidenstoffen verschwinden durch eine Spiritusbehandlung.
• Hartnäckige Blutflecken in kaltem Wasser einweichen, dem etwas Gallseife beigemischt ist.
• Blutflecken auf Kunstfasern sofort mit kaltem Wasser und dann mit warmem Wasser auswaschen. Falls notwendig, diesen Vorgang wiederholen.
• Blutflecken in Wollstoff mit feuchter Weizenstärke bestreichen, trocknen lassen und ganz vorsichtig ausbürsten.

- Blutflecken auf feinen Handarbeiten beseitigt man, indem man leicht angefeuchtete Stärke aufträgt. Nach dem Trocknen den Brei abblasen oder abbürsten.
- Blutflecken beseitigt man mit stark verdünntem Salmiakwasser. Für farbempfindliche Stoffe nimmt man eine dreiprozentige warme Kochsalzlösung.
- Blutflecken auf Weißzeug beseitigt man, indem man es in kaltem Wasser mit einem Zusatz von Soda einweicht und mit Seife nachwäscht.

Brandflecken

- Leichte Brandflecken, beispielsweise in Tischtüchern, verschwinden, wenn man rohe geschälte Zwiebelstücke auflegt. Wirksam ist auch, die Flecken mit Essigwasser oder Zitronensaft zu beträufeln und dann gut auszuwaschen.
- Brandflecken entfernt man mit Chlorbleiche: Zehn Gramm in 90 Milliliter heißem Wasser auflösen – gut nachspülen.
- Brandflecken aus weißer Wäsche werden beseitigt, indem man sie mit kaltem Wasser anfeuchtet, mit Salz bestreut und in die Sonne legt. Nach einigen Stunden sind die Flecken verschwunden.

Bügel

- Holzkleiderbügel lassen sich mit diesem kleinen Trick in Rockbügel umwandeln: An beiden Enden werden Heftzwecken eingedrückt, und die Rockaufhänger können nicht mehr abrutschen.

Bügelfalten

- Bügelfalten halten länger, wenn man sie von innen in den Knickfalten mit Kernseife einreibt und anschließend die Hose von außen wieder mit einem feuchten Tuch bügelt.

Bügeln

Allgemein:
- Gewöhnen Sie sich an, beim Bügeln im Sitzen zu arbeiten. Es geht tadellos, schont Ihr Kreuz und Ihre Füße. Legen Sie sich das Ärmelbrett, ein oder mehrere Dämpftücher und eine Flasche mit Siebdeckel zum Einsprengen in Ihre Nähe. Dann müssen Sie nicht noch extra aufstehen.
- Sprengen Sie Bügelwäsche immer mit warmem Wasser ein und stecken Sie sie in einen Plastiksack. Alles feuchtet viel schneller und gleichmäßiger durch und ist auch schonender für das Gewebe.

- Dunkle Stoffe, die feucht gebügelt werden sollen, unterlegt man mit einigen Blatt Zeitungspapier. Dadurch wird ein etwaiges Abfärben auf die Bügelunterlage vermieden.
- Beim Bügeln von Taschentüchern legen Sie einfach mehrere übereinander – das spart Zeit und Strom.
- Runde Decken und Deckchen bügeln Sie am besten von innen nach außen. Beachten Sie den Fadenlauf, damit sich die Teile nicht verziehen.
- Legen Sie beim Bügeln etwas Alufolie auf empfindliche Stoffe; so vermeiden Sie ein Versengen.
- Bügelfrische Wäsche muß immer gut auslüften, ehe sie in den Schrank kommt. Sonst entstehen schnell häßliche Stockflecke, die nicht aus jedem Gewebe so ohne weiteres wieder herauszukriegen sind.

Kleider

- Beim Bügeln von Kleidern darauf achten, daß nur die Bruchkante, nicht aber der Saum selbst geglättet wird. So vermeiden Sie, daß der Saum sich unschön auf der anderen Seite abzeichnet.
- Unbedingt merken: Kleider oder Röcke aus querverarbeiteten Stoffen dürfen nur in Fadenlaufrichtung gebügelt werden.

Hemden

- Kragen und Manschetten von Herrenhemden oder Blusen, Tischwäsche, Vorhänge, Kindersachen usw. können vor dem Bügeln gestärkt werden. Oder Sie benutzen beim Bügeln einfach Sprühstärke!
- Bei Herrenhemden und Hemdblusen bügeln Sie den Kragen zuerst von links, dann von rechts, danach die Passe. Anschließend kommen die Manschetten (von beiden Seiten), dann die Ärmel. Die Ärmelfalten müssen hinten am Kragen auftreffen, in der Höhe der Passe. Legen Sie jetzt die Vorderteile auseinander und bügeln Sie den Rücken von innen und außen. Zuletzt werden die Vorderteile gebügelt und das Hemd zugeknöpft.

Verschiedene Materialien

- Besonders Baumwoll- und Leinenstücke sollten beim Bügeln noch leicht feucht sein. Deshalb müssen Sie diese Wäschestücke bügelfeucht abnehmen oder vor dem Bügeln noch einmal einsprengen. Nach dem Einsprengen rollen Sie das Stück zusammen, damit die Feuchtigkeit gleichmäßig in den Stoff einziehen kann. Beim Bügeln führen Sie das heiße Eisen möglichst „fadengerade", d. h. der Kette oder dem Schuß folgend, über den Stoff. Wäsche aus dunkelfarbiger Baumwolle bügelt man von links, um Glanzstellen zu vermeiden.

- Wolle bügelt man mit einem mittelheißen Eisen unter einem Tuch. Stricksachen müssen aber noch vor dem Bügeln in die richtige Form gebracht werden. Man kann sie eventuell mit einigen rostfreien Stecknadeln anstecken.
- Chemiefasern sind hitzeempfindlich. Sie dürfen sie also nur den speziellen Anweisungen des Herstellers entsprechend bügeln. Die meisten sind ohnehin bügelfrei.
- Kunstseide immer von der linken Seite und nicht zu heiß bügeln.
- Chintz grundsätzlich von rechts bügeln, damit er schön glänzt.
- Crepestoffe bügelt man am besten auf einem Frottiertuch.

Buntwäsche

- Buntwäsche bis 60 Grad: Dazu zählt farbige Wäsche (nicht kochecht!) wie zum Beispiel bunte Bettwäsche, Herrenhemden aus pflegeleichter Baumwolle, Schlafanzüge, dunkelfarbige Frottierwäsche, Tischwäsche.
- Buntwäsche wird nur kurz und niemals heiß eingeweicht. Sie wird auch nicht gekocht, sondern in heißer Waschlauge gut durchgewaschen. Je mehr Lauge, um so besser. Bunte Wäsche wird sofort gründlich gespült – warm, lauwarm, kalt –, bis das Wasser klar bleibt.
- Bunte Wäsche wird farbenfroh, wenn dem Spülwasser etwas Zucker zugesetzt wird.

Cordhosen

- Cordhosen bekommen keine häßlichen Knitterfalten beim Waschen in der Waschmaschine, wenn man die Hosen vor dem Waschen auf die linke Seite dreht.

Damast

- Damastwäsche erhält beim Stärken schönen Glanz, wenn der angerührten Stärke etwas Borax untergemischt wird.

Einweichen

- Nehmen Sie zum Einweichen der Wäsche immer enthärtetes Wasser oder Regenwasser. Weiße und bunte Wäschestücke weichen Sie bitte getrennt ein und waschen sie auch getrennt.

- Weiß- und Grobwäsche wird niemals heiß, am besten aber über Nacht eingeweicht. Sie länger als 15 Minuten zu kochen ist nutzlos und überflüssig. Dann wird gründlich gespült – warm, lauwarm, kalt –, bis das Wasser klar bleibt.

Falten

- Wenn Hemden und Blusen nach dem Waschen Falten haben, so hängen Sie sie über einen Bügel und duschen sie mit kaltem Wasser ab, bis sie glatt erscheinen. Dann auf dem Bügel trocknen lassen.
- Falten in zerdrückten Kleidern verschwinden wieder, wenn man die Kleider in feuchten Kellern aufhängt.

Farben auffrischen

- Sicherlich das Leid einer jeden Hausfrau: Durch ein Zuviel an Sonnenbestrahlung oder durch besonders häufiges Waschen bleichen die schönen Textilfarben leicht aus. Ihre Kleidung erhält die frischen, kräftigen Farben wieder zurück, wenn Sie in das letzte Spülwasser etwas Essig geben, oder wenn Sie beim Bügeln ein feuchtes Tuch verwenden, das Sie zuvor in Essig getränkt haben.
- Einfarbige Stoffe frischt man herrlich auf, indem man dem letzten Spülwasser einige Tropfen entsprechender Zeichentusche beifügt.
- Farbige Wollstoffe erhalten wieder eine frische Farbe, wenn man sie mit Salmiakwasser abbürstet. Auf eine Schüssel Wasser nimmt man einen Teelöffel Salmiak.
- Tiefrote und blaue Stoffe frischen ihre ursprüngliche Farbe auf, wenn man sie mit schwachem Sodawasser wäscht.
- Sind die Farben durch zu intensive Fleckentfernung im Stoff verblaßt, wird mit einer Lösung aus einem Teil Essig und zwei Teilen Wasser nachgespült: Das frischt die Farben wieder auf.

Farben verlaufen

- Sind beim Waschen Farben verlaufen, legt man den Stoff in Essig, bis die Farben klar sind; nicht nachspülen.
- Das Ineinanderlaufen der Farbe beim Waschen bunter Stoffe verhüten Sie, indem Sie dem letzten Spülwasser Salz zugeben.

Feinwäsche

- Feinwäsche niemals kochen oder heiß waschen, sondern vorsichtig in lauwarmer Waschlauge waschen. Mehrmals lauwarm spülen, bis das Wasser klar bleibt. Nach dem Spülen sofort trocknen.
- Unter Feinwäsche fallen alle Chemiefasern; auch Stoffe mit einem Chemiefaseranteil sollen nach den Waschvorschriften wie Feinwäsche behandelt werden. Wichtige Chemiefasern sind Polyacryl, Polyamid, Polyester, Acetat, Viskose. Feinwäsche soll nie heißer als 30 Grad Celsius gewaschen werden.

Fettränder

- Schmutz- und Fettränder an Hemden- und Blusenkragen vor dem Waschen mit Babyshampoo einreiben. Sie werden blitzsauber.
- Fettige Ränder am Stoffkragen entfernt man mit Salmiakwasser, den Seidenkragen reibt man mit Benzin ab.

Flanell

- Weiße Flanellhemden waschen Sie in lauwarmem Wasser mit Zusatz von etwas Salmiakgeist.
- Vergilbter Flanell wird wieder weiß, wenn man ihn in eine leichte Ammoniaklösung legt.

Flecken

- In vielen Fällen gibt man heute angeschmutzte Kleidungsstücke lieber in die chemische Reinigung, als daß man durch unsachgemäße Behandlung etwas daran verdirbt. Es gibt aber auch eine ganze Reihe von Flecken, die mühelos zu entfernen sind. Je frischer ein Fleck, desto größer die Chance, ihn spurenlos zu beseitigen. Unmittelbar nach dem Entstehen entfernt zum Beispiel warmes Wasser die meisten Speiseflecken noch mühelos. Wenn Sie einen Fleck entfernen wollen, legen Sie das Kleidungsstück möglichst auf eine glatte Unterlage. Unter den Fleck selber kommt ein sauberes, mehrfach gefaltetes Tuch, das Sie im Lauf der Behandlung mehrmals verschieben oder erneuern. Der Lappen, mit dem Sie das Fleckenmittel auftragen, muß tadellos sauber sein und ausgewechselt werden, sobald er schmutzig ist. Sanftes Klopfen und Betupfen mit Fleckenmittel ist besser als starkes Reiben.
- Beim Ausreiben von Flecken mit Fleckenmitteln immer vom Rand zur Mitte des Flecks vorgehen, damit er sich nicht ausbreitet.

- Nach der Fleckentfernung mit Salmiak, Terpentin und ähnlichen scharfen Mitteln spült man sehr gut mit Wasser nach, da sonst das Gewebe angegriffen werden kann.
- Ist durch die Fleckenbehandlung mit Salmiakgeist die betreffende Stelle etwas heller geworden, kann man mit schwachem Essigwasser nachhelfen. Die Stelle erhält ihre ursprüngliche Farbe zurück.

Fleckentferner

- Eine Fleckenapotheke sollte folgendes enthalten: Benzin, Spiritus, Salmiakgeist, Terpentin, Seifenspiritus, Seifenflocken, Magnesiumpulver, Leinen- und Wolltücher, Watte, Schwamm und Bürsten. Alle Fläschchen sind sorgfältig mit dem Inhalt zu beschriften, damit Verwechslungen und somit eine falsche Behandlung ausgeschlossen sind.
- Ein Mittel gegen vielerlei Fleckenarten auf Textilien ist Gallseife.
- Reines Mineralwasser ist ein schnell wirksamer Fleckentferner. Etwas davon auf den Fleck gießen, ganz kurz nur einwirken lassen, mit einem Schwamm oder Handtuch aufnehmen.
- Zur ganz schnellen Fleckentfernung gibt es auch folgenden Tip: Der Schaum einer guten Rasiercreme ist ein prima Fleckentferner. Einfach den Fleck einschäumen, etwas einwirken lassen, eventuell behutsam einreiben, mit klarem Wasser auswaschen, bis es nicht mehr schäumt.
- Buttermilch ist ein ausgezeichnetes und unschädliches Mittel zur Fleckenbeseitigung. Kalkflecken in Badewannen und Waschbecken werden zum Beispiel durch Buttermilch entfernt, außerdem fast alle Obstflecken in Geweben. Ganz einfach die Buttermilch etwas mehr als eine Stunde einwirken lassen und dann auswaschen. Wenn nichts mehr gegen einen Fleck hilft, versuchen Sie es mit Zahnpasta: auftragen, eintrocknen lassen und abbürsten.
- Für Wolle oder Seide ist das Kochwasser von Kartoffeln als Fleckentfernungsmittel brauchbar.
- Tetrachlorkohlenstoff ist als Fleckenmittel sehr vielseitig und für Stoffe stets unschädlich. Für den Menschen ist es dagegen hochgiftig. Selbst das Einatmen ist zu vermeiden, da die Leber dadurch geschädigt wird.

Flecken, alte bis unbekannte

- Älteren Flecken rückt man so zu Leibe: 2 Eßlöffel Waschmittel und 3 Eßlöffel Essig mit einem Liter warmem Wasser vermischen. Damit den Fleck einreiben und auftrocknen, so gut es geht. Der Rest macht sich von alleine.
- Bunte Flecken, die durch Abfärben entstanden sind, behandelt man mit einer warmen Lösung aus halb Chlor, halb Essig.

- Eingetrocknete Flecken auf Kleidungsstücken lassen sich leichter entfernen, wenn die Flecken vorher naß gemacht und das Kleidungsstück in Zeitungspapier eingewickelt wird.
- Feuchte Schmutzflecken bestreut man dick mit Salz. Etwa 15 Minuten einwirken lassen. Das Salz zieht den Schmutz auf, anschließend aufsaugen.
- Glänzende Flecken in Kammgarnstoffen entfernt man, wenn man sie mit einer Lösung Salmiakgeist und Wasser (1:10) tränkt und die Stellen mit einer warm angefeuchteten Bürste bürstet. Mit klarem Wasser nachspülen.
- Hartnäckige Flecken sofort mit Ammoniak behandeln – danach gut spülen. Gegen besonders hartnäckige Flecken hilft eine Lösung aus Waschmittel und warmem Wasser. Die Seifenlauge kreuz und quer mit einer weichen Bürste auf den Fleck reiben. Gut abtrocknen, später prüfen, ob es geklappt hat. Wenn nicht – einfach das Ganze noch mal von vorne. Klappt bestimmt.
- Helle Flecken in dunklen Stoffen werden mit schwarzem Kaffee beseitigt. Fleckentfernung bei farbigen Stoffen immer zuerst an einer verdeckten Stelle des betroffenen Stoffes ausprobieren. Immer zuerst mit leichten Mitteln beginnen, bevor man zu stärkeren Lösungen greift. Die fleckige Stelle auf eine glatte saugfähige Unterlage (Tuch) legen, die immer wieder verschoben oder gewechselt wird.
- Leichte Flecken, verursacht durch Schmutz oder Speisen, mit Kölnisch Wasser entfernen.
- Flecken in seidenen Kleidern entfernt man, indem man heiße Holzkohlenasche in ein seidenes Läppchen tut und damit den Fleck betupft. Dies macht man so lange, bis der Fleck verschwunden ist.
- Flecken, deren Ursache unbekannt ist, werden aus Stoffen häufig dadurch entfernt, daß man den Stoff in ein kochendes Milchbad legt oder in Buttermilch quellen läßt. Die Stoffe werden dann in kaltem Wasser ausgewaschen und das Ganze, wenn nötig, wiederholt.

Flecken in Kleidern und Stoffen

- Bei aller Vorsicht – das kann jedem passieren: Rotwein auf der weißen Bluse, Obst auf dem Hemd, Kaffee auf dem Sofa. Aber – keine Panik. Für fast jeden Fleck gibt's ein Gegenmittel. Grundsätzlich: Je frischer der Fleck, desto größer die Chance, daß er vollständig verschwindet. Um Ränder zu vermeiden, bitte immer von außen mit kreisenden Bewegungen nach innen reiben!

Flecken von Alleskleber

- Einfach mit Alkohol einreiben, mit einem sauberen Tuch nachreiben. Auch hartnäckiger Alleskleber auf Ihrer Kleidung läßt sich leicht entfernen. Legen Sie einen mit Spiritus getränkten Wattebausch auf die betreffende Stelle. Wenn sich der Fleck gelöst hat, können Sie ihn mit einem Löschblatt abheben. Uhuflecken bekommt man mit Nagellackentferner wieder weg.

Flecken von Bier

- Bierflecken entfernt man mit einer Mischung aus Wasser und Spiritus zu gleichen Teilen. Die Flecken damit betupfen und das Kleidungsstück auf ein saugfähiges Tuch legen. Danach mit dem Bügeleisen richtig trocken dämpfen.

- Starke Bierflecken mit Seifenspiritus entfernen.

- Bierflecken aus Leinenwäsche mit lauwarmem Salmiakwasser entfernen. Aus Wolle und Seide mit einer Mischung aus Wasser und Spiritus (gemischt im Verhältnis 1:1) entfernen.

- Bierflecken auf Samt sofort mit einem Tuch abreiben, das entweder mit Salmiakgeist oder Weingeist getränkt ist. Den Stoff zum Trocknen der Fasern mit der Rückseite auf ein Dampfbügeleisen halten.

- Bierflecken beseitigt man aus einem sauberen Tischtuch dadurch, daß man eine flache Schale darunter stellt und siedendes Wasser auf den Fleck gießt. Bei Wolle Fleckenseifenlösung und danach Salmiakwasser anwenden. Bei weißen Wollstoffen etwas Soda zusetzen. Bei Seide 50 Prozent Spiritus und 50 Prozent Wasser verwenden.

Flecken von Blut

- Sofort in kaltem Wasser einweichen. Eventuell noch mit einer warmen Waschmittellösung behandeln.

Flecken von Ei

- Eiflecken zunächst eintrocknen lassen und dann ausbürsten. Bei verschiedenen Stoffen empfiehlt sich noch folgende Nachbehandlung: Wolle: Bei alten Eiflecken vor dem Waschen mit Glyzerin einweichen. Teppiche: Den Fleck mit Seifenschaum abreiben und mit einem angefeuchteten Tuch nachwischen. Farbige Stoffe: Nachdem der Eifleck getrocknet und ausgebürstet ist, mit stark verdünntem Salmiakgeist spülen. Weiße Stoffe: Den frischen Fleck mit angefeuchtetem Salz abreiben und dann das Stück mit warmem Wasser waschen.

- Eiweißflecken werden kalt ausgewaschen, damit das Eiweiß nicht gerinnt.

Flecken von Eis
- Eisflecken etwa eine halbe Stunde in kaltem Wasser einweichen, den Fleck mit flüssigem Waschmittel einreiben und anschließend auswaschen.

Flecken von Essig
- Essigflecken behandelt man mit einer Mischung aus einem Teil Salmiakgeist und drei Teilen Wasser.

Flecken von Farbbändern
- Flecken von Farbbändern der Schreibmaschine mit Spiritus entfernen.

Flecken von Fett
- Auf Stricksachen hilft sprudelndes Mineralwasser. Oder versuchen Sie es bei Wollsachen einmal so: Verrühren Sie zunächst Benzin mit Kartoffelmehl. Diese Masse tragen Sie auf die zu behandelnde Stelle auf – danach zudecken. Nach drei Stunden können Sie die getrocknete Masse problemlos ausreiben, und der häßliche Fleck ist verschwunden. Auf anderen Geweben dagegen braucht man Reinigungsbenzin oder Fleckenwasser, um Butter, Margarine, Öl, Mayonnaise oder Hautcreme herauszubekommen.
- Fettflecken auf Kleidungsstücken entfernt man, indem man Kartoffelstärke daraufstreut und nach fünf Minuten wieder abbürstet.
- Fettflecken auf Gummischürzen reinigt man sofort mit warmem Seifenwasser und spült gut nach. Achtung: Benzin zerstört das Gummi.
- Fettflecken in derben Stoffen lassen sich mit einer Salmiaklösung entfernen.
- Gulasch- und Fettflecken sind zwar hartnäckig, aber nicht unbesiegbar. Etwas Spülmittel auf ein feuchtes Tuch geben und den Fleck fest abreiben.
- Fett- und Terpentinflecken zum Aufweichen mit Butter bestreichen. Die Butter läßt sich dann leicht entfernen.
- Fettflecken in empfindlichen Stoffen werden mit Terpentin gereinigt.
- Fettflecken in Kleidungsstücken mit Geschirrspülmittel entfernen.
- Fettflecken im Seidenkleid, die man sich bei Mahlzeiten zugezogen hat, entfernt man sofort durch Ausreiben mit Kartoffelmehl und Benzin.
- Fettflecken auf Seide mit einem Feinwaschmittel leicht einreiben, über Nacht liegen lassen und wie gewohnt auswaschen.
- Fettflecken saugt man mit Mehl oder Schlämmkreide auf. Man wasche dann das Stück mit Seifenlauge aus.
- Fettflecken auf sehr empfindlichen Stoffen entfernt man durch Auftragen eines Breis aus Magnesium und Benzin, der nach dem Trocknen abgebürstet wird.

- Fettflecken auf der Kleidung entfernt man mit einem Papiertaschentuch. Man reibt den Fleck sofort ab, und zwar so lange, bis das Taschentuch ganz zerrieben ist. Die winzigen Fusseln saugen das Fett aus dem Gewebe.
- Fettflecken mit Babypuder bestreuen, solange sie frisch sind. Einwirken lassen und dann ausbürsten.
- Fettflecken entfernt man aus Samtstoffen, indem man mit einer halbierten Zwiebel die fleckige Stelle gegen den Strich abreibt, trocknen läßt und von links bügelt.
- Fettflecken möglichst sofort mit Roggenmehl einstreuen. Das verhindert, daß sich die Flecken im Stoff festsetzen können.
- Bei Fettflecken ist ein einfaches und schnell wirkendes Mittel Pfeifenerde (erhältlich in der Drogerie). Den Fleck mit der Erde vollständig behandeln, nach etwa fünf Minuten die Erde mit einem Tuch entfernen.
- Reinigungsbenzin entfernt alle Arten von Fettflecken.
- Fettflecken auf Tapeten bestreicht man mit einem dicken Brei aus Ton und Wasser, kratzt ihn nach einem Tag ab und wäscht mit reinem Wasser nach.

Flecken von Fruchtsaft
- Flecken von Fruchtsaft möglichst sofort behandeln. Streuen Sie Salz auf den Fleck, anschließend mit heißem Wasser auswaschen. Weiße Stoffe können Sie auch mit Zitronensaft behandeln.

Flecken von Gras
- Grasflecken nie mit Wasser behandeln, da sie sich in der Regel dann noch schwerer entfernen lassen. Bei den meisten Stoffen empfiehlt sich die Behandlung mit Weingeist oder mit verdünntem Salmiakgeist. Mit kaltem Wasser gut nachwaschen.
- Grasflecken zuerst mit etwas Butter einreiben und dann mit Seife und heißem Wasser herauswaschen.
- Grasflecken mit Backpulver bestreuen. Einwirken lassen.
- Grasflecken vor dem Waschen mit Spiritus behandeln.
- Grasflecken lassen sich durch Reiben mit Zitronensaft entfernen.

Flecken von Harz
- Harzflecken in farbigen Stoffen reibt man mit Zitronenöl oder gereinigtem Terpentinöl ein und reibt dann so lange mit Flanell, bis die Flecken verschwunden sind. Dann wäscht man mit Wasser nach, in dem etwas Rindsgalle aufgelöst ist. Auch Benzin oder Spiritus lösen das Harz. Seidenstoffe sind dann mit Gallseife auszuwaschen.

Flecken von Honig

- Honigflecken mit lauwarmem Wasser abtupfen und entsprechend der Stoffart vorsichtig aufbügeln.

Flecken von Jod

- Jodflecken in der Wäsche behandelt man mit einer Lösung von mangansaurem Kali (Kaliumpermanganat), danach mit Essig. Man spült gründlich mit Wasser nach.

- Jodflecken werden befeuchtet und mit einer rohen Kartoffelhälfte abgerieben, wodurch der Fleck dunkler wird. Danach den Fleck so lange mit klarem Wasser behandeln, bis er verschwunden ist.

Flecken von Joghurt

- Joghurtflecken erst antrocknen lassen, bevor sie gut ausgebürstet und mit lauwarmem Wasser nachgewaschen werden. Reste mit Benzin entfernen.

Flecken von Kaffee

- Kommen Kaffeeflecken in die Tischdecke, legen Sie die Decke sofort in kaltes Salzwasser.

- Kaffeeflecken wäscht man mit lauwarmem Boraxwasser aus.

- Kaffeeflecken verschwinden aus den Kleidungsstücken, wenn man diese vor und nach dem Waschen mit Glyzerin einreibt.

- Kaffeeflecken auf Kochwäsche über ein großes Gefäß spannen und mit kochendheißem Wasser begießen, bis sie verschwunden sind.

Flecken von Kakao

- Kakaoflecken werden mit Wasser beseitigt, dem einige Tropfen Salmiakgeist zugesetzt werden. Man wäscht den Fleck aus und reibt mit einem sauberen, trockenen Tuch nach. Wenn das ganze Stück gewaschen werden soll, legt man es zur Auffrischung in Wasser, dem Essig zugesetzt wurde.

Flecken von Karotten

- Karottenflecken verschwinden, wenn man das Kleidungsstück feucht in die Sonne legt und trocknen läßt oder den frischen Fleck sofort mit Schmierseife einweicht und dann das Kleidungsstück normal in der Waschmaschine wäscht.

- Auf Karottenflecken in Babywäsche gleich etwas Babyöl geben und dann ganz normal waschen – die Flecken verschwinden in der Regel vollständig.

Flecken von Kopierstift

- Kopierstiftflecken entfernt man aus weißer Wäsche sofort mit einer Mischung aus drei Eßlöffeln Brennspiritus und einem halben Teelöffel Salzsäure; in kaltem Wasser gut nachspülen.
- Kopierstiftflecken nicht anfeuchten, sondern in Spiritus, Äther oder Aceton einweichen – zurückbleibendes Graphit mit Seifenwasser auswaschen.

Flecken von Kugelschreiber

- Flecken von Kugelschreibern sprüht man mit Haarspray ein. Gut trocknen lassen, mit verdünntem Essig ausbürsten.
- Bei Flecken von Kugelschreibern nimmt man reinen Alkohol oder auch Kölnisch Wasser und putzt damit die Flecken aus. Sind sie frisch, geht auch Rasierwasser.
- Kugelschreiberflecken mit Spiritus behandeln oder mit einer Lösung, die zu gleichen Teilen aus Essig und Spiritus besteht.

Flecken von Lebertran

- Lebertranflecken in der Wäsche beseitigt man leicht durch wiederholte Anwendung von Terpentinöl und warmem Seifenwasser. Es empfiehlt sich, die so behandelte Wäsche in der Sonne zu bleichen.

Flecken von Likör

- Frische Likörflecken sofort in heißes Wasser legen, so verschwinden sie schnell.
- Alte Likörflecken werden erst mit verdünntem Spiritus behandelt. Den Rest des Flecks entfernt man mit einer Mischung aus Wasserstoffsuperoxyd und Salmiakgeist.

Flecken von Lippenstift

- Lippenstiftflecken in Baumwollstoffen mit Waschbenzin oder Fleckenwasser entfernen.
- Lippenstiftflecken mit Glyzerin einreiben und einweichen lassen. Dann den Stoff wie gewohnt waschen.

Flecken von Make-up

- Make-up-Flecken auf dunkler Kleidung mit Brot sanft abreiben.

Flecken von Marmelade

- Marmeladeflecken mit Seifenwasser behandeln; das Mittel einwirken lassen und ausbürsten. Alte Flecken mit Entfärber entfernen.

Flecken von Medizin

- Medizinflecken lassen sich meist mit kaltem Wasser auswaschen.

Flecken von Milch

- Milchflecken wäscht man immer sofort mit kaltem Wasser aus.
- Milchflecken in waschbaren Stoffen entfernt man mit warmem Seifenwasser, ansonsten mit einer Mischung aus einem Teil Terpentinöl und zwei Teilen Zitronensaft.
- Frische Milch- und Soßenflecken mit verdünntem Spiritus behandeln.

Flecken von Obst

- Mit Essig oder Zitronensaft beträufeln, einwirken lassen, zum Schluß mit kaltem Feinwaschmittelwasser ausreiben. Besonders hartnäckige Flecken – wie zum Beispiel von Heidelbeeren – weichen meist nach einem längeren „Bad" in Buttermilch.
- Obstflecken mit dem Kochwasser von weißen Bohnen betupfen und dann in Buttermilch mit Zitronensaft einweichen. Man kann das Wäschestück auch auswaschen.
- Kirschflecken in Seifenlauge waschen und dann in Milch legen, bis sie verschwunden sind.
- Obstflecken auf Leinen, Wolle, Baumwolle mit Zitronensaft beträufeln und mit Seifenwasser nachwaschen. Bei Seide und Kunstseide mit lauwarmem Boraxwasser ausreiben.
- Obstflecken vor dem Waschen mit saurer Milch behandeln.
- Obstflecken auf dem Tischzeug entfernt man leicht, indem man kochendes Wasser aus ziemlicher Höhe in dünnem Strahl über den Fleck gießt.
- Obst- und Rotweinflecken werden mit einem Brei aus Chlorkalk und Wasser gereinigt, dann mit Essig und zum Schluß mit Wasser gut auswaschen.
- Obst- und Farbflecken in Buttermilch einweichen, dann zunächst mit kaltem und später mit heißem Wasser ausspülen.
- Heidelbeerflecken lassen sich gut mit Joghurt, Buttermilch oder saurer Milch beseitigen. Den Fleck dick mit einem der Milchprodukte bestreichen, ein bis zwei Stunden einwirken lassen und anschließend mit dem üblichen Waschprogramm waschen.
- Bei Blaubeerflecken betupft man die betreffende Stelle mehrmals mit Wasserstoffsuperoxyd und spült dann kalt nach. Blaubeerflecken sind sehr hartnäckig.

- Erdbeerflecken entfernt man, indem man den Fleck in Chlorwasser oder Boraxlösung aufweicht und in klarem Wasser nachspült. Alte Flecken weicht man in Boraxlösung mit Salmiakzusatz ein.
- Kirschflecken begießt man mit kochendem Wasser und betupft sie dann mit Wasserstoffsuperoxyd.
- Ananasflecken in Seide können durch Befeuchtung mit klarem Wasser und anschließende Auswaschung mit Gallseife entfernt werden.
- Apfelsinenflecken weicht man mit etwas Glyzerin auf und spült mit lauwarmem Wasser nach.
- Pfirsichflecken entfernt man mit Glyzerin – einreiben, einwirken lassen, dann mit Feinwaschmittel waschen.

Flecken von Öl

- Ölflecken in der Kleidung mit Spülmittel, Zitrone und Butter behandeln.
- Ein Kernölfleck auf einem Kleidungsstück geht weg, wenn man es unbehandelt in die pralle Sonne legt.

Flecken von Ölfarbe

- Ölfarbflecken, die angetrocknet sind, müssen mit Schmierseife eingerieben werden, mindestens 24 Stunden stehen und dann mit Lauge oder Sand gescheuert werden. Möglicherweise ist eine Wiederholung des Vorgangs nötig. Ölfarbe läßt sich auch entfernen, wenn die nicht zu alten Flecken mit Terpentinöl getränkt und mit einem Wollappen abgerieben werden.

Flecken von Parfüm

- Hier ist besondere Vorsicht bei reiner Seide und empfindlichen Farben geboten, denn es könnten Ränder zurückbleiben: Äußerst behutsam mit Alkohol betupfen, danach folgt ein Bad in lauwarmem Feinwaschmittel.
- Parfümflecken mit dem Sud der Quillajarinde betupfen.
- Parfümflecken entfernt man mit Seifenspiritus.

Flecken von Rost

- Rostflecken, die nicht auf eine Behandlung mit Zitronensaft reagiert haben, behandelt man noch einmal, und zwar mit einer schwachen Zinnsalzlösung. Mit klarem Wasser nachspülen, bis keine Reste der Lösung mehr im Gewebe sind. Rostflecken aus weißen Kleidern oder Stoffen entfernt man preiswert, wenn man sie vorsichtig mit saurer Milch abreibt.

Flecken von Rotkraut

- Rotkrautflecken auf Kleidern bekommt man raus, indem man den Fleck trocken mit Salz abreibt, das Salz einziehen läßt und dann auswäscht.

Flecken von Rotwein

- Rotweinflecken lassen sich am besten entfernen, indem die Stelle sofort dick mit Salz bestreut wird. Danach mit Zitronensaft oder Essigwasser beträufeln und mit Feinwaschmittel auswaschen. Oder, wenn der Fleck frisch ist, in kochende Milch halten.
- Rotweinflecken entfernt sofort Weißwein oder Sekt. Die Weißwein- oder Sektflecken lösen sich dann beim Waschen.
- Rotweinflecken auf Teppichen, Tischdecken usw. übergießt man mit Selterswasser. Rotweinflecken in buntem Baumwoll- oder Wollstoff mit Salmiakgeist auswaschen.
- Rotweinflecken in weißem Stoff lassen sich mit Chlorwasser entfernen.

Flecken von Säure

- Salzsäureflecken lassen sich durch Salmiakgeist entfernen, danach ist tüchtig mit Wasser nachzuspülen.
- Man behandelt Säureflecken mit Pottasche, Sodalösung, Salmiakgeist und stark verdünnter Alaunlösung. Meistens wird aber durch die Säure das Gewebe zerstört.

Flecken von Schmieröl

- Schmierölflecken dick mit Margarine oder Butter einreiben, etwa 15 Minuten einwirken lassen. Das zurückgebliebene Fett anschließend entfernen und das Kleidungsstück wie üblich waschen.
- Schmierölflecken mit Schweinefett einreiben und mit Benzin oder Seife nachbehandeln. Schwerlösliche Rückstände mit Terpentin beseitigen.

Flecken von Schokolade

- Schokoladenflecken auf weißer Wäsche entfernt man, indem man zuerst mit Seife oder Soda das Wäschestück auswäscht und sie dann wie Fettflecken behandelt: mit einer Mischung aus drei Teilen Äther und Alkohol und einem Teil Salmiakgeist.

Flecken von Schuhcreme

- Schuhcremeflecken mit Terpentin entfernen. Flecken von schwarzer Schuhcreme mit mangansaurem Kali nachbehandeln – anschließend noch mal waschen.

- Schuhcremeflecken mit Seifenspiritus einreiben und mit einem in Salmiakgeist getränkten Tuch nachreiben. Dann mit klarem Wasser nachspülen.

Flecken von Schweiß

- Schweißflecken in Wolle ziehen Motten an und sollten deshalb schnellstens entfernt werden. Weiße Wolle mit einer kräftigen Salzwasserlösung abreiben und gut nachspülen. Bei farbiger Wolle oder alten Flecken empfiehlt sich eine Behandlung mit verdünntem Essig.
- Schweißflecken aus Kleidungsstücken mit einer Lösung aus vier Teilen Spiritus und einem Teil Salizylsäure entfernen.
- Schweißflecken in bunten Geweben wäscht man am besten mit Essigwasser aus.
- Schweißflecken in weißen Stoffen entfernt man mit einer Lösung aus gleichen Teilen Alkohol und Salmiak.
- Schweißflecken in der Wäsche entfernt man, indem man das Wäschestück in warmem Essigwasser einweicht. Danach wird normal weitergewaschen.

Flecken von Senf

- Senfflecken mit dem Saft einer frischen Zwiebel einreiben, dann wie üblich waschen.

Flecken von Spinat

- Spinatflecken sollten Sie zuerst mit einer rohen Kartoffel bearbeiten. Der normale Waschgang allein wird den Fleck kaum beseitigen können.

Flecken von Stempelfarbe

- Stempelfarbflecken mit Zitrone und Salz einreiben. Wirken lassen und dann auswaschen.

Flecken von Ruß

- Rußflecken nie feucht auswaschen. Stattdessen mit Salz bestreuen, eine Stunde einwirken lassen, ausbürsten.

Flecken von Tabak

- Tabakflecken auf weißen Taschentüchern gehen heraus, wenn man die Flecken nach der Wäsche mit Eidotter und Spiritus einreibt, eine Stunde liegen läßt und dann die fleckigen Stellen erst in gewöhnlichem Branntwein, dann in heißem Wasser gut auswäscht. Zuletzt müssen die Taschentücher in kaltem Wasser gespült werden.

Flecken von Tee

- Teeflecken mit Glyzerin behandeln und mit klarem Wasser ausspülen.

• Am besten sofort mit lauwarmem Feinwaschmittelwasser ausreiben. Bei hartnäckigen Teeflecken hilft meist eine Nachbehandlung mit verdünntem Salmiakgeist. Oder: Eine Mischung aus Eigelb und Glyzerin auf den Fleck streichen, einwirken lassen, mit einer Bürste ausreiben und mit lauwarmer
Feinwaschmittellauge auswaschen.

Flecken von Teer

• Teer- und Wagenschmierflecken werden mit Schweinefett fest eingerieben
und mit Seife oder Benzin nachgerieben. Schwerlösliche Rückstände mit Terpentin einreiben und mit Wasser auswaschen. Bei empfindlichen Stoffen
reibt man die Flecken mit Eigelb ein und spült mit lauwarmem Wasser nach.

• Einige Tropfen Glyzerin auf Teerflecken geben und mit heißem Wasser gut
auswaschen.

• Teerflecken in Kleidungsstücken mit Terpentin aufweichen, mit Benzin oder
Spiritus ausreiben und dann gründlich auswaschen.

• Teer-, Harz- und Schuhcremeflecken entfernt man mit guter Butter aus der
Kleidung.

• Teerflecken lassen sich mit Bohnerwachs (sogar) von Schuhen entfernen.

Flecken von Tinte

• Tintenflecken auf Wollstoffen wäscht man mit Milch und entfernt sie durch
Reiben mit Weingeist.

• Alte Tintenflecken bestreicht man mit Oxalsalbe, die die Flecken braun werden läßt. Sie lassen sich dann mit Wasser auswaschen.

• Tintenflecken können ein großes Problem sein. Ein altes Hausmittel hilft: Den
Fleck entweder mit Rhabarbersaft oder mit Erdbeeren vorbehandeln.

• Frische Tintenflecken werden in heißem Salzwasser gewaschen und mit Spiritus nachbehandelt.

• Tintenflecken auf weißer Wäsche entfernt man mit Zitronensaft. Es kommt dabei ganz auf die Schärfe der Tinte und auf das Alter des Flecks an. Der
fleckige Stoffteil bleibt einige Zeit in dem Zitronensaft liegen. Nötigenfalls
wiederholen. Eventuell zurückbleibende gelbe Flecken kann man mit Kleesalzlösung entfernen. Auch die nächste normale Wäsche hilft, die aller-
letzten Spuren zu beseitigen.

• Das Entfernen von Tintenflecken auf Wachstuch, anderen Stoffen und von
den Händen ist möglich, indem man den Fleck mit einer Prise Weinsteinsäure
befeuchtet. Der Fleck rötet sich dabei. Bei tüchtigem Nachspülen verschwindet er gänzlich. Wasser darf man aber vorher nicht anwenden.

Flecken von Tischlerleim

- Tischlerleim in Textilien kann in warmem Essigwasser ausgewaschen werden. Kurze Zeit darin liegen lassen.

Flecken von Tomaten

- Tomatenflecken in weißen Stoffen behandelt man sofort mit warmem Seifenwasser.

Flecken von Vogeldreck

- Flecken von Vogeldreck aus weißen Stoffen mit warmem Salmiakwasser entfernen. Bei bunten Stoffen empfiehlt sich dagegen Waschbenzin.

Flecken von Wachs

- Wachsflecken entfernt man mit Lösch- oder Toilettenpapier. Über und unter den Fleck legen und mit dem Bügeleisen darüberbügeln. So lange wiederholen, bis der Fleck aufgesaugt ist. Dabei natürlich immer wieder frisches Papier nehmen.
- Kerzen- und Wachsflecken entfernt man, indem man ein Löschpapier auf und eines unter den Fleck legt und mit dem erhitzten Bügeleisen darüberbügelt. Wenn kein Bügeleisen zur Hand ist, kann man auch ein heiß gemachtes Messer benutzen.
- Wachsflecken an der Oberfläche vorsichtig entfernen, die Farbflecken mit heißem Essigwasser behandeln und das Wäschestück auswaschen.
- Wachsflecken auf kostbarer Seide entfernt man mit dem Fön. Das Kleidungsstück wird auf einen Bügel gehängt. Dann hält man ein Löschblatt auf den Fleck und erwärmt das Wachs mit einem heißen Haarfön. Verbleibt am Schluß noch ein kleiner Fleck, entfernt man ihn mit Waschbenzin.

Flecken von Waschblau

- Waschblauflecken mit Essigwasser einweichen.

Flecken in Teppich und Teppichboden

- Zwar hilft der Staubsauger in solchen Fällen wenig, doch gibt es für die meisten dieser mehr oder weniger großen Ärgernisse ein wirksames Gegenmittel. Welches, lesen Sie hier.

Verschüttetes

- Nehmen Sie es mit sauberen Handtüchern auf. Dabei Reiben vermeiden. Von den Rändern des Flecks zur Mitte vorgehen. Fleckentferner erst einsetzen, wenn der Fleck vollkommen trocken ist.

Blut

- Mit Wasser (grundsätzlich kalt) und einem sehr saugfähigen Tuch behandeln. Wenn das nicht hilft: Spezial-Fleckentferner (vorher an einer unauffälligen Stelle ausprobieren) verwenden.

Brandflecken

- So kann's nochmal hinkommen: Mit einer Rasierklinge oder einer Pinzette eine entsprechende Menge Fasern aus dem Teppichflor ziehen. Die Fasern über das Brandloch decken. Alleskleber über die Stelle geben und Fasern hineindrücken. Ein Papier-Küchentuch und einen schweren Gegenstand darüberlegen – das Brandloch verschwindet unter den Teppichfasern.

Kleber

- Falls Sie ölfreien Nagellackentferner im Haus haben, können Sie es damit probieren: Zunächst vorsichtig am Rand betupfen, damit sich der Kleber von unten her löst. Danach mit einem flachen Messerrücken anheben. Notfalls können Sie die entsprechende Stelle dann mit Aceton oder einem speziellen Fleckentferner nachbehandeln.

Kaffee oder Tee

- Flüssigen Reiniger auf ein Tuch geben, den Fleck damit betupfen.

Kaugummi

- Auf jeden Fall warten, bis er hart geworden ist; jetzt können Sie Eiswürfel draufpressen oder Vereisungsspray (aus der Hausapotheke) draufsprühen und danach mit einem flachen Gegenstand (z. B. einem Messerrücken) abnehmen.

Marmelade und Honig

- Geben Sie einen Klecks Teppichshampoo auf ein Tuch und betupfen Sie den Fleck vorsichtig. Eventuell mit farblosem, neutralem Essig nachbehandeln.

Rotwein

- Da hilft meist eines: Salz. Streuen Sie es sofort auf den noch feuchten Fleck und lassen Sie es einwirken. Danach absaugen und eventuell mit Teppichshampoo nachbehandeln.

Wachstropfen

- Hier müssen Sie schon mit dem Messer dran: Erst mal soviel Wachs wie möglich abkratzen. Der Rest verschwindet meist problemlos mit Waschbenzin.

Fleckenränder

- Fleckenränder nach der Behandlung mit einem Fleckenmittel lassen sich vermeiden, wenn man den behandelten Fleck schnell mit einem Fön trocknet.

Fleckensalz

- Das teurere Fleckensalz kann durch einen Eßlöffel Soda zum Waschpulver ersetzt werden.

Fleckenwasser herstellen

- Ein Fleckenwasser kann man wie folgt selbst herstellen: einfaches Kochsalz in Weingeist auflösen. Dieses Fleckenwasser eignet sich zur Entfernung der verschiedensten Flecken.
- Ein gutes Fleckreinigungsmittel, das man selbst herstellen kann, besteht aus drei Teilen Salmiakgeist, einem Teil Terpentinöl und einem Teil Schwefeläther (feuergefährlich). Statt Schwefeläther läßt sich auch etwas feingestoßenes Kochsalz verwenden.
- Ein Fleckenmittel läßt sich nach folgendem Rezept selbst herstellen: vier Teile Salmiakgeist, vier Teile Weingeist und ein Teil Salz.
- Fleckenwasser für allgemeine Anwendung nach folgendem Rezept herstellen: 25 Teile Alkohol, 10 Teile Salmiak und 1 Teil Waschbenzin.

Frottier

Frottiertücher

- Harte Frottiertücher und Waschlappen werden wieder wunderbar weich, wenn man sie über Nacht in heißem Essigwasser liegen läßt.

Frottierstoffe

- Frottierstoffe dürfen weder gerollt noch gebügelt werden, da sie dadurch ihre Saugfähigkeit verlieren.

Fusseln

- Fusseln von aufgetrennten Säumen und Nähten entfernt man mit einer Wildleder-Gummibürste mühelos und rasch.
- Fusseln an Kleidungsstücken kann man mit Schmirgelpapier entfernen.

Gardinen

- Damit Gardinen schön hängen und nicht flattern, kann man auch noch nachträglich am unteren Ende Bleiketten durchziehen. Die Bleiketten sollten allerdings auf beiden Seiten kurz vor dem Gardinenende aufhören, da sonst die Ecken durchhängen.

- Kunstfasergardinen werden unter Garantie unschön, wenn sie falsch gewaschen werden. Zu retten sind sie noch, wenn man sie in die Heißmangel gibt.
- Gardinen bleiben wie neu, wenn im letzten Spülwasser Zucker ist.
- Beim Stärken älterer Gardinen ist es hilfreich, der Stärkelösung einige Blätter Gelatine beizufügen, die vorher in heißem Wasser gelöst wurde.
- Zerrissene Gardinen stopft man nicht, sondern plättet ein Stück Ersatzstoff, das man in aufgelöste Stärke taucht, auf die schadhafte Stelle.
- Spanngardinen nach dem Waschen feucht an den Fenstern aufhängen. Sie trocknen dann in den Falten.
- Gardinen fangen kein Feuer, wenn man sie nach dem Waschen in einer schwachen Ammoniak-Phosphat-Lösung tränkt. Wenig auswringen, dann aufhängen.

Gardinen, vergilbte

- Gelbliche Gardinen, die verblaßt sind, bekommen wieder ihre schöne gedämpfte Farbe, wenn man einen Tee aus etwa einem Dutzend Aufgußbeutel in das letzte Spülbad gibt.
- Gardinen, die nicht mehr recht weiß werden, kann man einen wunderschönen cremefarbigen Farbton durch Zusatz eines Aufgusses von Lindenblütentee zum Spülwasser verleihen.
- Von Zigarettenrauch vergilbte Gardinen über Nacht in lauwarmes Salzwasser legen und anschließend wie gewöhnlich waschen.
- Spitzen, Stores und weiße Wäsche werden schön weiß, auch wenn sie schon vergilbt waren, wenn dem Seifenwasser eine Handvoll Salz zugegeben wird.

Gummi

Gummibänder

- Gummibänder, die erneuert werden müssen, zieht man wie folgt ein: Neues Gummiband an das alte, aufgeschnittene knoten. Am anderen Ende ziehen – fertig.

Gummimantel

- Gummimäntel reinigen kann man am besten mit warmer Seifenlauge und einem weichen Schwamm, den man leicht über die betreffenden Stellen wischt.

- Der Gummimantel darf naß nicht gefaltet und nicht gerollt werden, sondern muß auf einem Bügel an der Luft und nicht an der Heizung getrocknet werden. Falten im Gummimantel verlieren sich während des Tragens, daher nicht bügeln.
- Flecken auf dem Gummimantel mit Tetrachlorkohlenstoff behandeln. Die Behandlung mit Benzin oder Terpentin bleibt bei Gummimänteln ohne Erfolg.

Gummischuhe

- Trocknen Sie Gummischuhe und Gummimäntel nicht am Ofen, da das Gummi dadurch leicht brüchig wird.
- Gummischuhe repariert man, indem man Kolophonium in Weingeist zu einem dicken Brei auflöst und mit der Masse die schadhaften Stellen bestreicht.
- Gummischuhe halten länger, wenn man sie nach jedem Gebrauch mit kaltem Wasser abwäscht und mit einem Tuch trockenreibt.

Gummistiefel

- Bei zu engen Schäften von Gummi- und anderen Stiefeln stecken Sie die Füße zuvor einfach in Plastiktüten (Tragetüten). So können Sie ohne Schwierigkeiten in die Stiefel hineinschlüpfen.
- Reiben Sie Gummistiefel ab und zu mit Glyzerin ein. Dadurch halten sie viel länger.

Handschuhe

- Waschseidene Handschuhe wäscht man an der Hand mit Seife und lauwarmem Wasser. Nicht spülen. Nach dem Trocknen geradeziehen.
- Wollhandschuhe reinigt man in lauwarmem Wasser mit etwas Gallseife. Durch Waschen mit heißem Wasser filzen sie. Sie werden wasserdicht, wenn man sie in essigsaure Tonerdelösung taucht.
- Handschuhe halten sich länger an den Spitzen, wenn man ein kleines Klümpchen Watte in sie hineinschiebt.
- Handschuhe lassen sich an den Fingerspitzen leicht und sauber stopfen, wenn man einen Fingerhut unterlegt.

Handtücher

- Hart gewordene Handtücher oder Waschlappen werden wieder schön flauschig, wenn man sie in heißes Essigwasser legt.

Hemdkragen

- Vor dem Waschen Ihrer Hemden sollten Sie die verschmutzten Kragen mit etwas Haarshampoo einreiben. Das Haarmittel löst schonend die Körperfette – ohne langes Rubbeln! Der Kragen wird wieder randlos sauber wie zuvor.

Herrenanzüge

- Herrenanzüge reinigen Sie wie folgt: Befreien Sie den Anzug von Staub, legen Sie ihn auf eine glatte Fläche und bürsten Sie ihn mit verdünntem Salmiakgeist und Kochsalz ab. Den Stoff nicht zu naß machen und danach zum Trocknen ins Freie hängen.

Herrenbinder

- Herrenbinder wäscht man in einer Lauge von einem Eßlöffel Waschpulver auf zwei Liter kaltem Wasser. Dem letzten Spülwasser etwas Essig zugeben, in einem Frottiertuch trocknen und heiß bügeln.

Herrenhosen

- Herrenhosen beulen an den Knien nicht aus, wenn man ein Stück Seide, von Naht zu Naht reichend, an der betreffenden Stelle befestigt. Das Stück Seide muß etwas kürzer sein als die Stoffweite des Hosenbeines.

Hut

- Ist der weiße Hut grau geworden, wird er mit Schwefelpulver eingepudert und nach einiger Zeit wieder abgebürstet.

Imprägnieren

- Stoffe werden wasserdicht, wenn man sie in eine Alaunlösung legt und dann trocknen läßt. Empfehlenswert für Anoraks und Kinderhosen. Dasselbe erreicht man, wenn man die Kleidungsstücke nach dem Waschen zwei Stunden lang in eine Lösung aus neun Teilen Wasser und einem Teil essigsaurer Tonerde legt.

- Oberleder wird wasserdicht, wenn man es mehrmals mit Rizinusöl einreibt.

Jeans

- Neue Jeans, die zum erstenmal gewaschen werden, am besten mit den alten, abgetragenen waschen. Das Indigoblau, das bei der ersten Wäsche neuer Jeans ausläuft, frischt die Farbe der alten Hose wieder auf.
- Neue Jeans bleichen nicht so aus, wenn diese vor dem ersten Waschen etwa eine Stunde in kaltes Salzwasser gelegt wurden (ein Eßlöffel Salz auf ein Liter Wasser). Dann im Kaltwaschgang waschen.
- Dicke Jeansnähte vor dem Nachnähen anfeuchten und überbügeln. So gleitet die Nadel wie geschmiert auch durch den dicksten Jeansstoff.

Katzenhaare

- Katzenhaare, die sich auf Kleidungsstücken festgesetzt haben, entfernen Sie mit einem feuchten Schwamm, mit dem Sie leicht über die betreffenden Stellen wischen.

Kaugummi

- Sie können den Kaugummi so lange mit einem Eiswürfel bestreichen, bis er hart geworden ist, und ihn dann vom Kleidungsstück abziehen.
- Sie können die Kleidung vor dem Waschen in Essigessenz einweichen – dadurch löst sich die klebrige Masse ebenfalls sehr gut.
- Kaugummiflecken mit Benzol betupfen und entfernen. Die eventuell entstandenen Fettflecken können mit Schaumreiniger beseitigt werden.

Klammerflecken

- Sie beheben Klammerflecken in den Wäschestücken, indem Sie die Wäsche 24 Stunden in ein Einweichwasser stecken, dem für jeden Liter ein Eßlöffel Weinsteinsäure zugegeben wurde. Gründlich nachspülen.

Kleidung

Kleiderbürsten
- Kleiderbürsten lassen sich leicht mit dem Staubsauger reinigen.

Kleider – schnell gelüftet
- Kleider sollten nach Möglichkeit am offenen Fenster oder auf dem Balkon gelüftet werden. Ist keine Möglichkeit dazu vorhanden, hängt man sie im Zimmer oder am Schrank auf und stellt einen Ventilator davor. Gründlich durchpusten lassen.

- Kleidungsstücke hängt man nach dem Ausziehen auf einen Bügel und an die frische Luft, am besten bei feuchtem Wetter. So hängen sich auch zerdrückte Kleider wieder aus und bleiben in Form.

Kleidung, verfärbte

- Verfärbte Kleidung in sauer gewordener Milch einweichen und anschließend lauwarm auswaschen.

Kleidung, verknitterte

- Verknitterte Kleidung hängt sich über einer mit heißem Wasser gefüllten Badewanne wieder aus.
- Auf Reisen hängt man verknitterte Kleidungsstücke über Nacht im Bad auf. In der feuchten Luft hängen sie sich wieder aus, und Falten und Fältchen werden sichtbar gemildert.
- Zerdrückte Kleidung hängt sich in feuchter Luft, zum Beispiel im Keller, von selbst wieder aus.

Kochwäsche

- Kochwäsche besteht normalerweise aus weißer Bettwäsche, Geschirrtüchern, hellen Frottiertüchern, Windeln, Babywäsche, weißer Tischwäsche – immer vorausgesetzt, daß der Hersteller das Waschen bis 95 Grad Celsius erlaubt und daß Farbechtheit besteht.

Kragen

- Schmutzige Anzugkragen bürstet man mit verdünntem Salmiakgeist (ein Teil auf zehn Teile Wasser) ab und spült mit klarem Wasser nach.
- Gelbe Ränder an Hemd- und Blusenkragen werden mit Haarspray behandelt, das man eintrocknen läßt und ausbürstet.
- Dunkle Kragenspitzen nach dem Waschen brauchen nicht zu sein! Man muß den glattgestrichenen Kragen beim Trocknen hochstellen.

Krawatte

- Man trage nicht täglich dieselbe Krawatte, da das dem Gewebe schadet. Zum Bügeln schneidet man eine Pappe zu, die in die Krawatte gelegt wird, während sie mit einem feuchten Tuch gebügelt wird. So wird der Stoff nicht blank.

• Krawatten, die zerknittert und aus der Form geraten sind, ziehen Sie über eine Pappschablone und halten sie so über Wasserdampf. Das bringt sie wieder in Form.

Kunstseide

• Kleider und Unterkleider aus Kunstseidentrikot dürfen nicht hängend aufbewahrt werden. Sie dehnen sich sonst sehr leicht und kommen aus der Form. Da sie wenig Platz brauchen und gegen Druck nicht empfindlich sind, legt man sie am besten flach in ein Fach.

Lack

Lackleder

• Lackleder pflegt man wie folgt: Mit rohem Eiweiß einreiben, einziehen lassen und anschließend mit einem Spezialpflegemittel behandeln.

• Mattes Lackleder reibt man mit dem Inneren der Bananenschale ab und poliert anschließend.

• Blindes Lackleder mit einer Zwiebel einreiben, anschließend glänzend polieren.

Lackschuhe

• Lackschuhe werden blind, wenn sie mit Schuhcreme und Bürste behandelt werden. Besser ist es, sie mit einer Lackpaste einzureiben und nachzupolieren. Glyzerin hält das Lackleder elastisch.

• Lackschuhe putzt man mit Schmierseifen-Lösung. Das ist billiger als Schuhcreme, und die Schuhe glänzen herrlich.

• Lackschuhe, die längere Zeit nicht getragen werden, reibt man mit Olivenöl ein, das vor dem nächsten Tragen wieder abgerieben wird.

• So vermeiden Sie es, daß Lackschuhe brüchig werden: Einfach ab und zu mit Terpentinöl einreiben und danach mit Lackledercreme weiterbehandeln.

• Lackschuhe im Winter vor dem Anziehen leicht anwärmen, damit der Lack nicht springt.

• Lackschuhe putzt man, wenn kein Spezialmittel zur Hand ist, mit Öl.

• Lackschuhe brechen nicht, wenn man sie auf einen Leisten gespannt aufbewahrt. Einreiben mit Glyzerin ist ebenfalls zu empfehlen.

• Unansehnlich gewordene Lackschuhe werden wieder schön blank, wenn man sie mit Terpentinöl einreibt.

Lackledertaschen

- Lackledertaschen immer in ein weiches Tuch einpacken, damit sie nicht stumpf werden.

Leder

Leder, allgemein

- Leder wird nicht brüchig, wenn Sie es ab und zu mit Rizinusöl einfetten.
- Helle Taschen und Gürtel aus Leder reibt man mit unverdünnter Schmierseife ein und spült sie mit warmem Wasser und einer weichen Bürste ab, dann werden sie wieder wie neu.
- Schimmelige Lederkleidung wird wieder wie neu, wenn man sie mit einem Gemisch aus einem Teil Wasser und einem Teil Spiritus abreibt (gilt auch für andere Teile aus Leder).

Ledergürtel

- Weiße Ledergürtel werden wie neu, wenn man sie mit einer Mischung aus geschlagenem Eiweiß und Milch einreibt und danach wieder mit einem wollenen Lappen abreibt.
- Farbige Ledergürtel reinigt man mit heißem Wasser und Hirschhornsalz.

Lederhandschuhe

- Durchnäßte Lederhandschuhe dürfen nicht in Ofennähe oder an heißer Stelle getrocknet werden. Das Leder schrumpft sonst und wird so hart, daß es nicht mehr zu reparieren ist. Lieber an mäßig warmer Stelle auslegen und trocknen lassen, das dauert länger, aber Schaden wird vermieden.
- Beim Waschen von Lederhandschuhen sollte man etwas Glyzerin ins Waschwasser geben, das macht das Leder weich und dehnfähig.
- Lederhandschuhe und Badekappen bleiben geschmeidig, wenn man sie ab und zu mit Talkum einpudert.
- Weiße Lederhandschuhe mit Mehl einreiben, dann ausbürsten.
- Lederhandschuhe bewahrt man vor Durchschwitzen, wenn sie innen mit Talkum eingestreut werden.
- Lederhandschuhe glänzen wieder, wenn man sie mit der Innenseite einer Bananenscheibe abreibt.
- Nappahandschuhe werden mit etwas Rizinusöl durchgeknetet.
- Alte Lederhandschuhe geben noch Fingerlinge für verletzte Finger.
- Zu enge Lederhandschuhe lassen sich gut ausweiten, wenn sie ein paar Stunden in einem feuchten Tuch gelegen haben.

- Lederhandschuhe reibt man nach dem Trocknen mit Glyzerin ein.

Lederhandtasche

- Lederhandtaschen werden wieder sauber, wenn sie mit einer Mischung aus Milch und Terpentinöl abgerieben werden.
- Schwarze Handtaschen glänzen, wenn man sie mit Zitronensaft abreibt.

Ledermantel

- Ledermäntel gehören in die Reinigung. Kleinere Schmutzflecken können Sie mit einem sauberen Schwamm und leichtem Essigwasser zu entfernen versuchen. Gelegentlich finden Sie Kleidungsstücke aus Wildleder, die man waschen kann. Aber geben Sie diese bitte nicht direkt in die Lauge, sondern waschen Sie sie liegend mit einer weichen Bürste und Seifenwasser. Spülen Sie auch in derselben Weise, und lassen Sie das Stück im Liegen trocknen. Glanzstellen können mit einer speziellen Gummibürste entfernt werden.

Leinen

- Leinen verwahrt man vorteilhaft in einem innen blau gestrichenen Kasten, da es auf diese Weise nicht gelb wird.

Leinenschuhe

- Leinenschuhe werden wieder weiß, wenn man eine Mischung von Schlämmkreide und Milch auf die Schuhe streicht. Gut eintrocknen lassen.

Mottenschutz

- Vergessen Sie den Mottenschutz nicht! Wenn Sie von Anfang an keine verschmutzten Kleidungsstücke in Ihren Schränken dulden, die Sachen regelmäßig lüften und außerdem noch ein Mottenschutzmittel im Schrank haben, droht Ihnen von der munteren Brut kaum Gefahr.
- Wolle und Pelze, die einige Zeit unbenutzt liegen bleiben, mit Pfeffer bestreuen. Das schützt vor Motten.
- Pullover und andere Wollsachen halten sich am besten im Plastikbeutel mit Mottenkugeln.
- Vor Motten schützen kleine kräutergefüllte Leinensäckchen, die zwischen die Wäsche gelegt werden. Folgende Kräuter eignen sich besonders gut: Rainfarn, Waldmeister, Rosmarin, Kampferlorbeer und Raute.
- Als Schutz vor Motten ein Säckchen voll Holunderblüten in den Schrank legen.

- Zum Schutz gegen Motten empfindliche Wollstücke (besonders die über den Sommer lagernden Winterpullover) in einfach genähten Leinenbeuteln aufbewahren. Zwischen die Wollstücke getrocknete Apfelsinenschalen legen.
- Mottenschutzmittel haben meistens einen unangenehmen Geruch. Man mildert ihn, indem man Lavendel, Waldmeister oder sonstige Duftstoffe in die Schränke und Kommoden legt.
- Verderben Sie den Kleidermotten den Appetit, indem Sie ein Lavendel- oder Walnußblättersäckchen in den Schrank geben und regelmäßig die Kleider lüften.
- Motten bekämpft man auch, wenn man ein Sträußchen Steinklee zwischen die Wäsche legt.
- Pelze vor Motten schützen kann man, indem man den Pelz mit gepulvertem Alaun bestreut. Das Pulver läßt sich später leicht wieder entfernen.
- Gegen Motten hilft es, Kernseife zwischen die Wäschestücke zu legen.
- Motten wagen sich bestimmt nicht an Wollknäuel, bei denen der Wollfaden auf eine Mottenkugel gewickelt ist.
- Mottenpapier jedes halbe Jahr erneuern. Notieren Sie sich als Gedächtnisstütze stets das Datum auf dem Papier.

Pelz

- Wenn der Pelz naß geworden ist, streicht man ihn in der Richtung, in der die Haare laufen, glatt. Möglichst aber mit einer Bürste, die weiche Borsten hat. Man hängt den Pelz dann zum Trocknen auf, aber nicht in der Nähe eines Ofens oder einer Heizung, da sonst das Leder hart wird und die Haare brechen. Wenn der Pelz dann völlig trocken ist, klopft man ihn mit einem Stab aus und kämmt die Haare einmal mit und einmal gegen den Strich. So wird der Pelz wieder locker und gut aussehen.
- Der regennasse Pelz bleibt schön, wenn er tüchtig ausgeschüttelt wird. Man trocknet ihn in Zugluft.
- Neue Winterpelze riechen oft stark und unangenehm. Ein sehr gutes Mittel dagegen ist, den ganzen Pelz mit feingemahlenem Kaffee zu bestreuen und ihn in ein großes Leinentuch einzuschlagen. Der Kaffee nimmt den Geruch an, und nach einigen Tagen wird das Unangenehme des Pelzgeruches ganz verschwunden sein.
- Pelzhaare sind empfindlich und dürfen im Schrank nicht von anderen Kleidungsstücken berührt werden.
- Pelze werden gesäubert, indem man sie vorsichtig ausbürstet.

Perlenstickerei

- Perlenstickereien bügelt man am besten von der linken Seite, zudem sollten sie auf Frotteestoff liegen. Die Perlen drucken sich dann in den Frotteestoff, und die Zwischenräume werden schön glatt.

Pflegesymbole

- Sicher hatten Sie das Problem auch schon einmal: Der neue Pulli, die neue Hose soll das erstemal in die Wäsche, und man steht ratlos vor dem Pflege-etikett. Darf das gute Stück nun in den Trockner oder lieber doch nicht? Soll es in die chemische Reinigung, oder ist das sogar verboten? Und was bedeutete noch mal das Dreieck mit dem Kreuz? Manchmal ist es tatsächlich ein Kreuz mit all den Zeichen und Symbolen. Damit Sie Bescheid wissen, sollten Sie sich diese Tabelle genauer betrachten.

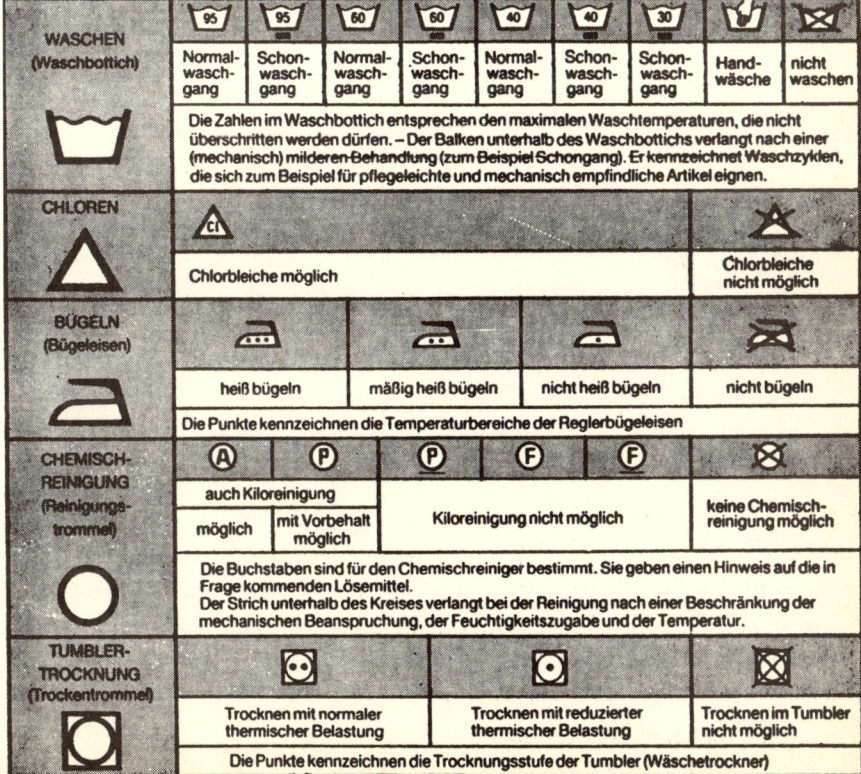

Pullover

- Empfindliche Pullover kann man mit Shampoo waschen. Das greift das Gewebe nicht an, die Pullover verfilzen nicht, sondern werden flauschig und angenehm weich.
- Pullover aus Baumwollgarnen sind große Mode. Allerdings leiern sie beim Waschen leicht aus. Dem kann man vorbeugen, indem man sie in einen Kissenbezug steckt, den man ganz zuknöpft. So kann man auch empfindliche Stricksachen in der Maschine waschen.
- Knopflöcher an Strickjacken weiten nicht mehr so sehr aus, wenn sie vor dem Waschen locker zugenäht wurden.

Pullover aus Baumwolle

- Um ein Ausdehnen von selbstgestrickten Baumwollpullovern und -jacken zu verhindern, näht man in die Schulter und Seitennähte farblich passende Baumwollbänder mit ein. So bleiben sie gut in Form.

Pullover, kratzende

- Wenn der Pulli kratzt, kann man ihn lauwarm in einer leichten Lauge mit mildem Haarshampoo waschen. Dann zehn Minuten in einem Haarkurbad liegen lassen, gründlich ausspülen. Ihr Pulli wird wieder weich und kuschelig.

Regenmantel

- Regenmäntel sind heute fast durchweg waschbar. Lassen Sie sie aber nicht zu sehr einschmutzen und hängen Sie sie, ohne zu wringen oder zu schleudern, auf einen Bügel, damit sie ihre Form behalten und keine Knitterfalten bleiben. Die Imprägnierung muß möglicherweise erneuert werden. Regenmäntel aus Gummi oder plastikbeschichtetem Gewebe reinigt man ganz einfach mit einem feuchten Schwamm und Seifenlauge und reibt mit einem sauberen Lappen nach.

Reinigungsbenzin

- Chemisch reines, wasserhelles Benzin, sogenanntes Reinigungsbenzin, entfernt alle Fettflecken, gibt aber bisweilen häßliche Ränder. Diese Ränder können meistens vermieden werden, wenn man unter den Stoff ein Stück weißes Löschpapier legt, ehe man mit dem Benzinlappen über den Fleck fährt. Das Fett wird so in das saugfähige Papier eingezogen, und es entstehen keine Ränder.

- Durch Behandlung mit Benzin entstehen oft Fleckenränder. Man beugt ihnen vor, indem man die Stelle gleich nach der Behandlung in der Sonne trocknen läßt.
- Benzinränder in Kleidungsstücken oder Stoffen mit Terpentinöl ausreiben.

Reißverschluß

- Reißverschlüsse mit Kerzenwachs auf der linken Seite einreiben. So lassen sich die Reißverschlüsse leichter auf- und zuziehen.
- Reißverschlüsse klemmen nicht, wenn man sie grundsätzlich vor der Wäsche schließt. Klemmt doch mal einer, die Zacken vorsichtig mit Bleistift oder Fett einreiben.

Samt

- Samt säubert man mit einem weichen Schwamm und Alkohol.
- Samt sollte man mit Petroleum ausbürsten, damit er wieder klar und strahlend schimmert.
- Samt- und Cordkleidungsstücke dreht man vor dem Waschen auf links, so werden Samt und Cord vor Beschädigung und Abnutzung geschützt.
- Staub aus Samtkleidern bürstet man leichter heraus, wenn man die Bürste vorher in trockenes Salz taucht.
- Druckstellen in Samt entfernt man über heißem Wasserdampf.
- Samt kann man heute fast durchweg von links bügeln. Aber nicht zu stark drücken und mit einer feinen Bürste rechts nachbürsten. Besonders empfindlichen Samt können Sie an einem sehr heißen Eisen entlangziehen, ohne daß der Stoff die Platte des Bügeleisens berührt.

Satin

- Satin läßt sich besser waschen, wenn man dem Wasser Borax zufügt.

Schneeränder

- Schneeränder an Lederschuhen mit einem Schwamm und destilliertem Wasser einreiben.
- Schneeränder an Wildleder mit lauwarmer Feinwaschmittellauge entfernen, mit kaltem Wasser abreiben und die Feuchtigkeit trockentupfen, Schuhe mit Zeitungspapier ausstopfen und trocknen lassen. Anschließend das Leder mit einer Spezialbürste behandeln.
- Schneeränder an Schuhen entfernt man mit Zitronensaft.

- Schnee- und Streusalzränder an Schuhen lassen sich durch Abreiben mit Wasser entfernen. Danach gut einfetten.
- Schneeränder an Glattlederschuhen lassen sich mit Petroleum abreiben.
- Schneeränder an Wildlederschuhen entfernt man mit Salz. Salz einreiben, Schuhe eine Stunde stehen lassen und die Ränder abbürsten.
- Schneeränder an Lederschuhen reibt man ganz einfach mit der Schnittfläche einer Zwiebelhälfte ab.

Schweiß

Schweißgeruch

- Schweißgeruch in der Wäsche entfernt man durch Einsprühen der Stücke mit Essig vor dem Waschen.
- Schweiß bekommt man aus Kleidern, wenn man sie zwischen zwei Tüchern plättet, die mit Salmiakgeist getränkt sind. Diesen Vorgang öfter wiederholen.
- Schweißblätter sollten nur von links auf der Wolldecke gebügelt werden, ohne Bügeltuch zwischen Unterlage und Gegenstand.

Schweißflecken vgl. Flecken

Schweißfüße

- Achten Sie darauf, daß die Strümpfe immer gleich nach dem Tragen gewaschen werden.
- Lassen Sie die Schuhe zwischendurch gründlich austrocknen, bevor Sie sie wieder tragen.

Schweißränder

- Schweißränder in Kleidungsstücken verlieren ihren Geruch und verschwinden, wenn man die Sachen vor dem Waschen in warmem Essigwasser einweicht.
- Schweißränder auf Leder mit verdünntem Salmiakgeist behandeln und vorsichtig mit lauwarmem Wasser nachwaschen.

Schuhe

Schuhabsätze

- Gummiabsätze rutschen nicht, wenn sie ab und zu mit Sandpapier aufgerauht werden.

- Schuhabsätze bekommen keine Kratzer, wenn sie von Zeit zu Zeit mit farblosem Nagellack bestrichen werden.
- Schuhsohlen und Absätze halten viel länger, wenn sie vor dem ersten Tragen in Leinöl getränkt werden.

Schuhcreme
- Schuhcreme soll über Nacht ins Leder einziehen. Deshalb abends eincremen und morgens blankpolieren.
- Schuhcreme immer hauchdünn auftragen. Dickes Eincremen verkrustet das Leder.
- Besseren Glanz erzielt man beim Schuheputzen, wenn man der Creme einige Tropfen Kaffee zusetzt.
- Eingetrocknete Schuhcreme wird wieder weich, wenn man einige Tropfen Milch oder Terpentinöl dazugibt oder die Dose in ein heißes Wasserbad legt.
- Eingetrocknete Schuhcreme macht man wieder brauchbar, indem man sie mit einer Mischung von Terpentin und Benzin vermengt.

Schuhe, enge
- Enge Schuhe weitet man, wenn man (morgens) mit ihnen über eine feuchte Wiese geht.
- Zu enge Schuhe wickelt man einige Minuten in ein mit kochendem Wasser getränktes Handtuch. Dann reibt man sie mit Öl ab, am nächsten Tag drücken sie nicht mehr.
- Zu enge Schuhe ziehe man mit nassen Strümpfen an und bewege die Füße. Es hilft auch, Brennspiritus hineinzugießen.

Schuhe, feuchte
- Feuchte Lederschuhe wäscht man mit kaltem Essigwasser ab und stopft sie mit Zeitungspapier aus. Auch weiße Schneeränder verschwinden bei dieser Behandlung. Nach dem Trocknen mit Schuhcreme einreiben.
- Feuchte Schuhe und Stiefel lassen sich schwer glänzend wischen. Man kann sofort den Glanz erreichen, indem man der Creme ein paar Tropfen Petroleum beimischt. Dies schützt auch das Leder davor, rissig zu werden.
- Feuchtes Schuhwerk wird beim Trocknen nicht brüchig, wenn das Leder mit warmem Wasser abgewaschen und dann sorgfältig mit Rizinusöl eingerieben wird.
- Feuchte Schuhe und Stiefel werden sehr schnell trocken, wenn man sie mit zerkleinerten Kastanien füllt.

Schuhe, gefütterte

• Um Pelzfutter in Schuhen zu reinigen, gibt man Talkumpuder in den Pelz. Einige Stunden stehen lassen, dann den Schuh ausschütteln, bis der Puder entfernt ist.

Schuhe, knarrende

• Unangenehmes Knarren der Schuhe wird beseitigt, wenn man die Sohlen mit Leinöl volltränkt.

• Das Knarren verschwindet, wenn man die Schuhe des öfteren auf einen feuchten Lappen stellt.

• Das Knarren der Schuhe hört auf, wenn man die Schuhe eine Weile in angekochtes Leinöl stellt oder Puder in die Schuhe stäubt.

Schuhe, neue

• Das Brennen der Füße bei neuen Schuhen verhindert man, indem man die Innenseite der Schuhe mit Spiritus bestreicht. Dieser lockert das Leder und läßt so mehr Luft zum Fuß. Sobald der Fuß die nötige Luftzufuhr hat, hört auch bei neuen Schuhen das lästige Brennen auf.

• Das Brennen der Fußzehen in neuen Schuhen wird durch die Gerbsäure verursacht. Dagegen hilft ein nasses Leinenläppchen in der Spitze des Schuhs.

• Neue, drückende Schuhe werden bequem gehfähig, wenn man Wasser in sie schüttet, barfuß in die Schuhe schlüpft und sie so lange trägt, bis das Restwasser verdunstet ist.

• Neue Schuhe drücken nicht, wenn man sie mit Essig ausreibt und dann sofort anzieht, oder wenn man die Stelle, an der sie drücken, feucht macht, mit Seife einreibt und dann die Schuhe sofort anzieht.

• Wenn der neue Schuh drückt, tropfen Sie etwas Alkohol hinein und ziehen ihn sofort an.

• Färben neue Schuhe innen ab, reiben Sie sie mit Essig aus.

• Wenn Sie Schuhe anprobieren, sollten Sie daran denken, daß die Ferse festen Halt haben muß. Bei Stiefeln allerdings darf sie sich etwas anheben.

• Probieren Sie immer beide Schuhe an, weil ein Fuß größer sein kann als der andere.

• Neue, frisch besohlte Schuhe sind meistens etwas glatt, so daß man leicht damit ausrutscht. Reiben Sie die Sohlen mit etwas Schmirgelpapier rauh, und schon ist das Übel behoben.

• Bei Glatteis klebt man am besten einen Pflasterstreifen der Länge nach unter jede Schuhsohle. Je kälter es ist, um so länger wird er halten und die Rutschgefahr mildern.

Schuhe, passende

- Richtig sitzende Schuhe können 99 Prozent aller Fußbeschwerden verhindern.
- Schuhe sollten etwa acht bis zwölf Millimeter länger sein als der große Zeh.
- Wenn Sie sich auf die Zehenspitzen stellen, sollten die Schuhe hinten nicht schluppen.
- Am Fußgewölbe soll der Schuh festen Halt geben, aber die Sohlen sollen zum Schutz der Füße weich sein.
- Die Ferse des Schuhs sollte keine Falten werfen, und sie sollte verstärkt sein, vorzugsweise mit Leder.

Schuhe, Pflege

- Weiße Schuhe, auf denen durch Abrieb von schwarzen Schuhen schwarze Flecken entstanden sind, werden durch Abwischen mit Nagellackentferner wieder sauber.
- Helle Schuhe nie mit einer Bürste bearbeiten, da die Farbschicht sehr empfindlich ist; man nehme nur ein weiches Tuch.
- Helle farbige Schuhe reinigt man mit farbloser Schuhcreme. Dann werden sie mit einem Wollappen poliert.
- Braune Schuhe kann man mit einer Mischung von drei Löffeln Magermilch und einem Löffel Terpentinöl gründlich reinigen.
- Das Oberleder neuer Schuhe bleibt länger faltenlos, wenn die Schuhe vor dem Tragen mit Rizinusöl eingerieben werden.
- Schuhe aus Glattleder, die fleckig geworden sind, glänzen wieder, wenn man sie mit einer Zwiebelhälfte abreibt.
- Schuhe, die abfärben, einfach einige Male mit Haarspray aussprühen.
- Farbige Schuhe kann man schwärzen, indem man diese mit einer rohen Kartoffel abreibt und trocknen läßt. Das Ganze viermal wiederholen. Dann wird der Schuh mit normaler schwarzer Schuhcreme eingecremt.
- Schuhe bleiben lange erhalten, wenn man sie täglich wechselt und nur auf einem Schuhspanner aufbewahrt.
- Die Schuhe sehen wieder wie neu aus, wenn Sie sie mit Zwiebel einreiben und anschließend mit einem Baumwolltuch polieren.
- Schuhe werden schnell glänzend, wenn man der Schuhcreme einige Tropfen Spiritus beimengt.

Schuhe, wasserdichte

- Wasserdichte Schuhe erzielen Sie, wenn Sie die Schuhe einige Stunden in eine recht dicke Seifenlauge stellen und danach gut trocknen lassen.

- Straßenschuhe werden wasserdicht, wenn man eine Flasche halb mit Benzin füllt und so viel feingeschnittenes weißes Paraffin hineingibt, wie sich darin auflöst. Mit dieser Lösung bestreicht man den ganzen Schuh mit einem weichen Pinsel, bis der Schuh keine Flüssigkeit mehr annimmt.

Schuhe, weite

- Bei Schuhen, die geweitet sind und etwa eine Nummer größer wirken, klebt man in die hintere Kappe ein Stückchen Samt ein. So gleitet der Fuß nicht so schnell aus dem Schuh.

Schuhsohlen

- Schuhsohlen halten auch wesentlich länger, wenn man sie von Zeit zu Zeit mit etwas Rizinusöl bestreicht.
- Schuhsohlen haltbar machen kann man mit einer Mischung von dicker Wasserglaslösung und 150 Gramm Leinölfirnis. Diese Lösung gut durchschütteln und mehrmals auf die gereinigten und angewärmten Schuhsohlen auftragen.
- Kreppsohlen an Sportschuhen werden wieder sauber und hell, wenn man sie mit Terpentin säubert.
- Kork von Sandalettenabsätzen bröckelt nicht aus, bleibt ansehnlicher und läßt sich auch besser reinigen, wenn man ihn mit farblosem Nagellack bestreicht.
- Schuhsohlen bzw. Absätze halten länger, wenn man sie in Holzteer tränkt.
- Beim Besohlen der Kinderschuhe lassen Sie die Sohlen etwas vorstehend anfertigen, die Kinder stoßen dann die Spitzen nicht durch.
- Schuhsohlen werden fest und wasserdicht, wenn man sie mit Firnis bestreicht.

Seide

- Seidene Blusen baden Sie in Benzin oder Spiritus, dann leicht ausdrücken, ein wenig reiben, über einem Bügel trocknen lassen.
- Seide dürfen Sie nicht einsprengen oder dämpfen, sie bekommt Wasserflecken. Am besten bügelt man mit einem mäßig heißen Eisen unter einem dünnen, trockenen Tuch.
- Schwarze Seide erhält den Glanz durch Waschen in russischem Tee.
- Speckige Stellen in schwarzer Seide mit dem Sud von ausgekochtem Tabak auswaschen.
- Seidene Spitzen reinigt man, indem man sie in kalter Seifenflockenlauge leicht ausdrückt, gut spült und, noch feucht, von links bügelt.

- Seidene Krawatten wäscht man tadellos mit einer verdünnten Lösung von Schmierseife und Spiritus.
- Nehmen Sie für die Seide nur handwarmes Seifenflockenwasser, drücken Sie das Gewebe nur mit der Hand leicht durch, wringen Sie es nicht aus, entfernen Sie das Wasser halbwegs durch Rollen des Stückes in der Hand.
- Seidene Unterwäsche wird wieder wie neu, wenn man sie mit einem lauwarmen Tee von Efeublättern wäscht. Zum Nachspülen eignet sich Salzwasser, dem ein Schuß Essig zugegeben wird.
- Man legt über die zu bügelnde Seide stets ein weiches, etwas angefeuchtetes Tuch und benutzt nur lauwarme Bügeleisen. Dadurch verhindert man das Brechen der Seide und auch das Einlaufen.
- Seidenstoffe zum längeren Aufbewahren nicht zusammenfalten, sondern auf einer Papprolle aufrollen, damit sie nicht brüchig werden.
- Seide behält ihren schönen Glanz, wenn sie in schwachem Zuckerwasser oder einer dünnen Gelatinelösung gespült wird.
- Stoffbrüche entfernt man aus Seide, indem man sie einfach mit Spiritus befeuchtet.

Spitze

- Empfindliche Spitzen und Stickereien beim Waschen immer in einen großen Bezug geben und ihn zuknöpfen.
- Empfindliche Spitzendeckchen sollten Sie vor dem Waschen auf ein Stück weißes Tuch heften. So behalten die Decken beim Waschen ihre Form und lassen sich außerdem viel leichter bügeln.
- Weiße Spitzen werden nach dem Waschen schön steif, wenn man sie mit abgekochter Milch gut anfeuchtet und dann bügelt.

Stärke

- Nehmen Sie flüssige Stärke statt Sprühdosenstärke. Das ist billiger und schont die Umwelt. Geben Sie zwei bis drei Kappen flüssige Stärke in einen Pumpzerstäuber und füllen Sie ihn mit Wasser auf. Gut durchschütteln.
- Sprühstärke können Sie selbst billig herstellen: Ein Teelöffel Silberglanzstärke in einer Sprühdose mit Wasser auffüllen (gut durchschütteln).
- Hemdkragen und -manschetten verschmutzen nicht so sehr, wenn man die Kanten vor dem Bügeln mit einer Lösung aus einem Teelöffel Stärke auf einen Viertelliter Wasser bestreicht. Der hauchdünne Stärkefilm schützt das Gewebe.

- Es ist vorteilhaft, dem Stärkewasser etwas Salz zuzusetzen, dadurch wird beim Plätten das lästige Kleben am Eisen verhindert.
- Gestärkte Kragen, die an der oberen Kante schwarz werden, glättet man durch Reiben mit einem Stück Stearinkerze.
- Stärkewäsche muß vor Frost geschützt werden, da sie sich sonst nicht mehr steifbügeln läßt.
- Wasser, in dem Reis gekocht wurde, ist wegen seines Stärkegehaltes im Haushalt sehr wertvoll. Man stärkt in ihm ohne jeden Stärkezusatz Gardinen und feine Wäsche.

Stickerei

- Farbige Stickereien weicht man einige Stunden in Buttermilch ein und wäscht sie dann in lauwarmem Seifenwasser.
- Bunte Stickereien bügelt man, indem man ein essiggetränktes Tuch unterlegt und so lange bügelt, bis dieses nahezu trocken ist.
- Damit das Muster nicht heraustritt, bügelt man die Stickerei auf einer weichen Unterlage.

Stiefelspanner

- Billige Stiefelspanner sind zusammengerollte Zeitschriften, die in den Stiefelschaft gesteckt werden.

Stockflecken

- Stockige Leinenwäsche wird einen halben Tag in Buttermilch gelegt und anschließend gewaschen.
- Besonders hartnäckige Stockflecken behandelt man durch häufiges Betupfen mit verdünntem Salmiakgeist.
- Stockflecken in der Wäsche in verdünnten Essig oder in saure Milch eintauchen, dann normal waschen.
- Stockflecken können vermieden werden. Bügelfrische Wäsche an der Luft liegen lassen, bis sie völlig trocken ist.

Stoffschuhe

- Weiße Stoffschuhe werden ganz sauber, wenn man sie mit einem Brei aus Milch und Kreidepulver putzt.

Strickkleider

• Strickkleider, die sich beim Waschen ausgeweitet haben, legt man erst in heißes, dann in kaltes Essigwasser.

Stricksachen

• Ein altbewährtes Hausmittel zum Waschen von Stricksachen sieht wie folgt aus: Sachen in kaltem Wasser waschen, dem je ein Teelöffel Borax und Glyzerin zugesetzt wurden.
• Stricksachen bügelt man immer von links auf einer weichen Unterlage, damit das Muster nicht hervortreten kann.
• Zerknitterte Stricksachen kann man mit dem Bügeleisen auf folgende Weise glätten: Man legt sie trocken auf ein mit Wassertropfen benetztes Tuch und bügelt dann mit nicht zu heißem Eisen darüber.

Strümpfe

• Strümpfe halten länger, wenn sie vor dem ersten Gebrauch in kaltem Wasser gewaschen werden.
• Strümpfe hängt man zum Trocknen an der Spitze auf, da sie sonst häßliche Druckstellen durch die Klammern erhalten.
• Zerreißen bei Kindern die Strümpfe oft, reibt man die Schuhe innen mit Paraffin aus.
• Kniestrümpfe und Söckchen von dünner Qualität gehen schnell kaputt. Kaufen Sie möglichst immer gleich zwei Paar von derselben Sorte und Farbe, so können Sie den kaputten Socken gegen einen heilen austauschen.
• Alte Strümpfe und Strumpfhosen eignen sich gut zum Polieren von Schuhen, die dadurch besonders blank werden.
• Schmutzspritzer an Strümpfen kann man in den meisten Fällen mit einem Radiergummi entfernen.

Strümpfe aus Wolle

• Neue wollene Strümpfe laufen nicht ein, wenn man sie vor dem ersten Anziehen mit einem nassen Tuch bedeckt und mit einem heißen Eisen so lange bügelt, bis das Tuch vollständig trocken ist.

Strumpfhosen

• Strumpfhosen kann man gut bei der Schonwäsche mitwaschen. Damit sie nicht rubbelig werden oder Fäden ziehen, steckt man sie in eine Herrensocke.

- Wollstrumpfhosen gehen zuerst an den Zehen kaputt. Als Verstärkung kann man Füßlinge von alten Nylonstrümpfen einnähen. So halten sie länger.
- Weiche und reißfeste Feinstrumpfhosen bekommen Sie, in dem Sie die Strumpfhose mit Haarshampoo waschen; einwirken lassen und gut ausspülen.
- Schönen Glanz in Strumpfhosen bekommen Sie durch die Zugabe von einem Schuß Essig im Spülwasser.
- Wenn Sie Strumpfhosen jeden Abend auswaschen und in ein Handtuch wickeln, haben Sie jeden Morgen frische Strümpfe.

Taft

- Gewaschener Taft wird wieder steif, wenn man dem letzten Spülwasser zwei Blatt Gelatine zusetzt.

Teppich und Teppichboden

- Naturfaserteppiche repariert man mit klarem Klebstoff. Die ausgefransten Ränder bestreichen, in Form drücken, trocknen lassen. So erspart man sich das aufwendige Nähen.

Trägerbändchen

- Trägerbändchen, die sich gerne rollen, immer etwas stärken, und der Ärger ist behoben.

Tuch

- Beim Waschen schwarzer Tuchstoffe Salz beifügen, um sie vor dem Einlaufen zu schützen.
- Schwarzes Tuch behält die Farbe, wenn man dem Waschwasser etwas Pottasche untermischt.

Veloursleder

- Veloursleder muß langsam trocknen (keinesfalls in Heizungsnähe) und anschließend mit einer speziellen Bürste oder einem Gummischwamm behandelt werden.

Velourslederschuhe

- Schuhe aus Veloursleder dürfen nur in trockenem Zustand gereinigt werden. Man nehme dazu einen trockenen Schwamm oder eine sehr feine Bürste.

Vergilben

- Vergilben der Wäsche läßt sich vermeiden, wenn man dem letzten Spül- oder Stärkewasser eine Mischung von drei Teilen Spiritus und einem Teil Terpentinöl beisetzt. Auf einen Eimer Wasser gibt man zwei Likörgläser von dieser Mischung.
- Damit weißes Leinen nicht gilbt, wird es an einem dunklen Ort aufbewahrt.
- Weiße Wäsche vergilbt nicht, wenn man sie in blaues Packpapier einschlägt.
- Wäsche wird leicht gelblich, wenn sie nicht sorgfältig gespült wird und Seifenreste im Gewebe zurückbleiben.
- Vergilbtes Leinen legt man über Nacht in eine Lösung aus einem Eßlöffel gereinigtem Weingeist und einem Liter Wasser.

Vorhänge

- Beim Waschen von Vorhängen ist es praktisch, die Rollgleiter in einen hellen Damenstrumpf zu binden. Jetzt können sich die Vorhangrollen nicht im oft grobmaschigen Gardinenmuster verkletten, dennoch wird der ganze Vorhang gewaschen, und anschließend hat man alles geordnet in der Hand.
- Farbige Vorhänge weicht man in leicht gesalzenem Wasser ein, damit die Farben beim Waschen nicht ausbleichen und sich der Schmutz lösen kann.

Waschmittel

- Beim Dosieren von Waschmittel sollte man immer die Original-Meßbecher verwenden. Nur so ist gesichert, daß man die maximale Menge des Waschmittels abmißt. Weniger schadet jedoch keinesfalls.

Wachstücher

- Wachstücher bleiben sehr schön und sehen immer wie neu aus, wenn man sie regelmäßig mit kalter Milch abreibt.
- Wachstuch hält länger, wenn man es ab und zu mit Petroleum abreibt.

Wäsche

Wäsche, angesengte

- Versengte Stellen in der Wäsche mit Boraxwasser betupfen und mit klarem Wasser nachspülen.
- Angesengte Stellen im Stoff lassen sich mit Weißbrot wegreiben.

- Angesengte Stellen spült man sofort mit kaltem Wasser aus. Dann streut man Salz darauf und hängt das Stück zum Trocknen auf.
- Bei versengter Wäsche bereitet man eine klare Chlorkalklösung und trägt sie behutsam mit einem Wattebausch auf. Hinterher muß die Wäsche in klarem Wasser tüchtig gespült werden. Stärkewäsche ist vorher heiß auszuwaschen.
- Wäschestücke, die beim Bügeln etwas angesengt wurden, braucht man nicht neu zu waschen. Wenn man die gelblichen Stellen mit etwas Zwiebelsaft einreibt, verschwinden die Flecken sofort. Mit kaltem Wasser nachwaschen.
- Beim Bügeln versengte Stellen lassen sich mit Zitronensaft, der dick mit Puderzucker bestreut wurde, entfernen – später mit klarem Wasser auswaschen.
- Beim Bügeln versengte Stellen sofort mit Essig einreiben.

Wäsche, einsprühen

- Wäsche, die gleich gebügelt werden soll, sprüht man mit warmem Wasser ein, da dieses schneller in die Wäsche einzieht als kaltes.
- Zum Einspritzen der Bügelwäsche eignet sich sehr gut eine Blumenspritze.
- Als Bügelhilfe für Leinen oder schwer bügelbare Textilien füllt man eine Verschlußkappe Weichspüler in eine Sprühflasche und verdünnt sie mit Wasser (ca. ein Liter). Die Bügelwäsche (z. B. Hirtenhemden, Leinendecken usw.), mit dieser Mischung eingesprüht, läßt sich leicht bügeln und riecht auch angenehm.

Wäsche, stärken

- Gestärkte Wäsche ist stets in warmem Wasser einzuweichen, damit sich die alte Stärke löst.
- In der Maschine läßt sich Wäsche nach folgendem Rezept stärken: Man koche zwei Teelöffel Kartoffelmehl in einem Liter Wasser auf und gebe die Lösung zum letzten Spülwasser.
- Mischt man unter die Stärke weißes Terpentin, sieht die gestärkte Wäsche besser aus, und beim Bügeln klebt nichts.
- Bunte Wäsche darf nicht heiß gestärkt werden, da die Farbe sonst auslaufen kann.
- Zum Wäschestärken nehme man statt teurer Sprühstärke (mit oder ohne Treibgas) billige flüssige Wäschestärke, verdünne sie im Verhältnis 1:4 mit Wasser und sprühe sie mit dem Blumensprüher auf die Wäsche.

Wäsche, trocknen

- Trocknen Sie Ihre Wäsche möglichst luftig im Schatten. Die Sonne verfärbt nasse Textilien oft merklich.
- Wäschestücke aus Chemiefaser werden tropfnaß aufgehängt, Hemden sorgfältig auf einen sauberen Bügel, dabei Kragen, Manschetten und Nähte geradeziehen.
- Wollsachen, veredelte Baumwolle, Kunstseide usw. trocknen Sie zwischen Tüchern, ziehen sie in Form und lassen sie liegend fertigtrocknen.
- Nasse Wäsche wird immer in Richtung des Fadenlaufes, nie quer dazu aufgehängt.
- Farbige Wäsche soll nur im Schatten getrocknet werden, da sie in der Sonne leicht ausbleichen kann.

Wäsche, weiße

- Weiße Wäsche weicht man über Nacht ein. Die Kochzeit beträgt nur fünfzehn Minuten. Danach spült man sehr gut nach, da Laugenreste das Gewebe zerstören.
- Weiße Wäsche erzielt man, indem man etwas Benzin-Zusatz zum Kochwasser gibt.
- Blendend weiße Wäsche bringt der Waschtag, wenn man dem Blauwasser eine Mischung von drei Teilen Spiritus und einem Teil Terpentin zugibt.
- Weiße Stoffe erhalten durch das Abkochen mit Teeblättern einen schönen, cremigen Farbton.

Wäscheschrank

- Muffiger Geruch in Schränken läßt sich mit Kaffeebohnen vertreiben oder mit einer Orange, die mit Nelken gespickt wird.
- Aufgebrauchte Deoroller lassen sich noch eine Weile als Duftspender im Wäscheschrank verwenden.

Waschfestigkeit

- Wenn Stoffart und Waschfestigkeit nicht einwandfrei feststehen, niemals sofort das ganze Stück waschen, sondern erst an einer unauffälligen Stelle einen Vorversuch anstellen.

Waschlederhandschuhe

- Handschuhe aus Waschleder werden angezogen und dann mit Seifenschaum gewaschen.

Waschmaschine reinigen

- Zur Reinigung der Waschmaschine hin und wieder einen leeren Spülgang laufen lassen und dem Wasser einen Liter Essig hinzugeben. Das hält die Trommel und den Heizstab kalkfrei.

Waschmittel

- Milde Waschlaugen schonen die Wäsche. Stark verschmutzte Stellen mit Seife einreiben! Übermäßiges Reiben, Bürsten oder Wringen schadet nur.
- Gewöhnliche Roßkastanien sind wegen ihres Saponingehalts ein vorzügliches Waschpulver. Sie werden geschält, gerieben, getrocknet und dann zu einem feinen Pulver gemahlen.
- Stark verschmutzte Wäsche (z. B. Hemdkragen) wird sauber, wenn sie vor dem Waschen mit Neutral-Schmierseife eingerieben wird.
- Wäsche gefriert nicht auf der Leine, wenn Sie dem letzten Spülwasser eine Handvoll Salz beifügen und gut verrühren.
- Baby-Haarshampoo wäscht schonender als die üblichen Waschmittel.

Waschsamt

- Waschsamt wäscht man vorsichtig in lauwarmem Seifenwasser, ohne ihn zu reiben oder zu drücken. Der getrocknete Samt ist feucht zu bügeln oder zu bürsten.

Waschtemperatur

- Um Waschtemperatur-Fehler zu vermeiden, ist es nützlich, an einer unsichtbaren Stelle mit einem wasserfesten Kugelschreiber die Kleidung mit der dementsprechenden Waschtemperatur zu kennzeichnen.

Wasserflecken

- Wasserflecken beseitigt man durch Abreiben mit einer lauwarmen Mischung aus einem Teil Spiritus und zwei Teilen Wasser. Dann heiß bügeln.
- Wasserflecken auf Lederschuhen, besonders die Rückstände von Schneewasser, kann man entfernen, indem man die Schuhe vor dem Putzen mit einer halbierten Zwiebel abreibt.
- Wasserflecken an Kleidern, wie sie Regen hinterläßt, verschwinden durch Überbügeln mit einem feuchten Tuch.

- Regenflecken in Stoffen, die nicht gewaschen werden dürfen, mit einer Bürste reinigen, die mit Salmiakgeist befeuchtet wurde, und mit einem feuchten Tuch nachreiben.

Weichspüler

- An den Hälsen der Weichspülerflaschen läuft immer eine Spur Weichspüler hinab, von der Abfüllkappe, die ja gleichzeitig der Verschluß ist. Wenn man die Kappe der leeren Flasche zum Abmessen der Weichspülmenge nimmt, kann man das gut vermeiden.

- Ihre Wäsche wird nicht hart, wenn Sie dem letzten Spülwasser einen Eßlöffel Salz zufügen. Dann können Sie auf Weichspüler verzichten.

- Eine Tasse Essig im letzten Spülgang der Waschmaschine ersetzt den Weichspüler und sorgt auch für Wohlgeruch der Wäsche. Bei Handwäsche ist Essig besonders wichtig: Er neutralisiert die Seife, so daß man nur zweimal spülen muß. Außerdem werden die Farben aufgefrischt.

Weißmacher

- Um schneeweiße Wäsche zu erhalten, gibt man zum Waschmittel ein Päckchen Backpulver hinzu; bei sehr voller Maschine zwei Päckchen. Die Wäsche wird sehr weiß. Diese Methode eignet sich besonders gut bei weißen Herrenhemden und Dirndlblusen.

- Besonders weiß wird die Wäsche, wenn einige Zitronenscheiben beim Waschen mitgekocht werden.

- Weiße Wäsche erzielt man, wenn man beim Einweichen dem Wasser ein paar Tropfen Terpentin zusetzt.

- Nähen Sie sich einen Leinenbeutel und füllen Sie diesen mit Eierschalen. Mit einem Band den Beutel fest verschließen. Diesen Beutel einfach mitkochen lassen. Die Wäsche wird wunderbar weiß.

- Weiße Socken werden auch nach dem Tragen dunkler Schuhe und bei starker Verschmutzung wieder weiß, wenn man sie bei 60 Grad wäscht und naß mit Kernseife einreibt. Zehn Minuten einwirken lassen, auswaschen und gegebenenfalls weichspülen.

- Wird Ihre Wäsche sehr leicht gelb, so verwenden Sie für den letzten Spülgang zehn Liter Wasser und einen Eßlöffel Borax. Damit bekommen Sie Ihre Wäsche wieder leuchtendweiß.

Wildleder

- Wildlederhandschuhe werden in lauwarmem Seifenwasser gewaschen, dem etwas Salmiakgeist und Stearinsäure zugesetzt wird. An der Luft trocknen lassen.
- Wildlederschuhe kann man wie folgt pflegen: 15 Milliliter Obstessig und 70 Milliliter Wasser verrühren und in eine Sprühflasche geben. Die Schuhe einsprühen, trocknen lassen und mit einer Bürste aufrauhen.
- Unansehnliche Stellen an Wildlederschuhen kann man über Wasserdampf bürsten.
- Flecken an Wildlederschuhen reibt man mit feinem Sandpapier ab und behandelt die Schuhe – wie üblich – mit Puder nach.

Windeln

- Weichspüler können leicht den empfindlichen Babypo reizen. Sie sollten daher zum letzten Waschgang eine halbe Tasse Natron in die Waschmaschine gießen, so daß die Windeln weich werden und frisch riechen.

Wolle

Wolldecken

- Wolldecken werden nach dem Waschen nicht zipflig, wenn man sie zum Trocknen übers Dreieck aufhängt. Und etwa abtropfendes Wasser läuft schneller ab.
- Wolldecken nach dem Waschen im Dreieck falten und so auf die Wäscheleine hängen. Nach der Hälfte der Trockenzeit auf die andere Seite legen. Dies verhindert ein Verziehen der vollgesogenen Wolldecke.

Wollknötchen

- Lästige kleine Wollknötchen (Pilling), die manchmal an Pullis entstehen, sollte man vorsichtig abschneiden. Nicht abreißen, sonst wird die Faser zerstört.

Wollsachen

- Wollsachen werden wirklich schmuseweich, wenn man dem letzten Spülwasser etwas Glyzerin zusetzt.

Wollsachen, verfilzte

- Verfilzte Wollsachen eine Stunde in handwarmen Bohnensud legen. So werden sie wieder wie neu.

• Filzig gewordene Wollsocken braucht man noch nicht auszusortieren. Man kriegt sie wieder weich, wenn man sie über Nacht in Wasser legt, in das eine rohe Kartoffel gerieben wurde.

• Wollsachen verfilzen und werden fleckig, wenn sie nach der Wäsche nicht gut gespült wurden.

• Leicht verfilzte Wollpullis, die in zu heißem Wasser gewaschen wurden, weicht man in einer Mischung aus lauwarmem Wasser und Haarshampoo ein.

Wollsachen, waschen

• Wollstücke wäscht man wie folgt: In handwarmem, nicht heißem, schaumigem Seifenwasser durchkneten, nicht reiben. Dann in lauwarmem Wasser mit etwas Essigzusatz durchspülen, zwischen den Händen halbwegs trockendrücken, nicht auswringen.

• Wollsachen werden immer von Hand gewaschen.

• Naturwolle darf nicht zu heiß, keinesfalls wärmer als mit 35 Grad gewaschen werden und nur im Schatten getrocknet werden.

• Damit Ihre Wollpullover die Paßform behalten, mißt man sie vor dem Waschen aus und legt sie dann aufs Maß gezogen zum Trocknen.

• Wollstoffe bleiben beim Waschen tiefschwarz, wenn man sie nicht mit Seife, sondern mit Ochsengalle wäscht.

• Gewaschene Wollstücke trocknen Sie folgendermaßen: Zuerst schlägt man die Wolle in ein Frottiertuch ein und klopft mit der Hand die restliche Nässe in das Tuch. Das vorgetrocknete Stück darf nicht aufgehängt werden, sondern man breitet es sorgfältig auf ein trockenes Tuch aus und läßt es abseits von Ofen oder Sonne trocknen.

• Weiße, unansehnlich gewordene Wollsachen werden durch Schwefeldampf wieder blendendweiß.

• Um feine Wollarten schonend zu waschen, eignen sich milde Haarshampoos besonders gut. Wichtig ist, daß das Wasser auf keinen Fall warm ist und man außerdem nur kleine Mengen Waschmittel nimmt. Die Stricksachen werden am besten in einem Frotteetuch, das man mehrmals wechseln sollte, ausgedrückt und dann im Liegen getrocknet.

• Vor dem Waschen von Pullovern oder Stricksachen ist eine Maschenprobe nützlich, um ein Einlaufen zu vermeiden.

• Werden Wollsachen in der Waschmaschine gewaschen, steckt man sie am besten in einen Kissenbezug; sie werden dabei nicht so strapaziert.

- Wollene Kleider und Pullover legt man vor dem Waschen einige Stunden in Regenwasser, wodurch das Öl in der Wolle gehalten wird. Dann wäscht man die Kleidungsstücke in Seifenflocken. Sie werden feststellen, daß diese wieder wie neu aussehen.
- Wollene Sachen laufen nicht ein, wenn dem lauwarmen Wasser Borax oder Salmiakgeist oder etwas Glyzerin zugesetzt und keine Seife verwendet wird.
- Verfilzte Wollsocken weicht man kalt ein und läßt sie über Nacht stehen. Anschließend in heißer Waschmittellösung durchdrücken und heiß spülen. Zwölf Stunden im Wasser liegen lassen und die noch feuchten Socken heiß in Form bügeln.
- Bei Wollkleidern wird der Ellenbogen nicht so leicht durchgewetzt, wenn man ihn von Anfang an unterlegt.
- Wollhandschuhe werden wasserdicht, wenn man sie etwa zehn Sekunden lang in essigsaure Tonerde legt und sie naß im Freien zum Trocknen aufhängt.

Wollwäsche

- Zu Wollwäsche zählen alle tierischen Fasern: Alpaka, Lama, Kamel, Mohair, Angora, Schafwolle sowie Seide. Wenn hier das Waschen nicht überhaupt verboten ist, soll das Waschwasser nie handwarm, sondern stets kälter, wenn nicht am besten ganz kalt sein.

Küche, Kochen, Backen, Braten

Gerade in diesem Bereich verbergen sich jede Menge Tücken.
Doch die folgenden Tricks und Tips helfen Ihnen, große und kleine Probleme spielerisch zu meistern.

Abwaschen

• Will man die Umwelt vor Chemikalien schützen, kann man zum Beispiel statt des Geschirrspülmittels auch einen Schuß Essig verwenden.

Abwaschbecken

• Flecken im emaillierten Abwaschbecken entfernt man mit Waschpulver. Über Nacht eine dünne Schicht davon im Becken verteilen. Anderntags nachspülen – weg sind die Flecken.

Advents-Gebäck

• Mit Genauigkeit zum Erfolg: Hier sind die wichtigsten Punkte aufgeführt, die das Plätzchenbacken zum Erfolg werden lassen. Bitte besonders gut beachten, damit auch wirklich nichts schiefgeht. Zuerst das ganze Rezept gut durchlesen.

Vorbereitung und Zubereitung

• Alle Zutaten auf das genaueste abmessen. Vorsicht, Meßbecher sind in den wenigsten Fällen ganz genau. Mit einer Küchenwaage schließt man dieses Risiko aus.

• Teig immer in einem Zug zubereiten. Unterbricht man diese Arbeit zu oft, kann leicht etwas danebengehen. Backofen erst auf die angegebene Temperatur schalten, wenn der Teig einschiebbereit ist. Die meisten Backrezepte sind ohne Vorheizzeit berechnet. So spart man Zeit und Energie.

Formen und Bleche

• Passende Formen oder Bleche schon vor dem Teigrühren oder Kneten richtig vorbereiten; auch das garantiert ein gutes Gelingen der Backköstlichkeiten. Wenn Plätzchen oder Kuchen ganz zum Schluß doch noch mißraten, weil sie am Blech kleben und sich nur in Stücken lösen lassen, dann war alle Mühe umsonst. Deshalb lohnt es sich, beim Einfetten der Bleche oder Formen ganz gewissenhaft vorzugehen.

Backtrennpapier

• Sind nicht genug Backbleche vorhanden, kann man sich damit behelfen, daß man ein blechgroßes Stück Backtrennpapier oder Pergament abmißt und die zweite Hälfte des Teiges gleich auf dem Papier vorbereitet. Kommt die erste Partie Gebäck aus dem Ofen, hebt man das Papier mit den ungebackenen Plätzchen einfach auf das etwas abgekühlte Backblech hinüber.

- Am sichersten fährt man mit Backtrennpapier, das es in Kaufhäusern zu kaufen gibt. Ist gerade mal keines vorhanden, dann fettet man einfaches Pergamentpapier mit einer gleichmäßigen Schicht Butter oder Margarine ein. Alufolie ist zu schade und auch viel zu teuer zum Auslegen der Bleche.

Backofentemperatur

- Backöfen erreichen nicht immer genau die eingestellte Temperatur. Nachdem zwei Drittel der Backzeit abgelaufen sind, mit einem Blick in den Ofen sicherstellen, daß nichts verbrennt. Falls erforderlich, Temperatur senken und/oder das Gebäck mit Pergamentpapier abdecken.

Spezialzutaten

- Spezialzutaten – in welchen Geschäften gibt es was? Nicht ganz einfach ist es manchmal, die angegebenen Backzutaten original zu bekommen. Am sichersten findet man sie inzwischen in den Supermärkten in der Alternativ-Ecke. Aber auch Reformhäuser und Bio-Läden führen die ganz besonderen Backzutaten. Für Diabetikerplätzchen kauft man am besten gleich in der Apotheke die Zutaten ein.

Mehlsorten

- Sind in Backrezepten keine speziellen Mehlsorten angegeben, sondern einfach nur „Mehl", dann handelt es sich immer um die Mehltype 405. Ab und zu taucht auch die Bezeichnung 550 auf. Dieses Mehl ist ebenfalls weiß und fein und hat sehr gute Backeigenschaften. Es kann aber in jedem Fall, wenn nicht aufzutreiben, durch Mehl Type 405 ersetzt werden. Diese Mehltypen gibt es in allen Supermärkten oder Lebensmittelgeschäften. Ansonsten sollten die Rezepte aber wirklich original eingehalten werden.

Lagerung

- Gut gelagert, lang genossen. Adventsgebäck wird nicht in einem Rutsch verschlungen, wie jeder weiß. Deshalb ist es außerordentlich wichtig, die süße Kostbarkeit auch richtig einzulagern. Damit die Qualität in keinem Fall leidet, sind folgende Tips möglichst genau einzuhalten:
- Gebäck, das aus dem Ofen kommt, darf niemals sofort ins Lagerbehältnis geschichtet werden. Zuerst muß es auf einem Kuchengitter gut auskühlen, damit der Wasserdampf entweicht. So erreicht man, daß die Struktur des Gebäcks sich festigt.
- Verschiedene Plätzchensorten am besten nicht zusammen in einer Dose aufbewahren, damit sich der Eigengeschmack einer jeden Sorte nicht mit den

anderen vermengen kann. Wär' doch wirklich schade, wenn hinterher ein Plätzchen wie das andere schmeckt.

- Wenn keine ausreichenden Aufbewahrungsgefäße vorhanden sind, dann wenigstens die einzelnen Schichten Gebäck mit Backtrennpapier, Alufolie oder Pergamentpapier voneinander trennen.
- Pfeffernüsse, Anisringe und Lebkuchen, also stark gewürztes Gebäck, braucht mindestens eine Woche Lagerung, bis sich das volle Aroma entwickelt hat. (Dazu gehört auch Stollen!)
- Fettreiches Buttergebäck und pikante Käseecken sollten spätestens nach vier Wochen gegessen sein. Diesen Sorten bekommt eine längere Lagerzeit nicht.
- Kalorienreduzierte Plätzchen, mit wenig Fettgehalt und mit Süßstoff gesüßt, schmecken frisch gebacken am besten; sie werden beim Aufbewahren gerne trocken. Größere Mengen kann man dennoch zubereiten, dann allerdings sollte man entsprechende Portionen einfrieren und vor dem Genuß einfach aufbacken.

Alufolie

- Es gibt sie in fast jedem Haushalt: die Alufolie. Sie bietet viele Vorteile bei der Aufbewahrung von Lebensmitteln, doch sollten Sie hierbei folgendes beachten: Beim Abdecken von stark salzhaltigen Lebensmitteln wie zum Beispiel Salami oder Pökelfleisch wird die Folie angegriffen. Ohne Bedenken kann sie für Frischfleisch verwendet werden.
- Benutzen Sie sie bitte nicht zum Abdecken von metallenen Servierplatten. Dadurch entstehen chemische Verbindungen, die den Speisen einen bitteren Geschmack verleihen.

Äpfel

Äpfel, alte

- Wenn man ausgetrocknete Äpfel in Stücke schneidet und sie mit Apfelmost besprengt, werden sie wieder aromatisch.
- Verschrumpelte Äpfel legt man einige Minuten in heißes Wasser, damit sie wieder eine glatte Haut bekommen.

Äpfel, geschälte

- Äpfel schälen sich leichter, wenn sie zuvor eine Minute in kochendes Wasser gelegt wurden. Dies läßt die Schale leichter abziehen und ist insbesondere bei großen Mengen eine Arbeitserleichterung.

- Geschälte Äpfel werden nicht so schnell braun, wenn man sie mit Vanillezucker bestreut oder mit Zitronensaft beträufelt. Auch der Geschmack wird dadurch intensiver.

Äpfel, Lagerung:

- Äpfel, die nur kurze Zeit aufgehoben werden, lagert man am besten in Plastikbeuteln mit Löchern.
- Bei Langzeitlagerung empfiehlt es sich, die Äpfel so zu legen, daß sie sich nicht berühren.
- Schimmelpilz-Sporen an mehrfach benützten Apfelkisten entstehen erst gar nicht, wenn man sie vor dem Einlagern der Äpfel mit heißem Sodawasser auswäscht.

Bratäpfel siehe unter B

Apfelkompott

- Äpfel behalten beim Kochen die Farbe, wenn ein paar Zitronenscheiben mitgekocht werden.
- Das Kompott erhält eine ganz neue, attraktive Note, schneidet man eine Quitte darunter.

Apfelmus

- Für Apfelmus nimmt man die hellfleischigen Sorten, nicht die mit rötlichem Fleisch.

Apfelstrudel

- Die Füllung von Apfelstrudel schmeckt noch besser, wenn man Quitten unter die Äpfel mischt.

Artischocken

- Wie bewahrt man Artischocken richtig auf? Wickeln Sie die ungewaschenen Artischocken in ein feuchtes Tuch und bewahren Sie sie in einer Plastiktüte im Kühlschrank auf. Auf diese Weise bleiben sie 4-5 Tage frisch.
- Artischocken behalten ihre Farbe, wenn Sie sie etwa 1 Stunde vor dem Kochen aufrecht in kaltes Wasser stellen und einen Eßlöffel Essig dazugeben.

Auberginen

- Auberginen gelingen besser, wenn Sie sie vor dem Zubereiten kalt abwaschen und gut abtrocknen. Erst danach kommen sie in den Topf.

- Auberginen lassen sich leicht schälen, wenn sie vorher bei 200 Grad im Backofen geröstet wurden.
- Auberginen vor dem Braten von beiden Seiten kräftig einsalzen – das entwässert und nimmt den bitteren Geschmack. Anschließend eine halbe Stunde lang ziehenlassen und dann mit einem sauberen Küchentuch abtupfen.

Auflauf

- Auflauf ist eine heikle Sache. Leicht fällt er wieder in sich zusammen. Deshalb ist es wichtig, daß während des Backens die Tür des Backofens geschlossen bleibt.
- Der Auflauf läßt sich problemlos aus der Form stürzen, wenn man sie vor Einfüllen des Teigs erwärmt hat.

Auflaufoberkruste, süß

- Eine leckere Oberkruste entsteht, wenn man eine Mischung aus Semmelbröseln, Zucker und Mandelsplittern vor dem Backen über den Auflauf streut.

Auflaufoberkruste, herzhaft

- Hierfür bestreuen Sie den Auflauf mit einer Mischeung aus Semmelbröseln, Emmentaler Käse und Parmesan.

Avocados

- Avocados reifen sehr schnell nach, wenn man sie in eine braune Tüte oder in Zeitungspapier packt und an einem warmen Ort liegenläßt.
- Auch in einer mit Mehl gefüllten Schüssel reifen Avocados schneller aus.
- Ob die Frucht reif ist, testen Sie so am besten: Mit einem Zahnstocher am Stielende hineinstechen. Läßt sich das Hölzchen leicht einstechen und wieder herausziehen, ist die Frucht reif.
- Reife Avocado-Früchte sollte man im Gemüsefach des Kühlschranks aufbewahren.

Backbleche

- Reinigen Sie Ihre Bleche nur wenn unbedingt nötig mit Wasser, weil danach der Kuchen gerne anklebt. Gewaschene Bleche am besten in dem noch warmen Ofen trocknen lassen, vor dem nächsten Backen gut einfetten.
- Im Normalfall genügt es jedoch meistens, das noch warme Blech mit einem Papier abzureiben und danach mit einer Speckschwarte einzufetten. Vor

dem Backen süßer Kuchen und Plätzchen dann allerdings sehr gut mit Butter einfetten!

Backobst

- Backobst wird vor dem Kochen am besten in etwas lauwarmem Wasser eingeweicht, das man dann zum Kochen nimmt.
- Damit das Backobst schön weich wird, sollte man es immer erst nach dem Garen süßen.

Backofen

- Ist im Backofen etwas übergelaufen, sofort die Stellen mit Salz bestreuen. Nach Auskühlen der Röhre bürstet man das Verbrannte ohne viel Mühe einfach ab. Feucht nachwischen.

Backofen, Temperatur

- Beim Backen und Braten kann auf das Vorheizen des Backofens meist verzichtet werden, ohne daß sich die Backzeit oder Garzeit wesentlich verlängert. Die Energieeinsparung kann aber bis zu 20 Prozent betragen.
- Hitzegrade im Backofen lassen sich wie folgt feststellen: Es herrscht schwache Hitze, wenn Papier nach fünf Minuten lichtgelb ist; Mittelhitze, wenn es nach derselben Zeit, sich krümmend, hellbraun ist, und gute Hitze, wenn das Papier nach fünf Minuten braun ist.
- Mit einer Schüssel kaltem Wasser bringt man einen zu heiß gewordenen Backofen rasch wieder auf die gewünschte Temperatur.

Backpflaumen

- Viel intensiver wird das Aroma von Backpflaumen, wenn man die Früchte statt in Wasser in Tee, Rotwein oder Weinbrand einweicht.

Backpulver

- Statt Backpulver kann man auch Natron nehmen. Ein halber Teelöffel, in Wasser gelöst, genügt für 500 Gramm Mehl.
- Wenn für den Rührkuchen kein Backpulver im Hause ist, kann man es durch vier Eßlöffel Rum oder Cognak ersetzen. Der Alkohol treibt den Teig ebenso in die Höhe, macht den Kuchen schön locker und verfeinert zudem den Kuchenteig.

Bananen

Bananen, reifen lassen

- Grüne Bananen reifen schneller neben einer überreifen Banane. Oder Sie wickeln sie in ein feuchtes Geschirrtuch und legen sie so in eine Papiertüte. Dann reifen sie ebenfalls schneller.

Bananen, überreife

- Bei preiswerten, überreifen Bananen zugreifen! Fein püriert und eingefroren, kann man aus dem Bananenpüree bei Bedarf sehr leckere Süßspeisen machen.
- Überreife Bananen eignen sich hervorragend zum Ausbacken in Butter. Mit Honig übergossen sind sie die reinste Delikatesse.

Bananen, Aufbewahrung

- Will man nur einen Teil einer Banane essen, so schneidet man die Banane ungeschält durch und bestreicht die Schnittfläche mit Zitronensaft, so wird die Banane bis zum nächsten Tag nicht braun.
- Reife Bananen hebt man im Kühlschrank auf. Das hat zwar zur Folge, daß die Schale sich merkwürdig braun verfärbt, das Fruchtfleisch selbst bleibt davon jedoch in Geschmack und Verträglichkeit unbeeinflußt.
- Einen zusätzlichen Frischhalteeffekt erzielt man, wenn die Bananen ungeschält in einem fest verschließbaren Gefäß im Kühlschrank gelagert werden.

Bananen, sonstiges

- Bananenschalen sind ein prima Rosendünger, wenn man sie zerstückelt und in die Erde rund um die Pflanze einarbeitet.

Basilikum

- Basilikum kann, grün oder getrocknet, bei Fisch und Fleisch, Suppen, Soßen und Salaten Pfeffer ersetzen.

Beerenobst

- Beerenobst immer erst kurz vor dem Verzehr waschen und putzen. Niemals im Wasser liegen lassen.
- Beim Kauf von Beerenobst prüft man die Frische, indem man den Boden des Körbchens oder der Schale kontrolliert. Matschige oder verschimmelte Beeren oder gar Nässe sind ein Zeichen dafür, daß das Obst nicht mehr frisch ist oder schon von vornherein nicht sorgsam geerntet wurde.

- Zu Hause zerdrückte und faule Beeren sofort aussortieren, sonst stecken sie die gesunden Früchte an.

Berliner Pfannkuchen

- Selbstgemachte Berliner Pfannkuchen machen einige Mühe. Vortrefflich schmecken sie, wenn man einen Eßlöffel Bier in den Teig gibt!

Birnen

- Sie reifen schnell nach, wenn sie zusammen mit einem reifen Apfel in einer braunen Tüte an einem schattigen, kühlen Platz liegen. Die verschlossene Tüte muß an mehreren Stellen eingestochen sein. Durch den reifen Apfel, der Äthylengas entwickelt, wird der Reifeprozeß der Birnen angeregt. Dieselbe Methode ist auch wirksam bei Pfirsichen, Aprikosen und Tomaten.
- Frisch eingemachte Birnen bleiben in der Farbe, wenn man nach dem Einfüllen der Zuckerlösung eine entkernte Zitronenscheibe zufügt. Das Ganze wird dann wie gewohnt eingekocht.

Blätterteig, tiefgekühlt

- Besonders fein wird das Gebäck aus tiefgekühltem Blätterteig, wenn man vor dem Ausrollen Butterflöckchen zwischen die einzelnen Teigplatten legt.

Blattspinat

- Blattspinat schmeckt auch roh als Salat. Eine deftige Note erhält er, wenn man eine Speckschwitze darübergibt.

Blumenkohl

- Probieren Sie den Blumenkohl einmal ohne eine fettreiche Butter- oder Käsesoße. Statt dessen servieren Sie den gedämpften Blumenkohl mit einer leichten Tomatensoße, gewürzt mit Oregano und Basilikum.
- Besonders herzhaft schmeckt Blumenkohl, wenn man einige der grünen Blätter mitkocht.
- Blumenkohl riecht beim Kochen nicht unangenehm, wenn man ein Lorbeerblatt mitkocht.
- Blumenkohl, in Mineralwasser oder Milch gekocht, wird besonders zart. Er bleibt weiß, wenn das Wasser etwas gezuckert wird.
- Beim Kochen von Blumenkohl etwas Milch oder Zitronensaft ins Wasser geben, dann bleibt er schön weiß.

- Auch gelblicher, unansehnlicher Blumenkohl wird beim Kochen wieder weiß, wenn man etwas Milch oder Zucker oder besser noch beides in das Wasser gibt.
- Blumenkohlröschen bleiben weiß, wenn man sie mit den inneren abgeknickten Blättern abdeckt.
- Blumenkohl, Brokkoli usw. wäscht man in leichtem Essig- oder Salzwasser, damit Insekten und Würmer herausgetrieben werden.

Bohnen, grüne

- Grüne Bohnen lassen sich besonders leicht abziehen, nachdem sie kurz in heißes Wasser gelegt worden sind.

Bratäpfel

- Bratäpfel bleiben schön glatt, wenn sie vor dem Braten mit etwas Butter oder Öl bestrichen werden.

Braten

- Soll ein Braten gespickt werden, sollte man vor dem Einlegen des Speckstreifens in die Spicknadel das gespaltene Ende der Spicknadel für kurze Zeit in heißes Wasser tauchen. Der Speckstreifen reißt auf diese Weise nicht so leicht.
- Zum Angießen eines Bratens verwendet man nur kochendes Wasser; bei kaltem Wasser wird das Fleisch hart.

Braten, würzen

- Gesalzen werden ganze Braten erst nach dem Anbraten, Kurzbratstücke wie Steaks, Schnitzel, wenn sie fertig gebraten sind.
- Schweinebraten schmeckt pikant, wenn man die Fettseite vor dem Braten mit Zimt einreibt.
- Einen Braten würzt man mit Kräutern wie folgt: Die Kräuter in eine Filtertüte füllen und diese mit einem Zahnstocher verschließen. Die gefüllte Filtertüte in den Bratentopf legen. So erspart man sich das Durchsieben des Bratenfonds und hat doch den vollen Geschmack.

Braten, Kruste

- Den Braten in der Röhre einige Male mit Bier übergießen. So erhält er eine schöne Kruste.

- Eine zarte Bratenkruste bekommt Ihr Braten, wenn Sie ihn mit Honig einpinseln und dann noch einmal bei sehr hoher Temperatur zehn Minuten lang garen lassen.
- Um einen knusprigen Braten zu erhalten, bestreut man das Fleisch nach dem Würzen dünn mit Zucker.
- Der Braten wird saftiger, wenn das Fleisch vor dem Anbraten kurz in kochendes Wasser gelegt wird, denn das schließt die Poren.

Braten, leichter verträglich

- Leicht verdaulich wird der schwerste Braten, wenn man ein Stückchen Ingwer beigibt. Tut der Gallenblase und der Bauchspeicheldrüse anregend gut.
- Ein fetter Braten wird verträglicher, wenn man einen Zweig Beifuß mitbrät.

Braten, angebrannter

- Der Braten brennt nicht an, wenn man ein Gefäß mit Wasser in das Backrohr stellt.
- Angebrannten Braten kann man noch gut retten. Gründlich abspülen, in einem neuen Topf Fett erhitzen und den Braten noch einmal von vorn aufsetzen.

Braten, aufgewärmter

- Aufgewärmter Braten wird nicht hart, wenn man ihn zum Aufwärmen in Bratfolienpapier wickelt und ihn langsam in der Bratröhre erwärmt.
- Einen Braten wärmt man wie folgt auf: Den Braten in Pergamentpapier wickeln und langsam erwärmen, damit er nicht hart und trocken wird. Die Soße darf auf keinen Fall noch einmal kochen.

Bratensoße

- Bratensoßen werden schmackhafter, wenn man eine Apfelscheibe mitbrät.
- Bratensoße wird aromatischer, wenn ein Stück Schwarzbrot zusammen mit dem Fleisch mitbrät.
- Sahne beim Braten verquirlt man mit etwas Mehl, um dadurch ein Gerinnen zu verhindern.
- Bratensoße wird besonders braun, wenn man zum Färben einige Tropfen Sojasoße dazugibt.
- Das Aroma der Bratensoße wird durch eine kleine Prise Pulverkaffee verfeinert.
- Reste von Bratensoßen nicht wegschütten. In der Eiswürfelschale einfrieren und später für Bratensülze oder zum Verfeinern von Gemüse benutzen.

Bratfett

- Fett spritzt nicht beim Braten, wenn man etwas Salz ins Fett gibt (auch Jodsalz). Das Essen wird dadurch nicht versalzen.
- Back- und Bratfett wird nicht so schnell braun, wenn man ein Stückchen rohe Karotte ins heiße Fett legt. Das Fett hat die richtige Hitze zum Ausbacken, wenn ein Teigstückchen sofort aufschwimmt oder wenn um einen hineingehaltenen Holzstiel Bläschen aufsteigen. Brennt Fett im Topf, legt man rasch einen Deckel auf, ist es übergelaufen und brennt, löscht man es mit Asche oder feuchten Tüchern (aber nie mit Wasser!). Fett, das beim Ausbacken von Pfannkuchen oder Ähnlichem übriggeblieben ist, kocht man am nächsten Tag mit Wasser auf. Nach dem Erkalten läßt sich das oben schwimmende, wieder weiß und rein gewordene Kokosfett leicht abschöpfen und wieder verwenden.

Bratwürste

- Das lästige Platzen und Schrumpfen vermeiden Sie, indem Sie die Würste vor dem Braten mit kochendem Wasser überbrühen und danach gut abtrocknen. Den gleichen Effekt erzielen Sie, wenn Sie die Würste vor dem Braten in Mehl wenden.
- Einen Hauch südlicher Küche bekommen Bratwürste, wenn man frische oder getrocknete Salbeiblätter, Rosmarin und Oregano mit in die Pfanne legt.

Brokkoli

- Brokkoli kocht man immer aufrecht stehend im Topf. So erhält man gleichmäßig gegarte Stiele und Blütenköpfe.
- Die Röschen von Brokkoli haben eine Kochzeit von sechs Minuten, die Stiele brauchen zwölf Minuten zum Garen. Deshalb kocht man Röschen und Stiele getrennt, oder man schneidet die Stiele kreuzweise sehr tief ein, dann brauchen auch sie nur sechs Minuten, um gar zu werden.
- Brokkoli verfärbt sich, wenn man ihn im Dampfkochtopf kocht. Das sollte man bedenken und lieber eine etwas längere Garzeit in Kauf nehmen, denn das Auge ißt mit.
- Ohne Buttersoße ist der Brokkoli erst richtig gesund. Statt dessen kann man gedämpften Brokkoli (für vier Personen) mit folgenden Zutaten servieren: ein Teelöffel Speiseöl, zwei Teelöffel Zitronensaft und etwas Thymian. Das schmeckt heiß ebenso gut wie kalt.

Brot

- Brot stecken Sie am besten in trockene, gut belüftete Behälter – zum Beispiel in einen Brotkasten oder in ein spezielles Brotfach, wie es in vielen Küchenmöbeln schon eingebaut ist. Ebenfalls gut geeignet ist ein Topf aus Steingut oder Ton.

- Schimmelbildung bei Brot können Sie verhindern, indem Sie einige Stückchen rohe Kartoffeln in den Brotkasten geben und diese von Zeit zu Zeit erneuern. Ein halber Apfel oder einige Zuckerstückchen sorgen außerdem dafür, daß Ihr Brot länger frisch bleibt.

- Übrigens – in den Kühlschrank gehört Brot nur im Sommer!

- Haben Sie ganz frisches, noch warmes Brot gekauft – sofort aus dem Papier wickeln oder aus der Papiertüte nehmen und abkühlen lassen. Wenn Sie die Kruste knusprig mögen, kann das Brot danach wieder in die Tüte gepackt werden.

- Frisches Brot, Kuchen und Torten lassen sich mit einem erwärmten Messer besser schneiden. Oder mit einem Messer, das Sie zwischen den einzelnen Schnitten immer wieder in kaltes Wasser tauchen.

- Wenn Sie zuviel Brot aufgeschnitten haben, wickeln Sie es einfach in ein Geschirrtuch ein. Dadurch wird das Brot nicht austrocknen.

Brötchen

- Frische Brötchen zum Frühstück erhält man, ohne aus dem Haus zu müssen. Die am Vortag gekauften Backwaren werden mit einer Wasser-Milch-Mischung bestrichen und 10 Minuten im vorgeheizten Backofen aufgebacken.

- Sie können auch beim Brötchenaufbacken immer eine Tasse Wasser dazustellen, dann werden sie schön knusprig und schmecken wie frisch vom Bäcker.

- Beim Aufbacken von Brötchen kommt es oftmals vor, daß sie am Blech festkleben. Das Blech einen Augenblick auf ein nasses Tuch stellen, schon kann man die Brötchen mühelos und ohne sie zu zerrupfen vom Blech lösen.

- Damit die Brötchen nicht so schnell erkalten, legt man unter die Serviette eine Schicht Alufolie. Das hält die Wärme.

- Trockene Brötchen werden ein bis zwei Stunden in Milch eingeweicht, dann ausgedrückt, mit der Hand zu kleinen Klümpchen geformt und in Zimt und Zucker mehrfach gewälzt. Kurz in Fett ausbacken. Zu den leckeren Zimtkugeln schmeckt prima Vanillesoße.

Butter

- Sahne, die sich nicht mehr schlagen läßt, muß nicht weggeschüttet werden. Man füllt sie in ein gut verschließbares Gefäß und schüttelt sie, bis sich ein Butterkloß bildet. Eignet sich zum Backen.

- Ist verpackte Butter im Kühlschrank zu hart geworden, legt man sie einfach zwischen zwei erhitzte Teller. Schnell ist die Butter wieder streichbar.

- Ranzig gewordene Butter kann man immer noch verwenden, wenn man sie mit Zwiebeln ausläßt (prima für Bratkartoffeln und ähnliches).

- Nicht mehr ganz frische Butter verwendet man zum Kochen von Zwiebelsuppe. Zwiebelringe, Knoblauchzehe in der heißen Butter hellgelb rösten, Gewürze darüberstreuen, mit Mehl abstäuben, mit Fleischbrühe und einem Schuß Weißwein ablöschen. Auf kleiner Flamme köcheln lassen. In Tassen schöpfen, jeweils eine geröstete Weißbrotscheibe darüberdecken, mit geriebenem Käse bestreuen, überbacken oder grillen. Wohl bekomm's!

- Butter ist ergiebiger und läßt sich leichter streichen, wenn sie zuvor schaumig geschlagen wurde. Dieser Arbeitsaufwand lohnt sich vor allem, wenn sehr viele Butterbrote zu streichen sind.

- So kann man die Ergiebigkeit der Butter verdoppeln: 250 Gramm Butter mit einer Tasse Kondensmilch langsam verrühren, in eine Form füllen (zum Beispiel eine leere Margarineschachtel) und tiefkühlen. Diese „Halbfettbutter" ist auch gut zur Schlankheitsdiät geeignet.

Butterbrot

- Butterbrote für Schule und Reise bleiben lange frisch, wenn man sie zuerst in zwei Salatblätter wickelt, bevor sie in Papier eingeschlagen werden.

Buttercreme

- Reparieren kann man geronnene Buttercreme wie folgt: ein Stückchen neutrales Backfett wird erhitzt, dann ganz schnell unter die Buttercreme gerührt, bis sie glatt ist.

Buttermilch

- Buttermilch läßt sich erhitzen ohne zu gerinnen, wenn man vorher etwas Mehl darin verquirlt.

- Buttermilch schmeckt noch frischer und leichter, wenn man sie mit einem kräftigen Schuß Mineralwasser vermischt.

Cayenne-Pfeffer

- Cayenne-Pfeffer wird beim Mitkochen leicht bitter. Besser die Speisen erst kurz vor dem Servieren würzen.

Champignons

- Liebhaber frischer Champignons stöhnen manchmal über die lästige, zeitraubende Schnippelei. Ganz schnell sind Champignons nach dem Waschen in gleich dünne Scheiben geschnitten, wenn man den Eierschneider dazu benutzt.
- Champignons bleiben beim Braten hell, wenn man sie nach dem Waschen mit Zitronensaft beträufelt.

Chicorée

- Chicorée hebt man dunkel und kühl auf. Wird er zum Beispiel in Folie verpackt und im Gemüsefach des Kühlschranks aufbewahrt, hält er sich ungefähr eine Woche lang.
- Chicorée schmeckt nicht bitter, wenn man am unteren Ende einen Keil (das Herz) mit dem Messer herausschneidet. Zusätzlich kann man ihn mit Dosenmilch oder etwas Zucker abschmecken.

Dickmilch

- Wenn auf einen Liter Milch ein Eßlöffel Buttermilch oder ein paar Tropfen Zitronensaft zugefügt werden, wird Dickmilch schneller fest.
- Dickmilch gärt schneller, wenn man einige Tropfen Zitronensaft in die Frischmilch gibt. Wer regelmäßig Dickmilch ißt, setze die neue Frischmilch jeweils mit einem Eßlöffel voll Dickmilch der letzten Portion an. Die Temperatur sollte zwischen 18 und 22 Grad Celsius liegen.

Dörrobst

- Dörrobst bewahrt man am besten in einem luftdurchlässigen Säckchen auf.

Dunstabzugshaube, fettige

- Fettiger Schmutz an der Dunstabzugshaube läßt sich am leichtesten mit einer Mischung aus flüssigem Geschirrspülmittel und Spülmaschinenpulver entfernen.

Eier

Einkauf: braun oder weiß?

- Entgegen manchen Gerüchten stimmt es nicht, daß braune Eier gesünder sind als weiße. Der einzige Unterschied, der zwischen den verschiedenfarbigen Eiern besteht, ist, daß das braune Ei eine etwas dickere Schale hat als das weiße Ei. Im Inhalt unterscheiden sie sich nicht.
- Beim Einkauf von Eiern sollte man auf das Verpackungs- bzw. Legedatum achten. Von dem angegebenen Tag an bleiben Eier, kühlgelagert, etwa eine Woche frisch.

Frischetests

- Eier sind frisch, wenn man sie in ein Gefäß mit Wasser legt und sie waagrecht am Boden liegen bleiben. Die Luftblase ist beim frischen Ei noch klein. Bei vergrößerter Luftkammer hebt sich das stumpfe Ende. Schwimmen sie dagegen an der Oberfläche, sollte man sie wegwerfen.
- Ebenso sind Eier frisch, wenn beim Aufschlagen in die Pfanne das Eiweiß um den halbkugelförmigen Dotter gewölbt bleibt und nicht auseinanderläuft. Ist bei einem hartgekochten Ei, nachdem man es der Länge nach aufgeschnitten hat, der Dotter in der Mitte, so ist das Ei frisch.
- Gegen das Licht betrachtet schimmern frische Eier durchsichtig hell.Und: In einer zehnprozentigen Salzlösung sinken frische Eier nach unten. Je älter die Eier sind, um so höher steigen sie in dieser Lösung.

Eier, kochen

- Eier platzen nicht beim Kochen, wenn das Wasser mit ein bis zwei Teelöffeln Salz versetzt wird. Außerdem die Eier am stumpfen Ende anpiksen.
- Eier zerspringen nicht beziehungsweise platzen nicht auf, wenn Sie dem Kochwasser etwas Essig zusetzen.
- Eier müssen im Kochwasser nicht platzen, wenn man etwas Butter oder Margarine ins Wasser gibt. Zudem kocht dann nichts über.
- Eier springen beim Kochen nicht, wenn man sie in Butterbrotpapier einwickelt oder sie an beiden Enden mit einer Nadel ansticht.
- Beim Eierkochen beachtet man folgendes: Eier vorsichtig mit einem Löffel ins kochende Wasser legen, damit sie nicht platzen. Um ein weiches Ei zu erhalten, kocht man es etwa fünf Minuten lang, wenn es vorher Zimmertemperatur hatte; kam es aus dem Kühlschrank, braucht es eine Minute länger. Will man harte Eier haben, muß man sie zehn Minuten lang kochen. Nach

dem Kochen werden die Eier unter kaltem Wasser abgeschreckt, damit sie sich leichter abpellen lassen.

- Hartgekochte Eier bekommen keinen braunen Rand, wenn man sie fünf Minuten sprudelnd kocht und dann acht Minuten ziehen läßt.

Eier, schadhafte

- Angeknackste Eier kann man trotzdem kochen, wenn man das Ei sehr fest in Alufolie wickelt, die man an den Enden zusammenzwirbelt. Fügen Sie dem Wasser einen Teelöffel Salz bei.
- Geplatzte Eier kann man dennoch kochen: Man bestreiche die schadhafte Stelle mit Zitronensaft und lege die Eier vorsichtig mit einem Löffel ins heiße Wasser.

roh oder gekocht

- Geht es um die Frage roh oder gekocht, läßt man das Ei rasch auf der Tischfläche kreisen. Kreist es schlecht, ist es noch roh. Dreht es sich ruhig um die eigene Achse, so ist es gekocht.

trennen

- In der Schachtel festklebende Eier nicht mit Gewalt herauslösen, Sie zerbrechen sonst. Machen Sie lieber die Schachtel richtig naß. So lassen sich Eier herausnehmen, ohne zu zerbrechen.
- Zum Trennen von Dotter und Eiweiß öffnet man das Ei einfach über einem Trichter. Das Eiweiß rinnt hindurch, der Dotter bleibt hängen.
- Zum Backen sollte man unbedingt nur mittelgroße Eier verwenden, sonst stimmen die Zutatenmengen nicht mehr überein, und es kann passieren, daß der Kuchen hinterher zusammenfällt.

Aufbewahrung

- Übriggebliebenes Eiweiß kann man in der Tiefkühltruhe bis zu 12 Monaten aufbewahren. Eine Tasse Eiweiß entspricht 7-8 Eiweiß. Für Baiser-Hauben auf Kuchen und Törtchen oder Meringen, Schäumchen usw. hervorragend geeignet.

Eigelb

- Eigelb bleibt tagelang frisch, läßt man es in ein Schälchen mit kaltem Wasser gleiten.
- Ist das Eigelb blaß, gibt man etwas Salz dazu.
- Eigelb gerinnt nicht, wenn es mit kalter Flüssigkeit verquirlt wird, bevor es zum Beispiel in die heiße Suppe kommt. Man nennt das „legieren".

Eischnee

- Steifes Eiweiß erhält man sicher und schnell, wenn man es mit etwas Stärkemehl oder Puderzucker aufschlägt und ein paar Tropfen Zitrone zugibt. Es wird so auch sehr feinporig.
- Fügt man noch etwas Salz hinzu, verringert sich die Zubereitungszeit zusätzlich.
- Eischnee bleibt durch die Zugabe von einem Eßlöffel heißen Wassers beim Schlagen länger steif.

Spiegeleier

- Spiegeleier brät man zuerst auf ganz schwacher Stufe an. Erst zum Schluß wird die volle Hitze aufgedreht. So kleben die Eier nicht an.
- Spiegeleier hängen nicht an, wenn man im Bratfett erst etwas Mehl anbräunt, bevor man die Eier hineinschlägt.
- Spiegeleier gelingen gut, wenn man das Fett nicht zu heiß macht. Gesalzen wird entweder das Bratfett oder der Eiweißrand.

Einfrieren

- Die Ware muß frisch sein! Dann geht's als erstes ans
- Portionieren: Ob Frischwaren oder fertige Mahlzeiten – bevor Sie die Sachen in der Truhe verstauen, müssen sie in Portionen aufgeteilt werden. Nach dem Verpacken kommt das Beschriften, und zwar mit Datum und Inhalt.
- Und nun geht's an die Feinheiten: Wenn Sie Fleisch im Rohzustand einfrieren, empfiehlt es sich, zwischen die einzelnen Scheiben je ein Blatt Tiefkühlfolie zu legen.
- Wild wird vor dem Einfrieren mit Speck gespickt.
- Geflügel können Sie entweder in Portionen zerteilt einfrieren oder im Ganzen; dann jedoch die Innereien in Extrafolie in den Rumpf schieben.
- Fisch sollte gut gewaschen und ausgenommen eingefroren werden. Aber Vorsicht, die Schleimhaut darf auf keinen Fall verletzt werden! Außerdem verlangt der Gefriervorgang einige weitere Sorgfalt: Zunächst zwei bis vier Stunden anfrieren, dann kurz in kaltes Wasser tauchen und erst anschließend zur endgültigen Lagerung verpacken und einfrieren.
- Auch Gemüse benötigt eine extra Behandlung: Nach dem Waschen, Putzen und Zerkleinern muß es unbedingt blanchiert werden. Danach gut abtropfen lassen, kühlen und erst dann packen und einfrieren.

- Bei selbstzubereiteten Speisen lohnt sich das Einfrieren besonders, wenn es mit einem preisgünstigen Großeinkauf verbunden ist. Hier gilt die Devise: Einmal kochen, mindestens viermal essen. Besonders gut geeignet: Eintöpfe, Fleischgerichte, Süßspeisen.

Einmachgläser verschließen

- Vor dem Auflegen auf Marmelade- und Geleegläser das Cellophan durch kaltes Wasser ziehen. So läßt es sich glatt über die Rundungen legen, außerdem zieht es sich beim Trocknen zusammen. Mit kräftigen Gummiringen festspannen.

Eiswürfel

- Ein Stück Pergamentpapier oder Alufolie unterm Eiswürfelbehälter verhindert das Festfrieren im Tiefkühlgerät.

Endiviensalat

- Endiviensalat wird besonders schmackhaft, wenn man bei der Zubereitung eine warme Kartoffel mit untermischt.

Enten

- Tranig schmeckende Enten mit Karotten füllen. Diese nehmen den Geschmack auf und müssen daher anschließend auch entfernt werden.

Erbsen

- Streuen Sie doch einmal etwas Zucker über die Erbsen, wenn Sie sie kochen! Sie werden ihre schöne grüne Farbe nicht verlieren, und auch der Geschmack verbessert sich.

- Trockenerbsen weichen schon in drei bis vier Stunden auf, wenn man sie mit kochendheißem Wasser übergießt.

Erbsensuppe

- Erbsensuppe brennt leicht an. Das kann man verhindern, indem man eine große Brotscheibe in die Suppe gibt. Sie verhindert das Absinken der Erbsen auf den Topfboden und somit ein Anbrennen.

Erdbeeren

- Besonders heikel sind Erdbeeren. Man kann sie dennoch für mehrere Tage im Kühlschrank aufbewahren, wenn sie in einem Sieb liegen. So kommt ausreichend Luft an sie heran.
- Erdbeeren werden zuerst gewaschen, dann geputzt. So saugen sie nicht zuviel Wasser auf und werden auch nicht matschig.
- Erdbeeren vor Entfernung der Stiele nur ganz kurz waschen, damit das Wasser nicht ins Fruchtfleisch eindringt und den Geschmack verwässert.
- Frische Erdbeeren werden noch aromatischer, wenn sie mit Zitronensaft beträufelt werden.

Essig

- Als Hausfrau wissen Sie es selbst – die Auswahl an Essigsorten ist beachtlich: Rotwein- und Weißweinessig, Thymian- und Estragonessig, Sherry- und Himbeeressig – um nur ein paar zu nennen.
- Dabei ist es zum einen natürlich eine Geschmacks-, zum anderen aber auch eine Preisfrage, für welchen Sie sich entscheiden. Auf jeden Fall lohnt es sich, die verschiedenen Sorten zu kennen.
- Zunächst zur Herstellung: Essig entsteht entweder durch Vergärung weingeisthaltiger Flüssigkeiten oder durch Verdünnung von Essigsäure mit Wasser sowie durch das Vermischen von Gärungsessig mit Essigsäure. Der Essigsäuregehalt liegt zwischen 5 und 15,5 % und muß auf dem Etikett angegeben werden. Bei mehr als 11 % Essigsäuregehalt sind sogar Warnhinweise vorgeschrieben: „Vorsicht – nicht unverdünnt genießen".
- Der Blick aufs Etikett ist deshalb bei Essig besonders wichtig! Heißt die Angabe zum Beispiel „Weinessig mit 40 % Weinessig", so ist das kein Druckfehler, sondern es bedeutet: nur 40 % sind echter Weinessig (das ist der feinste!) – die restlichen 60 % sind Branntweinverschnitt. Grundsätzlich gilt für jeden Essig: lieber zuwenig als zuviel.
- Weißweinessig ist zwar im Aroma mild, kann aber trotzdem stark herausschmecken, wenn Sie zuviel davon verwenden.
- Rotweinessig schmeckt etwas intensiver als Weißweinessig.
- Ein berühmter kommt aus Italien: der Balsamessig! Er ist ein bißchen teurer, doch Kenner wissen sein Aroma (das mehrere Jahre im Faß reifen muß) zu schätzen.
- Himbeeressig schmeckt schön fruchtig – hier handelt es sich um Weinessig, der mit Himbeeren angereichert wurde.

- Sherryessig ist gut zum Marinieren geeignet.
- Kräuteressig können Sie leicht selber machen. Sie brauchen Kräuter und echten Weinessig.

Dosierung

- Essig und Öl kann man besser dosieren und damit auch sparsamer verwenden, indem die Flaschen mit einem Schnapsausgießer versehen werden. Außerdem bleibt der Flaschenhals sauber.
- Essig verbessern kann man in der Himbeerzeit, wenn man einen halben Liter Essig mit zehn Himbeeren und 40 Gramm Estragonblättern 14 Tage lang an der Sonne in einer verschlossenen Flasche ziehen läßt. Dann abseihen und wieder in eine Flasche füllen.

Eßkastanien, geschälte

- Heiße Maroni kann man leicht selbst herstellen. Die flache Seite einschneiden, in einer trockenen Pfanne bei geringer Temperatur rösten. Hm, das schmeckt!
- Benötigt man Kastanien für Füllungen, schneidet man die Früchte ebenfalls an der flachen Seite kreuzweise ein. Etwa 10 Minuten mit Wasser bedeckt kochen lassen. Nach dem Abgießen lassen sich Schale und braune Haut leicht mit einem Messer abschälen.

Fenchel

- Fenchel hat roh und gedünstet eine günstige Wirkung auf Magen und Darm. Außerdem hat Fenchel einen hohen Vitamin-C-Gehalt.
- Beim Einkauf von Fenchel achten Sie darauf, daß die Knollen schön weiß, die Stiele und das Grün fest und saftig sind.

Fett

- Ist Ihnen zuviel Fett in die Suppe oder den Eintopf geraten? Wenn Sie es nicht allzu eilig haben, stellen Sie die Flüssigkeit kalt – dann läßt sich das erhärtete Fett von der Oberfläche abnehmen. Als Sofortmaßnahme können Sie Salatblätter in den Topf geben und sofort wieder herausnehmen, wenn das Fett dranhängt.
- Fett wird beim Braten schön braun, wenn man ihm etwas Milch zusetzt.
- Hat Fett in der Pfanne Feuer gefangen, muß es mit Tüchern erstickt werden, denn Wasser hilft nicht.

- Ranziges Fett verliert seinen üblen Geschmack, wenn man es unter Zugabe einer Zwiebel nochmals auskocht.
- Altes Bratfett wird wieder frisch, wenn man es mit einer kleinen rohen geschälten Kartoffel leicht aufkocht. Das zieht den alten Geschmack heraus.

Fettspritzer
- Spritzendes Fett – dies läßt sich vermeiden, wenn Sie beim Erhitzen eine Brotrinde in die Pfanne dazugeben. Etwas Salz oder Mehl erfüllen übrigens denselben Zweck.

Fisch

Frischetests
- Ratschläge für den Fischeinkauf: Je lebhafter die Kiemen aussehen (intensiv rot) und je fester das Fleisch ist, desto frischer ist der Fisch. Auch glänzen die Augen bei frischem Fisch. Um ganz sicherzugehen, legen Sie den Fisch auf die flache Hand – er darf sich nicht biegen. Lebende Fische dürfen nicht auf der Seite oder auf dem Rücken schwimmen. Fisch ist schlecht, wenn er in einem Topf mit Wasser oben schwimmt; sinkt er zu Boden, ist er noch gut. Drückt man den Daumen ins Fischfleisch und der Abdruck bleibt, so ist er alt. Bei jungen Fischen verschwindet der Abdruck sofort.
- Fische bleiben frisch, wenn man sie in ein mit Essigwasser getränktes Tuch schlägt.

Zubereitung
- Fische lassen sich leichter unter Wasser schuppen, wenn man sie vorher mit heißem Wasser übergießt oder aber in kaltes Essigwasser taucht. So kann man auch das Umherfliegen der Schuppen vermeiden.
- Starker Fischgeschmack wird vermieden, wenn man den Fisch in Essigwasser abwäscht. Außerdem beim Kochen etwas Milch zugeben.
- Fisch sollte man in Milch auftauen. So wird er zarter, und es entsteht kein Gefriergeschmack.
- Frisch geputzten Fisch übergießt man vor dem Salzen mit Zitronensaft.
- Fische lassen sich besser aufbewahren, wenn man sie in eine Schüssel mit Salzwasser legt. Vor dem Kochen gut abwaschen.

Rezepte
- Besonders kalorienarm läßt sich Fisch auf einer Schicht Zitronenscheiben dünsten.

- Seefische werden besonders schmackhaft, wenn man sie eine halbe Stunde vor der Zubereitung nicht nur mit Salz bestreut und Zitrone beträufelt, sondern zusätzlich mit etwas Joghurt oder Rahm bestreicht. Vor dem Braten oder Kochen mit Küchenpapier abtupfen.
- Fischröllchen rollt man immer mit der Hautseite nach innen auf. So bleiben sie besser in Form.
- Am besten zu allen gegrillten Fischgerichten schmeckt ein leichter, herber Weißwein, z. B. ein Riesling. Für Bier-Liebhaber empfiehlt sich das geliebte Helle.
- Fisch zerfällt beim Braten nicht, wenn man ihn vorher mit einer Mischung aus zwei Dritteln Paniermehl und einem Drittel Kartoffelmehl paniert.
- Der Fisch ist gar, wenn sich die Flossen leicht herausziehen lassen oder das Fleisch sich leicht von den Gräten löst.
- Gekochter und gebratener Fisch darf nicht länger als einen Tag aufbewahrt werden, weil er sich leicht zersetzt.

Fischfilet
- Gebratenes Fischfilet wird schön braun, wenn man fein geriebenen Käse unter das Paniermehl mischt.
- Fischfilets mit Apfelsinen stellt man wie folgt her: Orangenstückchen zerkleinern und mit Honig und Orangensaft vermischen. Diese Masse auf die Fischfilets geben und diese backen. Die Fischfilets werden so nicht trocken und sind wohlschmeckend – ganz ohne Butter.
- Weißes Fischfilet in Eiweiß eintunken und dann in einer Masse aus gerösteten Weizenkeimen, Vollkornmehl und Gewürz (zum Beispiel Cajun) wenden. Beim Backen wird der Fisch nicht so trocken.

Fischgeruch
- Lästiger Fischgeruch von rohen Fischen im Kühlschrank entfällt, wenn man ihn vor dem Aufbewahren mit Zitronenwasser abreibt und sorgfältig in Alufolie einwickelt.
- Beim Braten von Fisch entwickeln sich Gerüche, die viele davon abhalten, häufiger Fisch auf den Tisch zu bringen. Wenn man dem Paniermehl etwas geriebenen Parmesankäse zugibt, wird der Geruch-Effekt wesentlich gemildert.
- Fischgeschirr im ersten Waschgang kalt abwaschen – so verliert es den aufdringlichen Fischgeruch.
- Fischgeruch im Spülwasser verschwindet, wenn man eine Zitronenschale ins Spülwasser gibt.

- Fischgeruch verschwindet, wenn der Fisch nicht mit Wasser, sondern mit Essig abgewaschen wird.
- Fischgeruch bei Pfannen verliert sich schneller, wenn man kurz etwas Essig in der Pfanne aufkocht.
- Beim Kochen von Fisch einen mit Essig getränkten Lappen zwischen Topf und Deckel legen; dies verhindert den lästigen Fischgeruch.
- Fischgeruch an Messern beseitigt man, indem das Messer kurz in eine Gasflamme gehalten und dann mit Butterbrotpapier abgerieben wird. Fischgeruch an Holzbrettchen mit kaltem, nicht mit warmem Wasser abwaschen.
- Fischgeruch an den Händen mit Zitronen- oder Tomatensaft abwaschen.
- Pfannen von Fischgeruch reinigen kann man auch durch Aufstreuen von Salz, Erhitzen auf dem Feuer und Abreiben mit Papier. Wenn das Salz braun ist, ist die Pfanne geruchsfrei.

Fischgräten

- Es kann immer wieder einmal passieren, daß man beim Fischessen eine Gräte verschluckt. Nur nicht gleich die Nerven verlieren! Auf keinen Fall husten, sondern ganz ruhig etwas Zitronensaft oder verdünnten Essig schluckweise trinken. Dadurch wird die Gräte so erweicht, daß sie sich leicht schlucken läßt, ohne die Speise- oder Luftröhre zu verletzen. Man kann aber auch versuchen, eine Brotrinde zu essen, wenn keine Zitrone oder kein Essig zur Hand sind.

Fischsalat

- Fischsalat einmal ganz anders und dazu noch gesund: Dazu den Inhalt einer Dose Lachs (Salm) mit Grapefruitstücken und Salatgurkenscheiben vermengen. Als Salatsoße eine Mischung aus Honig und Zitronensaft verwenden.

Forelle

- Krümmt sich die Forelle leicht beim Einlegen ins heiße Wasser, ist sie sehr frisch.

Forellen, gegart

- Bei der Zubereitung aufplatzende Forellen sind garantiert frisch. Dennoch ist es hübscher, wenn sie ganz bleiben. Deshalb die Forellen zwei Stunden vor dem Garen in den Kühlschrank legen.

Fleisch

- Bratenfleisch oder Wildbret kriegt man weich, wenn man Bouillon und Essig zu gleichen Teilen aufkocht. In den abgekühlten Sud das Fleisch, am besten über Nacht, einlegen.
- Steaks behandelt man am besten wie folgt: Essig und Öl vermischen, das Fleisch gut damit einreiben und 2-3 Stunden stehen lassen.
- Bei Suppenfleisch gibt man einen Eßlöffel Essig ins siedende Wasser.
- Braten- und Kochfleisch wird immer quer zur Faser aufgeschnitten. Nur Filet schneidet man in Faserrichtung.
- Geschnetzeltes Fleisch am besten gleich vom Fleischer in Stücke schneiden lassen. Macht man es selbst, dann vor dem Schneiden ins Gefrierfach legen, bis es erstarrt. So kann man auch mit einem weniger guten Messer schöne gleichmäßige Stücke schneiden.
- Tips für den Fleischeinkauf: Das Fleisch von jungen Rindern ist hellrot, das von alten Rindern ist dunkelrot bis bräunlich. Langfaseriges Fleisch ist meist Kuhfleisch und fast immer zäh. Die Fasern sollen fein und das Fett muß hell sein. Hasenfleisch ist frisch, wenn die Augen noch nicht eingefallen sind. Bei jungen Hasen sind die Löffel weich und leicht einzureißen.
- Fleisch legt man zum Aufbewahren in Buttermilch, Wild schlägt man in ein mit Essig getränktes Tuch ein, Bratenstücke übergießt man mit zerlassenem Fett.
- Rohes Fleisch bleibt länger frisch, wenn es mit Essig abgerieben wird.
- Fleisch zweckmäßigerweise nur gegen die Fasern schneiden.
- Ein vorgekühltes Stück Fleisch in lauwarm verflüssigtes Butterschmalz tauchen und wieder kühl stellen. Das wieder erhärtete Butterschmalz bildet eine luftdichte feste Schicht und verhindert rasches Reifen und vorzeitiges Verderben des Fleisches.
- Um Fleisch und Hülsenfrüchte besser weich zu kochen, hilft eine Messerspitze Natron.
- Gebratenes Fleisch wird schmackhafter, wenn man es kurz von beiden Seiten in schäumender Butter anbrät.
- Fleisch beim Anbraten immer in heißes Fett geben, damit die Poren sich schnell schließen und das Fleisch saftig bleibt. Das gilt insbesondere für Steaks und Leber.
- Kurzgebratenes Fleisch soll man beim Wenden nie mit der Gabel anstechen, sonst läuft der Fleischsaft heraus, und das Fleisch wird trocken.

- Die magersten Teile von Bratfleisch sind – einschließlich Filet – Schulter, Rumpsteak, Kamm und Roastbeef.
- Während die vorherigen Angaben auf Rind und Schwein zutreffen, gilt für Kalbfleisch: Alle Teile außer Bruststück sind mager.
- Fliegen hält man von Fleischwaren fern, wenn man einige Zwiebelscheiben auf das Fleisch legt.

Fleischbrühe

- Fleischbrühe wird schmackhafter, läßt man ein kleines Stück Käse mitkochen.
- Blasse Fleischbrühe erhält durch ein paar Zwiebelschalen eine appetitliche Farbe. Eine Handvoll Schalen genügt zur Verbesserung der Brühe für vier Personen.
- Ist die Fleischbrühe zu scharf, reibt man eine Karotte oder eine Kartoffel hinein und koche sie noch einmal auf.
- Versalzene Fleischbrühe erhält einen guten Geschmack, wenn man sie mit etwas rohen, geriebenen Karotten aufkocht.

Fleischfondue

- Man verhindert ein Überbrodeln, wenn man eine halbe rohe Kartoffel ins Fondueöl gibt.

Fleischklöße

- Fleischklöße brauchen etwa 15 Minuten in leise köchelndem Wasser, bis sie gar sind.

Fleischrouladen

- Ein Sparrezept für schmackhafte Fleischrouladen: Man streckt die Füllung mit etwas vorgedünstetem Reis.

Fleischwolf

- Im Fleischwolf zum Schluß ein Stück Brot durchdrehen, dann bleiben keine Fleischreste hängen.

Fleischfondue

- Beim Fleischfondue kann das heiße Fett schnell überlaufen. Mit einer rohen Kartoffel im Öl kann das nicht passieren.
- Wickelt man Fleisch für Fondue über Nacht in ein mit Cognac getränktes Tuch, wird es besonders zart und schmackhaft.

Frikadellen

- Sie schmecken besonders gut, wenn man abgeriebene Zitronenschale daruntermischt.
- Frikadellen fallen beim Braten nicht so leicht auseinander, wenn man sie beidseitig in Mehl, Semmelbrösel oder Haferflocken wendet. Zudem bekommen sie so eine knusprige Kruste.
- Frikadellen sind schneller gar, wenn man in die Mitte eine Delle drückt.

Fritieren

- Weniger Fett nimmt das Fritiergut an, wenn man dem Fett einen Teelöffel Essig zusetzt. Schmeckt besser und ist überdies gesünder.

Fritierfett

- Wohin mit dem verbrauchten Fritierfett? Einfach in eine oben abgeschnittene leere Milchpackung füllen; nach dem Hartwerden des Fettes kann man das Ganze einfach in den Mülleimer werfen.

Früchte nachreifen

- Der Sommer ist vorbei, schade um die vielen unreifen Früchte im Garten. Man muß sie aber nicht wegwerfen.
- Tomaten zum Beispiel legt man mit dem Stiel nach oben an einen warmen und hellen Platz, direktes Sonnenlicht allerdings muß vermieden werden.
- Ebenfalls wirksam ist es, wenn man grüne Tomaten – Bananen übrigens auch – in ein feuchtes Tuch einschlägt und eine Schicht Papier darumwickelt.

Fruchtsuppen

- Schön färben kann man Fruchtsuppen und Soßen, Grützen und Marmeladen, wenn man einige Würfel Holunderbeersaft hinzufügt. Zur jeweiligen Erntezeit eingefroren, ist er das ganze Jahr über zur Hand.

Gänse

- Eine Gans wird schneller weich, wenn man zum Braten in ihre Brusthöhle ein Glas legt und die Brust dann wieder verschließt.

Geflügel

- Geflügelfleisch wird in jedem Fall saftiger, wenn man es vor dem Kochen oder Braten mit Zitronensaft beträufelt.

- Altes Huhn schmeckt wie ein junges Hähnchen, wenn man es einige Stunden vor dem Kochen in Essig einlegt.
- Geflügel läßt sich leichter rupfen, wenn es kurz mit schwach sodahaltigem Wasser abgebrüht wird.
- Federn fliegen nicht beim Rupfen von Geflügel, wenn man die Federn auf nasses Zeitungspapier legt.
- Flaumfedern entfernt man bei Geflügel durch Absengen.
- Beachten Sie folgende Tips beim Geflügeleinkauf: Junge Hühner erkennt man an einem schönen roten Kamm und langen Krallen. Junge Gänse haben einen blaßgelben Schnabel und spitze Krallen. Junge Tauben haben einen langen, weichen Schnabel. Junge Rebhühner haben strohgelbe, alte Rebhühner dagegen stahlblaue Beine.
- Frisches Geflügel reinigt man unbedingt vor der Zubereitung mit heißem Wasser – das tötet eventuell vorhandene Salmonellen.
- Beim Braten von fettem Geflügel gibt man Wasser in die Fettpfanne des Backofens, damit das ausschmelzende Fett nicht zu heiß und bitter wird. Mit der Stricknadel sticht man unterhalb der Keule ein, damit das Fett besser abfließt.
- Altes Geflügel wird bratfähig, wenn man es nach dem Rupfen und Ausnehmen innen mit Zucker einreibt, einen Tag liegen läßt und dann gut ausspült.
- Geflügel ist gar, wenn man eine Stricknadel leicht in eine Keule stechen kann und dabei kein blutiger Fleischsaft hervorquillt.

Gelee

- Gelee aus reifem Obst gelingt, wenn reichlich Zitronensaft zugesetzt wird. In jedem Fall wird Gelee durch Zitronensaft fester.

Geleespeisen, stürzen

- Geleespeisen kann man leicht stürzen, wenn man vor Einfüllen der heißen Speise die Form mit Wasser ausspült und vor dem Stürzen die Form etwa eine Minute in heißes Wasser oder über Dampf hält.

Gemüse

- Kaufen Sie nur frisches Gemüse, das zart, fest und sauber ist! Preiswert kauft man Gemüse zu der Zeit, da es reichlich auf dem Markt ist.
- Immer frisches Gemüse werden Sie bei Ihrem Einkauf erhalten, wenn Sie folgendes bei Ihrer Auswahl beachten:

- Salatköpfe sollten immer fest und geschlossen sein. Wirklich frische Salatgurken sind dunkelgrün und fühlen sich fest an. Dasselbe gilt bei Paprika und Zucchini. Ist bei Tomaten, Möhren und Auberginen die Haut glatt und straff, dann sind sie garantiert frisch. Tomaten müssen außerdem eine gleichmäßige Farbe haben.
- Verbrauchen Sie das Gemüse gleich, sonst nutzt die Frische nichts mehr!

Gemüse, eingefrorenes

- Das Auftauen von Gefriergemüse nimmt man am besten so vor: aus dem Beutel nehmen, in ein Sieb legen, mit kochendheißem Wasser übergießen. Alle Spuren des Gefrierwassers werden so weggespült. Das Gemüse erhält sein ursprüngliches Aroma zurück.
- In Großbeuteln angebotenes Gemüse ist billiger. Auch kleine Familien sollten zugreifen; mit Verwandten und Bekannten geteilt, sparen gleich mehrere dabei.

Gemüse, garen

- Gemüse soll möglichst oft roh genossen werden. Schwer verdauliche Gemüsesorten kann man durch Raspeln bekömmlicher machen.
- Vitamine im Gemüse bleiben besser erhalten, wenn das Gemüse nicht ins kalte, sondern erst ins kochende Wasser gegeben wird.
- Schneller, sparsamer und vor allem vitaminschonender wird Gemüse mit wenig Wasser gegart. So braucht man für ein Pfund Kartoffeln zum Beispiel nur einen Viertelliter Wasser.
- Gemüse verliert beim Kochen und Abgießen seine wertvollen Nährstoffe. Daher Gemüse am besten in Fett gar dünsten.
- Beim Kochen von Gemüse erst am Schluß Salz zugeben; wird Gemüse in Salzwasser gegart, dringt Natrium anstelle von Kalzium in die Pflanzenzelle ein, ohne daß ein Salzgeschmack entsteht.
- Mit einer Messerspitze Natron wird Ihr Gemüse zart und leicht verdaulich.
- Beim Dünsten von Gemüse das Salz erst am Schluß dazugeben. Verschiedene Nährstoffe bleiben so erhalten, der Würzeffekt ist höher, und es wird eine geringere Menge Salz benötigt. Gedünstetes Gemüse schmeckt intensiver, wenn man am Ende der Garzeit vom selben Gemüse rohes, sehr fein Gehacktes hinzufügt.
- Sie sparen Zeit, Energie und Abwasch, wenn Sie zwei oder mehrere Gemüse separat in Alufolie wickeln und sie zusammen im Wasserbad kochen. Probieren Sie's aus!

Gemüse, Farbe erhalten

- Herrlich frische Erbsen und Bohnen behalten ihre schöne grüne Farbe auch nach dem Kochen, wenn man sie nach dem Garen kurz in Essigwasser taucht.
- Rosenkohl bleibt schön grün, wenn man ihn erst nach dem Kochen salzt. Allerdings muß dann noch etwas Streuwürze an das Gemüse, weil das Salz nicht mehr tief genug eindringen kann.
- Grünes Gemüse behält auch beim Kochen seine grüne Farbe, wenn man es im offenen Topf kocht. Mit einer Messerspitze Natron im Gemüsewasser beim Kochen erreichen Sie dasselbe.
- Weißes Gemüse bleibt schön weiß, wenn man etwas Essig in das Kochwasser gibt. Auch der Saft einer Zitrone erfüllt diesen Zweck.

Gemüse, lagern

- Gemüse und Salat hält man frisch, wenn man sie fest in feuchtes Zeitungspapier einwickelt.
- Gemüse lagern Sie am besten kühl, nicht zu hell und zu trocken. Überdecken Sie es eventuell mit einem feuchten Tuch und legen Sie nicht zuviel aufeinander. Im Kühlschrank ist es am besten im Gemüsefach aufgehoben.

Gemüse, waschen

- Gemüse enthält viel wasserlösliches Vitamin C. Um dieses wichtige Vitamin zu schützen, sollte das Gemüse nur kurz aber gründlich unter fließendem Wasser gewaschen werden. Niemals nach dem Reinigen oder gar Schälen in Wasser legen!
- Gemüse nur in lauwarmem Wasser mit etwas Salz oder Essig waschen. Insekten werden dadurch herausgetrieben.

Gemüse, welkes

- Wenn Frischgemüse welk ist oder braune Flecken hat, zupfen Sie die bräunlichen Blätter bzw. Ränder ab, waschen es kurz ab und legen es – in ein feuchtes Tuch gewickelt – etwa eine Stunde in den Kühlschrank.
- Welken Kopfsalat bekommen Sie wieder frisch, wenn Sie etwas Zitronensaft in eine Schüssel mit kaltem Wasser geben und den Salat darin etwa eine halbe Stunde im Kühlschrank stehen lassen.
- Welk gewordenes Blattgemüse wird wieder frisch, wenn man es etwa 15 Minuten in lauwarmes, danach 30 Minuten in ganz kaltes Wasser legt.
- Sellerie wird wieder frisch, wenn Sie ihn in kaltes Wasser legen, dem Sie einige rohe Kartoffelschnitzel zugefügt haben.

- Welkes Blattgemüse wie Spinat oder Kohl wird durch Wechselbäder wieder frisch. Man legt es eine Viertelstunde in lauwarmes und eine Viertelstunde in kaltes Wasser.
- Welkes Gemüse läßt sich durch kurzes Einweichen in Natronwasser wieder auffrischen – danach an einem dunklen Ort kühl stellen.

Gewürze

- Die Haltbarkeit von Gewürzen ist sehr unterschiedlich. Jedes Gewürz verliert jedoch mit der Zeit an Aroma, da sich die darin enthaltenen ätherischen Öle verflüchtigen. Außerdem hängt es auch noch davon ab, ob das Gewürz ganz oder gemahlen verpackt ist. Eine wichtige Rolle spielt auch die Aufbewahrung.
- Empfehlenswert ist, es vor Licht geschützt, luftdicht in Tüten, Gläsern oder Plastikdosen aufzubewahren. So kann das feine Gewürz am längsten verwendet werden.

Glasur

- Eine Glasur haftet besser auf der Torte, wenn man sie vor dem Glasieren ganz fein mit Mehl bestäubt.

Grieß

- Grieß, Mehl, Grünkern usw. bewahrt man nicht in Tüten, sondern in geschlossenen Gefäßen auf, da sie sonst den Geruch ihrer Umgebung annehmen und an Geschmack verlieren. Sind Grießklöße für die Suppe zu fest geworden, nimmt man sie noch einmal aus der Suppe, legt sie etwa zehn Minuten in kaltes Wasser und kocht sie dann in der heißen Suppe wieder auf. Sie quellen jetzt so stark, daß sie wieder locker werden.

Grießklöße

- Zu fest gewordene Grießklöße nimmt man noch einmal aus der Suppe. Etwa 10 Minuten in kaltes Wasser legen. Danach in der heißen Suppe noch einmal aufkochen. Jetzt quellen sie so stark, daß sie garantiert locker werden.

Grillen

- Jährlich passieren Unfälle beim Spiel mit dem Feuer. Lesen Sie hier die wichtigsten Tips, damit Sie Ihren Grill-Spaß so richtig genießen können.
- Oberster Grundsatz: Stellen Sie Ihren Grill windgeschützt und auf sicheren Beinen auf, um eventuellen „Funkenflug" möglichst zu vermeiden.

- Wenn Sie Brennspiritus zum Anzünden verwenden, gilt folgendes: Anfangs nur ca. ein halbes Glas über die Kohlen gießen, kurz warten und erst dann mit einem extra langen Streichholz anzünden. Gießen Sie grundsätzlich nie Benzin, Petroleum oder Heizöl ins Feuer; das ist erstens sehr gefährlich und verdirbt außerdem auch noch den Geschmack. (Sicherheitshalber sollte stets ein mit Wasser gefüllter Behälter griffbereit sein!)
- Bestimmt haben Sie selbst schon festgestellt, daß beim Nachlegen der Holzkohle meist lästiger Qualm entsteht – dies läßt sich vermeiden, indem Sie von vornherein gleich genügend Kohle auflegen. Zwar dauert's dann etwas länger, doch sollten Sie sich sowieso Zeit nehmen, denn nur die weiß glühende Kohle ist heiß genug zum Grillen. Wer sein Steak vorher vom Feuer nimmt, muß mit zähem Fleisch rechnen.
- Und noch etwas: Lassen Sie Ihr Grillfeuer nie unbeaufsichtigt und halten Sie Kinder und Haustiere fern davon. Sicher ist sicher! Wenn Sie diese Regeln beachten, können Sie den Grillspaß ungestört genießen.

Grillgerichte

- Nicht immer gibt das Haushaltsgeld teures Fleisch für Grillspieße her. Für Spieße eignet sich auch ganz gut Fleisch aus der Keule, das wesentlich preiswerter ist.
- Dieses Fleisch bestreicht man gleichmäßig mit Zartsalz und läßt es zugedeckt zwei Stunden ziehen.
- Damit die Marinade für Hähnchenkeulen beim Bestreichen nicht in die Grillglut tropft und Rauch erzeugt, der den Geschmack verfälscht, legt man am besten Alufolie unter.
- Herzhafter, weil mit einer leicht säuerlichen Note, wird gegrillter Schweinerücken, wenn bei der Zubereitung frische Ananas mitverwendet wird.

Grüner Pfeffer

- Wird grüner Pfeffer in Dosen nicht auf einmal aufgebraucht, füllt man die übrigen Körner in ein Glas um. Mit leicht gesalzenem Wasser bedecken, gut verschlossen im Kühlschrank aufbewahren.

Grünkohl

- Grün- und Rotkohl sollten genau wie Rosenkohl vor dem Verbrauch unbedingt Frost bekommen haben. Kann man den frischen Kohlsorten nicht widerstehen, obgleich der Winter noch nicht eingetroffen ist, so kann man nachhelfen, indem man den frisch geernteten Kohl einfach für ein paar Stunden in die Tiefkühltruhe legt. Erst danach kochen.

- Wieder aufgewärmt, wird der Kohlgeruch noch intensiver. Das sollte man bedenken, wenn man starken Kohlgeruch liebt – oder auch nicht.
- Grünkohl ist nur dann ganz frisch, wenn er feste, tiefgrüne Blätter hat.

Gulasch

- Bei Gulasch sollte man darauf achten, daß alle Stücke gleich groß sind, damit sie beim Braten gleiche Garzeiten haben.

Gurken

- Frische Gurken bewahrt man wie folgt auf: Mit der Stielseite ins Wasser stellen und etwa zwei Drittel herausragen lassen. Das Wasser täglich erneuern.
- Bei Gurken probiert man, ob die Enden bitter schmecken, und schneidet sie dann so lange, bis sie einwandfrei sind.
- Gurken bleiben lange frisch, wenn man sie mit Eiweiß überstreicht und am Stengel an einem kühlen Ort aufhängt.

Gurken, eingelegte

- Eingelegte saure Gurken, die weich geworden sind, werden wieder fest, wenn man doppelt kohlensaures Natron zugibt.
- Eingelegte Gurken werden würziger und knackiger, wenn man sie vor dem Einlegen der Länge nach durchsticht, zum Beispiel mit einer Stricknadel, die Lake kann dadurch gleichmäßig durchziehen.
- Gewürzgurken nicht mit der Hand aus dem Gefäß nehmen, da dadurch der Rest leichter verdirbt.
- Das Wasser eingelegter Gurken kann man noch als Dressing für Salate verwenden.

Gurkensalat

- Vertragen Sie keinen Gurkensalat? Die Salatsoße zusätzlich mit einem Eßlöffel Senf anmachen – das verhütet Aufstoßen und Blähungen.
- Gurkensalat verträgt jeder, wenn die geschälte Gurke mit kochendem Wasser abgebrüht, mit kaltem Wasser abgeschreckt und erst dann geschnitten wird.
- Gurkensalat muß nicht schwer im Magen liegen. Um ihn bekömmlicher und leicht verdaulich zu machen, überbrühen Sie die geschälte Gurke kurz mit kochendem Wasser. Wenn Sie außerdem in die Salatsoße eine Prise Zucker

geben, kann Ihr erfrischender Gurkensalat auch einem empfindlichen Magen nichts anhaben.

Gurkentopf

• Im Sud eingelegter Gurken kann man gut selbst einen Gurkentopf herstellen. In Scheiben geschnittene Salatgurke und Zwiebelringe hineinschichten, das Glas fest verschließen. Einige Tage in den Kühlschrank stellen.

Hackbraten

• Er schmeckt besonders gut, wenn man das vorher eingeweichte Brot gut ausdrückt und in heißer Butter mit den Zwiebeln und Kräutern röstet. Zur Fleischmasse geben. Im Ofen braten!

• Hackbraten brennt nicht an, wenn man ein Stück Speckschwarte darunter legt.

• Der Hackbraten platzt nicht auf, wenn man der Hackfleischmasse einen bis drei Teelöffel Kartoffelmehl untermischt (statt dessen nimmt man etwas weniger Brötchen). Während des Bratens begießt man das Fleisch mehrfach, damit der Braten saftig bleibt.

Hackfleisch

• Hackfleisch oder Mett zum Einfrieren nicht zu Ballen formen, sondern zu Fladen flachdrücken. Das verkürzt die Auftauzeit.

• Rohes Hackfleisch mit Salz vermischen, dann bleibt es eßbar.

• Frikadellen werden locker, wenn man auf ein Pfund Hackfleisch statt des üblicherweise verwendeten Mehls zwei mittelgroße Kartoffeln nimmt.

• Hackfleisch läßt sich auch mit einer rohen, geriebenen Kartoffel statt mit einem Ei binden.

• Hackfleisch knetet man nie mit der Gabel, sondern immer mit der Hand, damit der Hackbraten nicht so leicht zerfällt.

• Hackfleisch ist aus allen möglichen Resten hergestellt und nicht zu vergleichen. Die teuerste Version (wie durchgedrehtes Roastbeef) hat den geringsten Fettanteil.

Hähnchen

• Frische Hähnchen nie länger als drei Tage aufbewahren. Frische Hähnchen niemals am Montag kaufen, sie sind bestimmt vom Wochenende übrig.

• Niemals die Temperatur des Backofens zu hoch einstellen. Zwar wird das Hähnchen außen knusprig, aber innen trocken und zäh. Lieber langsam garen, bei etwa 180 °C, so bleibt es zart und wird außerdem schön knusprig und braun.

• Die Farbe kann man noch verstärken, wenn man kurz vor Schluß das Hähnchen mit Bier bepinselt. Auch Zuckerlösung oder Salzwasser erzielen den Bräunungseffekt.

• Während der letzten Viertelstunde die Backofentür einen Spalt öffnen, indem man einen Kochlöffel in die Tür klemmt.

Haltbarkeit von Lebensmitteln

• Selbst bei sorgfältigster Planung passiert es immer wieder: man hat zuviel eingekauft. Eier oder Fisch, Sahne oder Kartoffeln – nicht alles hält sich tagelang. Aber es muß auch nicht unbedingt verderben. Hier erfahren Sie, welche Lebensmittel Sie wie lange im Kühlschrank aufbewahren können.

• Kopf- und andere Blattsalate – feucht in Zeitungspapier eingewickelt, halten sie sich bis zu 5 Tage. Vor dem Zubereiten dann allerdings die äußeren Blätter entfernen.

• Angebrochene Sahnebecher – mit Frischhaltefolie abgedeckt bis zu 3 Tage verwendbar.

• Zu viele Kartoffeln geschält? Geben Sie sie in eine Schüssel, kaltes Wasser und ein Schuß Essig dazu, zudecken – so können Sie sie bis zu 5 Tage später noch verwenden.

• Geflügel – in eine Schüssel legen und zudecken, so hält es sich bis zu 3 Tage.

• Frischer Fisch – möglichst nicht länger als einen Tag liegenlassen.

• Frisches Fleisch sofort aus der Verpackung nehmen und mit Öl einreiben. Zugedeckt in einer Porzellan- oder Edelstahlschüssel hält es im Kühlschrank bis zu 4 Tage.

Haltbarkeitsdaten

• Es gibt immer noch Mißverständnisse, was die Bedeutung der Haltbarkeitsdaten betrifft. So verstehen zahlreiche Verbraucher den Aufdruck „Mindestens haltbar bis ..." als Hinweis darauf, bis wann die Ware noch mit Sicherheit in Ordnung ist. Dagegen nennt das Datum den Zeitpunkt, bis zu dem das Lebensmittel seine beste Qualität hat – es ist also als Frischegarantie zu verstehen. Lebensmittel mit abgelaufenem Haltbarkeitsdatum dürfen aus diesem Grund auch bedenkenlos weiter verkauft und verbraucht werden. Es ist daher nicht mit dem sogenannten Verfalldatum zu verwechseln, nach dessen Ablauf die Lebensmittel nicht mehr verkauft werden dürfen.

- Bei Mindesthaltbarkeitsdaten sind folgende Unterschiede zu beachten: Bei Lebensmitteln, die bis zu 3 Monaten haltbar sind, werden Tag und Monat angegeben. Sind sie bis zu 18 Monaten haltbar, werden Monat und Jahr genannt. Bei noch längerer Haltbarkeit genügt die Angabe des Jahres.
- Wichtige Ausnahme: Zerkleinertes, rohes Fleisch und Erzeugnisse daraus tragen statt des Mindesthaltbarkeitsdatums einen Hinweis auf das letzte Verbrauchsdatum: „Verbrauchen bis spätestens ..."

Hammel

- Hammelfleischgeruch wird vermieden, wenn vor dem Kochen das Fett ganz entfernt und das Fleisch einen Tag lang in schwachen Essig oder in Buttermilch gelegt wird.

Hase

- Hasenfleisch wird besonders zart, wenn man es ein oder zwei Tage vor der Zubereitung in Buttermilch legt.

Hartwurst

- Hartwurst legt man kurz in kaltes Wasser, danach läßt sie sich ganz leicht enthäuten.

Hefe

- Um festzustellen, ob die Hefe treibkräftig ist, gibt man ein kleines Stück in heißes Wasser. Steigt die Hefe gleich zur Oberfläche, ist sie in Ordnung.
- Frische Hefe ist hell und glatt und nicht bröselig. Hefe verträgt bei der Aufbewahrung weder Hitze noch Kälte. Man bewahre sie kühl, luftig und trocken an einem geruchsfreien Ort auf.
- Hefe stellt man wie folgt selbst her: Man verrühre zwei mittelgroße, feingeriebene, gekochte Kartoffeln zusammen mit einem Teelöffel Zucker und ebensoviel hellem Bier zu einem dicken Brei, den man, bis er gegoren hat, mehrere Tage beiseite stellt. Die Masse reicht für etwa ein Kilogramm Mehl aus.

Hefekuchen

- Hefekuchen wird lockerer, wenn der Teig mit Buttermilch angerührt wird.
- Hefekuchen nicht auf dem Blech erkalten lassen. Sonst schmeckt er nach Blech und wird weich.

Hefeteig

- Wird Hefeteig mit den Händen geknetet, bleibt er oft hängen. Reibt man beide Hände jedoch vor dem Kneten mit Öl oder Butter ein, geht es wirklich wie geschmiert. Wenn Hefeteig mal nicht aufgehen will, gibt es einen einfachen Trick, der immer gelingt: Teig ausrollen, gleichmäßig mit Backpulver bestreuen, gut durchkneten, fertig. Schon ist Ihr Teig backbereit.
- Schwerer Teig braucht auf 1 Kilogramm Mehl 50 Gramm Hefe, mittelschwerer Teig die Hälfte und ein leichter Mehlteig 15 bis 20 Gramm.
- Hefeteig wird besonders locker, wenn man einen Eßlöffel Schweineschmalz dazugibt.
- Hefeteig wird zart, feucht und gut bekömmlich, wenn man Quark unter den Teig mischt. Außerdem spart man dadurch Fett.
- Hefeteig gelingt nur, wenn alle Zutaten lauwarm verarbeitet werden. Die Hefe verliert sonst zu früh ihre Treibkraft. Zuviel Fett im Hefeteig verhindert das Aufgehen, zu viele Eier machen den Teig trocken. Ist der Hefeteig durch zu langes Stehen zusammengefallen, knetet man ihn nochmals durch und stellt ihn erneut zum Aufgehen an einen warmen, zugfreien Ort.
- Hefeteig treibt gut am Fenster in der warmen Sonne. In der kalten Jahreszeit stellt man die Teigschüssel ins warme Wasserbad.
- Statt Milch für den Hefeteig kann man auch Mineralwasser oder Bier verwenden.
- Hefeteig wird sehr locker, wenn man unter den Teig von einem Pfund Mehl zwei Kartoffeln reibt.
- Hefeteig treibt besser, wenn man das Mehl erwärmt.

Hering

- Salzheringe in Buttermilch legen – dann werden sie milder.
- Salzheringe wässert man vor der Zubereitung – der Salzgehalt verringert sich dadurch um etwa zehn Prozent. Matjes legt man in Milch oder Buttermilch.
- Unter eingelegte Heringe mischt man einige Käsewürfel, das sorgt für einen geschmacklichen Ausgleich von Säure und Süße.

Holunderbeeren

- Holunderbeeren, frisch von Mutter Natur, sind billige Vitaminspender. Aus ihnen läßt sich, allein oder in Gesellschaft mit anderen Sommerfrüchten, herrliches Kompott herstellen. Auch Saft aus Holunderbeeren allein oder mit anderen Früchten schmeckt an heißen Sommertagen wunderbar.

Honig

- Körnig gewordener Honig wird wieder geschmeidig und weich, wenn man ihn im Wasserbad erwärmt. Vorsicht! Das darf nie bei Temperaturen über 40 Grad geschehen, da sonst die wertvollen Inhaltsstoffe zerstört werden.
- Die Qualität von Honig prüft man mit Spiritus: Man verrührt einen Teelöffel voll Honig in Spiritus. Naturreiner Honig löst sich ganz auf. Bildet sich ein Niederschlag oder wird die Lösung trüb, ist der Honig nicht ganz echt.
- Den Honiglöffel vorher in Speiseöl tauchen, dann klebt der Honig nicht am Löffel.

Holzküchen

- Holzküchen sind schön, fettige Frontflächen nicht. Mit stark verdünnter Essigessenz und einem Fensterleder kriegt man sie wieder sauber, der matte Holzschimmer bleibt.

Hülsenfrüchte

- Mit einem Teelöffel Bullrich-Salz pro Liter Kochwasser werden Hülsenfrüchte sehr viel schneller weich. Noch ein angenehmer Nebeneffekt: Sie werden dadurch bekömmlicher.
- Hülsenfrüchte werden nicht richtig gar, wenn man sie beim Kochen gleich zu Beginn salzt. Außerdem ist das Einweichen der Hülsenfrüchte über Nacht äußerst ratsam.
- Hülsenfrüchte garen in der halben Zeit, wenn man eine Tasse Mineralwasser mitkocht.

Joghurt

- Joghurt kann man ohne Rest aus dem Becher stürzen, wenn man den Becherboden mit einem Messer kurz einsticht.
- Joghurt hält sich im Kühlschrank länger, wenn er auf den Kopf gestellt wird.
- Fruchtjoghurt ist reich an Kalorien – bis zu 150 pro Becher. Machen Sie ihn selber, indem Sie frische Beeren (eine halbe Tasse Erdbeeren hat 25 Kalorien) zerdrücken und mit magerem Joghurt (75 Kalorien pro Becher) vermischen.

- Oder mixen Sie in der Maschine gleiche Mengen Joghurt und ungesüßte gefrorene Beeren miteinander. Sie erhalten eine weiche cremige Masse.
- Als Ersatz für Sauerrahm zu gebackenen Kartoffeln ist folgende gesunde Beilage zu empfehlen: fettarmen Joghurt mit Dill, Schnittlauch und Pfeffer mischen – das schmeckt und ist gesunde Kost.

Kaffee

- Ist der Kaffee zu stark geraten, kann man ihn durch Zugabe von heißem Kakao wieder bekömmlich machen.
- Kaffee wird aromatischer, je feiner er gemahlen wird.
- Kaffee ist nur dann wirklich schmackhaft, wenn er ganz heiß serviert wird.
- Übriggebliebenen Kaffee oder Tee soll man an heißen Tagen im Gefrierfach des Kühlschranks zu Würfeln gefrieren lassen. Daraus können Sie später einen köstlichen Eiskaffee oder Eistee machen.
- Die Qualität des Wassers ist für den Wohlgeschmack des Kaffees von entscheidender Bedeutung. Es soll möglichst kalkarm und ganz frisch sein.
- Kaffee schmeckt besser, wenn die Kaffeetasse vorgewärmt wird.
- Kaffee hält sich länger, gemahlen und ungemahlen, wenn er luftdicht verschlossen aufbewahrt wird.
- Fertigen Kaffee soll man nicht neu erhitzen, da er sonst bitter wird. Deshalb sollte auch fertiger Kaffee nicht zu lange auf der Warmhalteplatte stehen.
- Kaffee schmeckt aromatischer, wenn man die Bohnen vor dem Mahlen erwärmt und in den Filter zuerst eine Prise Kakao oder Zimt gibt.
- Für eine gute Tasse Kaffee benötigt man ungefähr sechs bis acht Gramm Kaffeepulver. Bei Mokka werden 80 Gramm Kaffeepulver mit einem halben Liter kochendem Wasser überbrüht.
- Kaffee regt weniger an, wenn man eine Prise Natron dazu gibt.
- Der beste Kaffee kommt aus hoch gelegenen Anbaugebieten, etwa aus Südamerika oder Tansania. Dieser in den Bergen gezogene Kaffee ist zwar teurer, weil die Ernte in der Höhe geringer ausfällt, aber das Aroma dieser Bergsorten ist besser als das von in der Ebene gezogenen Kaffeesorten.

Kaffeemaschine, entkalken

- Kaffeemaschinen entkalkt man umweltfreundlich mit Zitronensäure aus der Apotheke. In die mit Wasser gefüllte Maschine gibt man 1-2 Teelöffel der Säure und läßt das Ganze aufkochen. Zweimal klar nachspülen – die Kaffeemaschine ist entkalkt.

Kaffeemühle

- Ab und zu sollte jede Kaffeemühle gereinigt werden. Benutzen Sie hierzu auf jeden Fall nur einen Pinsel, der trocken sein muß.

Kakao

- Kakao nie mit heißer Milch übergießen, das gibt Klumpen. Statt dessen Kakao mit Zucker vermischen, mit einem Eßlöffel Milch anrühren – jetzt kann mit heißer Milch aufgegossen werden.
- Kakao klumpt nicht, wenn er mit etwas Zucker vermengt wird.
- Kakao- und Schokoladengetränke, die mit Wasser angesetzt werden, kann man durch Zugabe von etwas Pulverkaffee geschmacklich veredeln.
- Kakao läßt man immer zweimal aufkochen. Er wird sämiger und geschmackvoller.
- Zur Aufbewahrung von Kakao nimmt man ihn aus der Packung und gibt ihn in ein Porzellangefäß, wenn er frisch bleiben soll.

Kartoffeln

- Kartoffeln, die auch aus Sparsamkeitsgründen in der Regel mit der Schale gedämpft werden sollten, sind nicht nur eine sättigende, gesunde Beigabe für alle möglichen Gerichte, sondern auch ein ausgesprochen fettsparendes Material, das Teige und Füllmassen locker und saftig macht. Bei einfachen Hefeteigen kann man etwa ein Viertel des verwendeten Mehls durch gekochte geriebene Kartoffeln ersetzen. Das ist auch eine gute Verwendung für Reste von gekochten Kartoffeln. Rohe geriebene Kartoffeln sind ein preiswertes gutes Bindemittel für Soßen und Suppen.
- Alte Kartoffeln nur ganz dünn abschälen und in Salzwasser kochen. Das Kartoffelwasser nicht wegschütten, sondern als Suppengrundlage verwenden.
- Bereits keimende Kartoffeln bilden unter der Schale Giftstoffe. Man schäle sie deshalb unbedingt dicker als üblich!
- Alte Kartoffeln bekommen einen besseren Geschmack, wenn man sie mit etwas Zucker kocht.
- Kartoffeln enthalten ihre wichtigsten Nährstoffe wie pflanzliches Eiweiß, Kohlenhydrate und Vitamin C direkt unter der Schale. Zum größten Teil bestehen sie aus Wasser (75 Prozent).
- Erfrorene Kartoffeln werden wieder genießbar, wenn beim Kochen eine Handvoll Salz auf drei bis vier Pfund zugegeben wird.

- Schwarze Flecken an Kartoffeln verschwinden, wenn man beim Kochen einen Schuß Essig hinzufügt. Dabei nehmen die Kartoffeln den Essiggeschmack nicht an.
- Mehlige Kartoffeln haben helles Fleisch und eignen sich gut für Salate und Pfannengerichte.
- Wäßrige Kartoffeln werden wieder gut, wenn man sie einige Zeit vor dem Ofen trocknet.
- Verschrumpelte Kartoffeln werden wieder glatt und frisch, wenn man sie für kurze Zeit in Eiswasser legt.
- Beim Kochen alter Kartoffeln gibt man etwas Milch in das Wasser, damit sie nicht schwarz werden und besser schmecken.
- Kartoffeln sollte man in heißes Wasser legen, dadurch bleibt der Geschmack besser erhalten. Sind die Kartoffeln beim Kochen angebrannt, setzt man sie noch einmal mit frischem Wasser auf und gießt sie gleich nach dem Aufkochen ab.
- Geben Sie das Salz erst auf die Kartoffeln, wenn diese gar sind. So braucht man nur die Hälfte.
- Viel eher gar sind Kartoffeln, wenn man dem Kochwasser etwas Margarine beigibt. Außerdem kocht dann nichts über.
- Hatten Sie schon mal Probleme bei der Zubereitung von Salzkartoffeln? Ist das Wasser übergekocht oder sind die Kartoffeln wäßrig geworden? Hier zwei Tips, die dagegen helfen: Geben Sie einen Teelöffel Öl ins Kochwasser, und die Kartoffeln kochen nicht mehr über. Hält man sie über längere Zeit hin warm, so werden diese nicht wäßrig, wenn Sie über dem Topf ein Küchentuch ausbreiten, das den Dampf aufnimmt – die Kartoffeln bleiben so trocken!
- Bevor man Folienkartoffeln einwickelt, sticht man sie mit einer Gabel ein, um ein Platzen beim Garen zu verhindern.
- Verschieden große Kartoffeln werden zur gleichen Zeit gar, wenn man die großen an beiden Enden kappt, daß alle etwa eine Größe haben.
- Geriebene Kartoffeln schwimmen oft fast davon. Reibt man einige Zwiebacke hinein, ergibt sich die richtige Konsistenz, außerdem werden die Reibekuchen herrlich locker.

Kartoffelbrei

- Aus heißen Kartoffeln zubereiteter Kartoffelbrei wird besonders locker, wenn die dazugegebene Milch ebenfalls heiß ist.

- Zu dünn geratener Kartoffelbrei wird mit Püreepulver oder Trockenmilch angedickt. Kräftig mit dem Schneebesen durchschlagen.
- Man formt aus übriggebliebenem Kartoffelbrei flache Klöße, wendet sie in Mehl oder Semmelbrösel, anschließend friert man sie ein. Zuerst einzeln schockgefrieren, dann in Plastikbeutel schichten. Bei Bedarf unaufgetaut, am besten in einer beschichteten Pfanne, ausbraten.

Kartoffelklöße

- Die Handflächen bleiben sauber, wenn man vor dem Formen der Kartoffelklöße die Hände mit Speiseöl einreibt. Auch erhalten die Klöße so eine viel schönere Form.

Kartoffelpuffer

- Den Teig von Kartoffelpuffern (Reibekuchen) mit etwas Salz bestreuen und Speiseöl darübergießen, dann bleibt er schön hell.
- Kartoffelpuffer sind mit untergemischtem Magerquark leichter bekömmlich.
- Kartoffelpufferteig wird, etwas weicher als üblich hergestellt, auch in einer nur mit Fett ausgestrichenen Pfanne im Backrohr braun und knusprig, ebenso bräunen einzelne Puffer, die auf einem geölten Backblech gebacken werden.
- Kartoffelpuffer in heißem Fett anbraten, bis sich ihr Rand goldbraun färbt. Dann wenden, jetzt bleibt nichts mehr kleben.
- Einige Tropfen Zitronensaft im Kartoffelpufferteig, und die appetitlichen Fladen behalten ihre helle Farbe.

Kartoffelsalat

- Kartoffelsalat (oder auch Gemüsesalat) wird ohne viel Öl mit folgender Soße saftig und schmackhaft: Aus einem Drittel Liter Wasser und einem Teelöffel in etwas kaltem Wasser angerührtem Stärkemehl eine sämige Soße kochen, durchsieben und abgekühlt mit etwas Öl, Salz, Pfeffer, geriebener Zwiebel und gehackten Kräutern tüchtig verquirlen.
- Kartoffeln sind schnell blättrig geschnitten, wenn man dazu den Eierschneider nimmt.
- Essig von Einmachgurken nicht wegschütten! An Kartoffelsalat gegeben, gibt er genau die richtige Würze.

Käse

- Um Käse zu schneiden, benutzt man – anders als bei Wurst – stets ein stumpfes Messer.

- Weiche Käsesorten eignen sich nicht zum Reiben. Man passiert sie durch ein Sieb.
- Dünne Käsespiralen stellt man schnell und problemlos mit einem scharfen Kartoffelmesser her, das über die Schnittfläche des Käses gezogen wird.
- Käse bleibt länger frisch und schimmelt nicht so schnell, wenn Sie ein Stück Würfelzucker unter die Käseglocke legen.
- Frischer Käse läßt sich nicht leicht reiben. Das Problem umgeht man, indem man den Käse vor dem Reiben einige Zeit ins Gefrierfach des Kühlschranks legt. So verklebt auch die Käsereibe nicht so stark.
- Im Kühlschrank trocken gewordenen Käse reibt man fein. Damit hat man einen guten Reibekäse für Nudelgerichte.
- Käse bewahrt man in einem salzwassergetränkten Leinentuch auf, damit er nicht austrocknet.
- In Farnkraut eingewickelter Käse oder Quark hält sich länger frisch.
- Ein luftdicht schließendes Kunststoff- oder Glasgefäß mit Pergamentpapier ausschlagen und in den Kühlschrank stellen. So kann Käse aufbewahrt werden, ohne daß er schimmelt oder trocknet.
- Hart gewordener Käse kann zu Reibekäse weiterverarbeitet werden.
- Hart gewordener Käse wird wieder weich, wenn man ihn über Nacht in ein feuchtes, mit Salz eingeriebenes Tuch einschlägt.
- Alten und hart gewordenen Käse kann man einige Zeit in frische Milch legen, dann wird er wieder weich und schmackhaft.
- Hartgewordener Käse ist kein Problem. Legen Sie ihn in eine kleine Schüssel und gießen Sie etwas Buttermilch darüber. Er schmeckt dann wieder frisch und lecker.
- Trocken gewordenen Käse wirft man nicht weg, sondern verwendet ihn gerieben zum Bestreuen von Speisen und als Würzmittel.
- Bröckelige Käsesorten schneidet man mit einem heißen Messer wie Butter.
- Aufgeschnittener Käse klebt nicht zusammen, wenn man jeweils ein Stück Papier zwischen die Scheiben legt.

Käsefondue

- Für Käsefondue muß der Wein säuerlich sein. Ist kein trockener Wein vorhanden, mit etwas Zitronensaft nachhelfen.
- Ist das Fondue zu dünn geraten, einfach etwas geraspelten Käse zufügen.
- Klumpt die Fonduemasse, einen Schuß Essig zufügen und umrühren – so wird die Masse wieder glatt.

Käsekuchen

- Wenn man zehn Minuten vor Ende der Backzeit mit einer feingezinkten Gabel den Käsekuchen mehrere Male einsticht, fällt er nach dem Backen nicht mehr zusammen.
- Ein eingefrorener Käsekuchen muß besonders behutsam aufgetaut werden, am besten schön langsam im Kühlschrank.
- Käsekuchen geht sehr gut auf, wenn man ihn nach der halben Backzeit ganz schnell aus dem Ofen nimmt, die Füllung mit dem Messer vom Rand löst und ihn sofort weiterbäckt.

Käsetorte

- Die Oberfläche der Käsetorte wird appetitlich goldgelb, wenn man sie 10 Minuten vor Ende der Backzeit mit lauwarmer Milch, mit Zucker verrührt, bestreicht.
- Die Käsetorte erhält eine gelbliche Oberfläche, wenn man etwa zehn Minuten vor dem Ende der Backzeit eine Mischung aus lauwarmer Milch und Zucker daraufstreicht.

Kassler

- Kassler, in der Pfanne gebraten wie Koteletts, ist in 10 Minuten fertig, schmeckt würzig-deftig.
- Kassler, in einem Sud aus Riesling mit Zwiebelwürfeln gedünstet, schmeckt edel und wird sehr saftig, besonders wenn man das Fleisch im Sud etwas abkühlen läßt.

Kekse

- Sind Kekse hart geworden, legt man sie zusammen mit einem geschälten Apfel in eine Blechdose. Nach einem Tag sind sie wieder weich.

Ketchup

- Ketchup fließt leichter aus der neuen Flasche, wenn Sie zuerst einen Strohhalm bis auf den Boden in die Flasche stecken.

Kiwis

- Mancher wundert sich vielleicht, daß sein Kiwiquark oder das morgendliche Müsli mit Kiwi und Milch leicht bitter schmeckt. Der Grund: Kiwis enthalten das eiweißspaltende Enzym Actinidin. Es bewirkt die Bitterkeit. Hier hilft ein einfacher Trick: Geschälte Kiwis vor der Verwendung mit Milchprodukten mit heißem Wasser übergießen und kurz ziehen lassen. Das Actinidin verliert dadurch seine Wirkung.

- Die Kiwi wird oftmals – in Scheiben geschnitten – nur als Dekoration einer Obst- oder Salatplatte verwendet. Das Fleisch aus der Kiwi-Frucht bekommt man am einfachsten, indem man die Frucht halbiert und die Hälften mit einem Teelöffel auslöffelt.

Kleingebäck mit Backpulver

- Noch besser wird Backpulver-Kleingebäck, wenn man die Butter für den Teig leicht anbräunt.

Klößchen

- Nichts geht schneller: Zum Formen von Grieß- oder Fleischklößchen einfach den kleinsten Eisportionierer verwenden.

Knäckebrot

- Matschig gewordenes Knäckebrot wird nach einer Minute im Toaster wieder knusprig frisch.

Knoblauch

- Ein Hauch von Knoblauch verfeinert jeden Salat. Wenn Sie täglich nur einen Hauch möchten, probieren Sie mal folgendes: Reiben Sie Ihre Salatschüssel mit einer aufgeschnittenen Knoblauchzehe aus, bevor Sie die übrigen Salatzutaten hineingeben.
- Mit einer speziellen Knoblauchpresse zerdrückt oder mit dem Messer zerhackt, entwickelt Knoblauch sein Aroma am besten. Vorsicht ist mit heißem Fett geboten – denn verbrannt entwickelt er einen bitteren Geschmack.
- Ihre Knoblauchzehen werden nicht austrocknen, wenn Sie sie geschält in einer Tasse mit Öl aufbewahren. Nach vollständigem Verbrauch des Knoblauchs können Sie das auf diese Weise aromatisierte Öl sehr gut für schmackhafte Marinaden verwenden.
- Knoblauch riecht weniger durchdringend, wenn Sie den grünen Sproß in der Mitte der Zehe entfernen.
- Knoblauch-Hände kann man verhindern, wenn man das letzte Häutchen vor der Zehe beim Schneiden dranläßt.
- Ein Glas Milch, ein Stückchen Schokolade oder ein Petersilienstengel vertreiben den unangenehmen Knoblauch-Mundgeruch fast ganz.

- In einer Plastiktüte eingeschweißt, kann man Knoblauch auch sehr gut im Tiefkühlfach aufbewahren.
- Ist zuviel Knoblauch in der Soße, füllt man frische Petersilie in ein Tee-Ei und läßt es in der Soße mitkochen.

Knochenbrühe

- Knochenbrühe ist ein starker Bouillon-Ersatz! Und außerdem sehr viel preiswerter als Suppenfleisch. Die Knochen werden vor dem Kochen in heißem Fett kräftig angebraten, so bekommen sie eine appetitliche Bräunung. Beim erwünschten Bräunungsgrad mit heißem Wasser ablöschen, nur leicht ziehen lassen. So bleibt die Brühe schön klar.

Knödel

- Knödel und Klöße zerfallen nicht, gibt man je Liter Kochwasser einen Eßlöffel kalt angerührtes Kartoffelmehl dazu.

Kochgeruch

- So vermeiden Sie lästigen Kochgeruch: Geben Sie bei stark riechendem Gemüse einen Schuß Essig mit ins Wasser und lassen Sie in einem Extratopf gleichzeitig etwas Essig mit auf dem Herd kochen.
- Mischen Sie einige Teelöffel Zimt und Zucker zusammen und lassen Sie es in einem gesonderten Topf gleichzeitig auf dem Herd heiß werden. Der starke Zimtduft wird die anderen Kochdünste übertönen.
- Kochgeruch vertreibt man ebenfalls erfolgreich, wenn man eine Messerspitze Kaffeepulver auf die noch heiße Herdplatte streut. Bei Weiß- und Blumenkohl entsteht meist ein lästiger Geruch in der Wohnung. Dies können Sie vermeiden, indem Sie beim Kochen ein paar Walnüsse in den Topf geben.
- Schützen Sie Ihr Haar vor unangenehmen Küchengerüchen mit einem festen Tuch oder einer Duschhaube.

Kochtöpfe und Pfannen

- Schon beim Einkauf einer Pfanne oder eines Topfes entscheidet sich, wie saftig Ihr Braten oder Ihr Steak sein wird, denn das Material spielt für das Zubereiten eine große Rolle. Wir sagen Ihnen hier, welche Eigenschaften die verschiedenen Töpfe und Pfannen haben.
- Stahltöpfe haben oft einen farbigen Email-Überzug, um den Stahl vor Rost zu schützen. Diese Kombination ist optimal: Der Stahlkern sorgt für gute

Wärmeleitung und die Email-Schicht für einwandfreie Hygiene. Das Bratgut wird knusprig, bleibt saftig und bräunt gut. In Töpfen aus Stahl-Email können Sie problemlos braten, schmoren, dünsten und kochen.

- Edelstahltöpfe haben eine unbegrenzte Lebensdauer. Die Chrom-Nickel-Verbindung ist das widerstandsfähigste Material. Der Nachteil dieser Töpfe ist die schlechte Wärmeleitfähigkeit. Das bedeutet längere Kochzeiten.

- Gußeisentöpfe haben eine poröse Oberfläche, die viel Wärme aufnimmt und wieder abgibt. Selbst niedrige Temperaturen werden so optimal genutzt. Allerdings sind gußeiserne Töpfe und Pfannen sehr schwer.

- Aluminiumtöpfe und Pfannen sind die leichtesten und billigsten Kochgeschirre. Dieses Material hat an Beliebtheit verloren, weil es relativ weich ist und schnell verbeult. Aluminiumtöpfe und -pfannen sind meist beschichtet. Bedenken Sie, daß diese Pfannen für scharfes Anbraten bei hohen Temperaturen nicht geeignet sind. Ab 400 Grad Celsius lösen sich die Kunststoffbeschichtungen auf und setzen so gesundheitsgefährdende Dämpfe frei.

- Töpfe aus Ton müssen Sie vor Gebrauch etwa eine Stunde mit kaltem Wasser sich vollsaugen lassen. Tontöpfe eignen sich für alle Gerichte, die fettarm im Backofen gegart werden.

- Und so treffen Sie die richtige Wahl beim Einkauf:
  1. Ein guter Topf- oder Pfannenboden hat eine Wölbung von etwa einem Millimeter nach innen.
  2. Der Deckel muß exakt passen.
  3. Griffe sollten gut in der Hand liegen. Gute Griffe sind hitzebeständig, aber nicht wärmeleitend.

- Ärger mit neuen Töpfen vermeiden Sie wie folgt:
- Sie brennen nicht so schnell an, wenn Sie sie nach dem Neuerwerb mit Öl oder Butter einreiben. Hierauf kurz erhitzen und dann erkalten lassen.

- Reiben Sie Pfannen aus Stahl-Email am besten nur mit heißem Wasser aus. Mit einem Küchentuch nachwischen. Ein Hauch von Fett vom letzten Braten verhindert schnelles Anbrennen.

- Ihre Stahltöpfe werden nach einer gründlichen Behandlung mit Zitronensaft herrlich glänzend.

- Gußeiserne Töpfe brauchen sanfte Pflege, denn das poröse Material ist nicht sehr widerstandsfähig. Nach dem Reinigen mit Öl einreiben.

- Angebranntes kriegt man wieder weg, wenn man Essig und Salz in dem verschmutzten Topf aufkochen läßt. Abkühlen lassen, Schmutzschicht auswischen, klarspülen – fertig.

- Die Außenflächen kann man sehr gut mit Grillreiniger reinigen. Nach dem Einziehenlassen gründlich mit Essigwasser nachspülen. Ein Gußeisentopf sollte niemals feucht weggeräumt werden, denn sonst entsteht der gefürchtete Rost. Nach dem Waschen in den noch warmen Backofen stellen.
- Oft genügt es, beschichtete Aluminium-Pfannen mit Küchenkrepp auszureiben. Die letzten Speisereste mit heißem Wasser entfernen.
- In angebrannten Töpfen kocht man eine Zwiebel. Danach lassen sie sich leicht reinigen.

Kohl

- Beim Rot- und Weißkohlkochen gibt man die Gewürze in ein Tee-Ei. So kann man vor dem Servieren den Kümmel, die Lorbeerblätter und Pfefferkörner ganz leicht wieder entfernen.
- Kohl ist bekömmlicher, wenn man ein paar Kümmelkörner mitkocht.
- Schmorkohl wird schneller gar, wenn man ihn zuerst nur mit Zucker kocht und Essig oder Zitrone erst zum Schluß beigibt.
- Für einen knackigen und süßen Wintersalat den geschnittenen Kohl mit Rosinen und Apfelstückchen vermengen. Als Salatsoße eine Mischung aus geschlagenem fettarmem Joghurt, Selleriesamen und Honig verwenden.
- Krautblätter lassen sich unter fließendem Wasser leichter voneinander lösen. Zuerst den Strunk entfernen und von dort das Wasser unter die Blätter laufen lassen.

Kohlrabi

- Wann ist Kohlrabi zart? Je kürzer das Laubherz ist, desto zarter ist der Kohlrabi. Zartviolette Knollen sind immer weniger holzig als die weißen.
- Winterkohlrabi schmeckt milder, wenn man ihn in halb Milch, halb Wasser kocht. Eine Prise Salz, eine Prise Zucker, eine Messerspitze Meerrettich vervollständigen zusätzlich den Geschmack.

Kompott

- Selbstgemachtes Kompott wird schmackhafter, wenn man vor dem Erkalten ein Stück Butter dazugibt.

Kopfsalat

- Kopfsalat hält sich mindestens 24 Stunden frisch, wenn er auf Kellersteine gelegt und mit Wasser bestäubt wird.

- Kopfsalat bewahrt man nicht in einer Plastiktüte, sondern, in feuchtes Zeitungspapier eingewickelt, im Gemüsefach des Kühlschrankes auf.

Korkenzieher

- Wenn ein Korkenzieher fehlt oder einfach unauffindbar ist, läßt man heißes Wasser über den Flaschenhals laufen. Die so erwärmte Luft drückt den Korken heraus.

Koteletts

- Für panierte Koteletts gibt es folgenden Würztrick: Einfach alle Würzzutaten mit dem Ei verrühren – so wird das Kotelett viel gleichmäßiger gewürzt.

Kräuter

- Frische Kräuter können Sie auf diese Weise besonders lange aufbewahren: Füllen Sie feingehackte Kräuter in Gläser, drücken Sie diese fest hinein und übergießen Sie sie mit Essig oder Öl, so daß der Glasinhalt fingerbreit bedeckt ist. Fest verschlossen sollten Sie das Glas dann im Kühlschrank aufbewahren.
- Kräuter nicht auf einem Holzbrettchen schneiden! Es saugt nur den wertvollen Saft auf. Verwenden Sie besser ein Brettchen aus Plastik.
- Küchenkräuter nie in der Sonne, sondern immer im Schatten trocknen.
- Kräuter soll man kühl und trocken aufbewahren, aber nicht länger als zwölf Monate lagern oder verwenden.

Kräuter sammeln

- Beim Kräutersammeln sollte man immer einige der Pflanzen stehen lassen, damit die Kräuter wieder nachwachsen können.
- Die gesammelten Kräuter unter fließendem kaltem Wasser reinigen und anschließend gut abtropfen lassen. Das Trocknen muß an einem sehr luftigen, trockenen Platz erfolgen. Die Kräuter auf einem Drahtgeflecht in dünnen Schichten auslegen.
- Kräuter nur in Körben oder Stoffbeuteln sammeln und aufbewahren, niemals in Plastiktüten.

Kräuteressig

- Ein gutes Rezept für Kräuteressig: Die Kräuter nach eigener Wahl in gutem Weinessig einlegen. Es eignen sich besonders gut: Thymian, Salbei, Estragon, Dill, Basilikum. Ein solcher Kräuteressig ist wohlschmeckend und preiswert.

Kristall

- Grundsätzlich gilt: Je dicker das Kristall, desto empfindlicher ist es.
- Kristall darf auf gar keinen Fall in die Spülmaschine! Bitte nur mit lauwarmem Wasser reinigen, da es sonst „blind" wird. Es bekommt seinen alten Glanz zurück, wenn Sie es mit einem weichen Lappen und feuchtem Salz abreiben.

Kuchen

- Schnell aufgehenden Kuchen bändigt man, indem man Makkaroniröhrchen in den Teig steckt.
- Eine besonders appetitliche Kruste erhält Kuchen, wenn seine Oberfläche vor dem Backen mit Milch bepinselt wurde.
- Kuchen, der eben aus dem Ofen kommt, muß unbedingt noch ein paar Minuten in der Form bleiben. Nachdem er abgekühlt ist, kann man ihn problemlos auf ein Kuchengitter stürzen.
- Bemerkt man, daß der Kuchen beim Backen auf der Oberseite einfach zu dunkel wird, stellt man einen Topf mit warmem Wasser auf den Rost über dem Kuchen.
- Zu braun gewordenen Kuchen kann man noch retten. Die dunklen Stellen werden mit einer Reibe abgeraspelt. Dann bestreut man den Kuchen dick mit Puderzucker oder überzieht ihn mit Schokoladenglasur.
- Ist der frischgebackene Kuchen in der Mitte zu hoch geworden, ebnet man ihn mit einer kleineren Form, die man darauf drückt, wieder ein. Das schadet dem Kuchen nicht, und er gewinnt seine gewünschte Form.
- Kuchenglasur glänzt länger, wenn das Gebäck vor dem Glasieren mit einer feinen Schicht Aprikosenmarmelade überzogen wurde.
- Auch ein nicht mehr ganz frischer Kuchen kann noch schmecken. Man legt ihn ganz kurz in kalte Milch und bäckt ihn im Backofen bei Mittelhitze noch einmal auf.
- Einen Kuchen auf die Schnelle können Sie folgendermaßen herstellen: Eine Fertig-Vanillecreme bereiten, Ananasstücke aus der Dose druntermischen, diese Masse auf einen Zitronenkuchen oder Biskuitboden streichen. Oder aus Quark, Zucker, Sahne (mit Sahnesteif geschlagen) und beliebigen Früch-

ten eine Creme bereiten und auf Zitronenkuchen oder Biskuitboden streichen.

- Kuchen brennt nicht an, wenn man unter die Kuchenplatte eine kleine Schale mit Wasser in den Backofen stellt.
- Goldbraun werden Kuchen und Kekse, bestreicht man sie vor dem Backen mit Dosenmilch.
- Alle Rührkuchen verfeinert man durch einen Schuß Weinbrand, den man dem Teig zusetzt. Der Teig wird lockerer, das Aroma wird verbessert, und der Alkohol verfliegt beim Backen.
- Wenn man im Rührteig einen Joghurt mitverarbeitet, wird er lockerer.
- Weichen Sie Rosinen vorher in Rum und Arrak ein. Das verleiht dann dem Kuchen ein besonders gutes Aroma.
- Kuchen nie abrupt abkühlen, sonst fällt er zusammen.
- Kuchen wird mit weniger Eiern leichter, aber trotzdem schön gelb, vermischt man die Eidotter mit Salz.
- Trockener Kuchen wird wieder frisch, wenn man ihn in mehrere Lagen eingefettetes Butterbrotpapier einwickelt, eine halbe Stunde im Sieb über kochendem Wasser dämpft und, nachdem man das Papier wieder entfernt hat, acht Minuten lang bei mittlerer Hitze im Backofen backt.
- Etwas zu trocken gewordenen Rührkuchen mit Milch einpinseln und noch einmal kurz in den Backofen schieben. Danach ist er wieder weich und duftig.
- Der Baiserüberzug des Kuchens bricht nicht so leicht beim Schneiden, wenn das Messer dünn eingefettet wird.
- Kuchen wird besonders locker, wenn man bei Butter oder Margarine einen Teil Öl mitverwendet.
- Eiermasse läßt sich in warmem Zustand viel besser für den Kuchenteig verrühren.
- In den ersten 20 Minuten der Backzeit darf der Backofen nicht geöffnet werden, sonst fällt der Kuchen zusammen.
- Der Kuchen löst sich besser aus der Form, wenn man ihn erkalten läßt und die Form dann für kurze Zeit in kochendes Wasser stellt.
- Kuchen und Torten schneidet man mit einem dünnen Bindfaden in Stücke. Diese Lösung eignet sich besonders gut, wenn der Kuchen oder die Torte zum Füllen horizontal durchgeschnitten werden soll.
- Wenn der Kuchenteig gerinnt, erwärmt man ihn im Wasserbad und rührt ihn einige Male um, dann wird er wieder glatt.
- Löst der Kuchen sich nicht aus der Form, legt man ein mit kaltem Wasser angefeuchtetes Tuch über die Form.

Kuchenformen

- Kuchenformen fettet man sparsam ein, nachdem man sie vorher kurz in den warmen Backofen geschoben hatte.
- Schwarze Blechbackformen sind besser als andere. Sie lassen mehr Wärmestrahlen durch, wogegen die hellen einen Teil der Wärme zurückgeben.

Kuchen- und Tortenglasuren

- Während des Anrührens wird die Glasur oftmals zu fest oder zu hart, dann gießt man etwas Zitronensaft darüber.
- Einen schönen glatten Zuckerguß erhält man, wenn man den Kuchen zuerst einmal mit einer dünnen Schicht Glasur überzieht. Ist die getrocknet, streicht man die zweite und endgültige Schicht auf. Erstens läßt sie sich dann leichter auftragen, und zweitens gelingt das Werk optisch besser.
- Ein sofort und ohne Umstände verfügbarer Überzug für Kuchen oder Törtchen ist aus Schlagfit und fertiger Schokoladensoße rasch hergestellt.
- Eine fantastische Erdbeerglasur erhält man, wenn man 2 Eßlöffel Erdbeersaft, 1/4 Tasse Zucker und 1 Eßlöffel Zitronensaft so lange rührt, bis der Zucker sich aufgelöst hat.
- Verwendet man im Haushalt öfter mal Maraschinokirschen, so empfiehlt es sich, den Saft zum Färben von Kuchenteigen aufzubewahren. Man reduziert die vorgegebene Flüssigkeit aber entsprechend.

Kuchenmischungen

- Kuchen aus Fertig-Mix-Teigen bekommen eine persönliche Note, wenn man sie nach Belieben mit abgeriebener Zitronenschale, Eigelb, Nüssen, Zitronat oder Orangeat anreichert.
- Ist die Butter oder Margarine für den Rührteig zu kalt, reibt man sie auf einer Raspel in die Rührschüssel. Jetzt läßt sie sich sofort verrühren.
- Kuchenteig aus vielen Eiern und viel Fett ist meistens fest. Locker wird er, wenn man die vorgesehene Menge Mehl zur Hälfte durch Stärkemehl ersetzt.
- Werden die Eidotter vor dem Hinzufügen schaumig geschlagen und wird ein wenig Essig hinzugefügt, wird der Teig ebenfalls viel lockerer.
- Biskuitmasse wird im Nu flaumig, wenn man die Eier vorher in warmes Wasser legt.
- Teig aus Instantmehl wird beim Backen fester als mit normalem Mehl. Deshalb von vornherein etwas mehr Flüssigkeit zugeben.
- Stellt man die Quirlstäbe des Elektrogerätes vor dem Gebrauch in heißes Wasser, kann die kalte Butter oder Margarine nicht mehr daran haften.

- Damit der Kuchenteig beim Ausrollen nicht am Teigroller kleben bleibt, legt man den Teigroller für eine Stunde ins Tiefkühlfach.
- Ist der Kuchenteig einmal geronnen, die Schüssel in einen großen Topf mit heißem Wasser stellen. Kräftig umrühren, nach einigen Minuten wird der Teig garantiert wieder glatt.
- Teig klebt beim Ausrollen nicht an der Rolle, wenn man eine Plastikfolie oder eine Lage Pergamentpapier über den Teig breitet. So wird Mürbe- oder Hefeteig gleichmäßig glatt. Vor Arbeitsbeginn die Hände mit Öl einreiben, dann klebt der Teig auch nicht an den Händen.
- Bevor der Teig eingefüllt wird, die Form mit eingefettetem Butterbrotpapier auslegen. Dann bleibt der Kuchen nicht an der Form kleben.
- Beim Rühren von Teig sind Gründlichkeit und Schnelligkeit wichtiger als lang anhaltendes Rühren.
- Mehl wird locker, wenn man es durchsiebt, am besten gleich gemeinsam mit dem Backpulver.

Kuchen, verschiedene

- Marmorkuchen wird lockerer, wenn man die erste Hälfte des Mehls ohne, die zweite mit Backpulver verrührt.
- Mohnkuchen wird nicht fest, wenn man ihn mit geriebenem Zwieback macht.
- Beim Backen von Obstkuchen läuft gern Saft aufs Blech. Das verhindert man erfolgreich, wenn man statt normalem Zucker Gelierzucker verwendet.
- Der Boden des Obstkuchens weicht nicht durch, wenn er vor dem Belegen mit Oblaten abgedeckt oder mit Backpulver bestrichen wird.
- Die Früchte vom Obstkuchen rutschen beim Aufschneiden nicht vom Kuchen, wenn man den Kuchen erst mit Marmelade oder Gelee bedeckt, bevor man die Früchte drauflegt.
- Obstkuchen wird erst mit Zucker bestreut, wenn er nach dem Backen abgekühlt ist, sonst wird der Saft aus den Früchten gezogen.
- Um zu verhindern, daß von einem saftigen Obstkuchen etwas in den Backofen läuft, belegt man den Kuchenrand rundum mit Apfelschnitzen.
- Eine ganz eigene Note erhält Sandkuchen, wenn man dem Teig etwas Eierlikör hinzufügt. Oder ein wenig Rum, etwas Cognak oder Malaga.
- In den Schokoladenkuchenteig gehört unbedingt eine Prise Salz!
- Schokoladenkuchen wird saftig, wenn man einen Eßlöffel Essig mit in den Teig gibt.

Küchenschrank

- Keine häßlichen Ränder von der Speiseölflasche im Küchenschrank gibt es, wenn man die Flasche in eine leere Konservendose stellt.

Kühlschrank

- Keine dicke Luft im Kühlschrank gibt es, wenn man eine Schale mit Natron (Backpulver) offen aufstellt. So bilden sich unangenehme Gerüche erst gar nicht.

Kürbis

- Kürbisse haben nur 28 Kalorien je 100 Gramm Fruchtfleisch. Je kleiner die Frucht, desto zarter ist das Fleisch. Beim Einkauf achtet man darauf, daß sie keine Druckstellen hat. Da das Fleisch geschmacksneutral ist, nimmt es Gewürze gut an: alle Kräuter, Nelken, Ingwer, Lorbeer und Zitronenschalen. Aus den Kernen, die man bei 75 Grad im Backofen etwa zwei Stunden lang trocknet und dann leicht schälen kann, erhält man eine leckere Knabberei.

Lachs

- Ein köstliches und gesundes Lachsgericht besteht aus folgenden Zutaten: eine Dose Lachs (Salm); eine Zwiebel; 400 Milliliter Brühe; etwas Zitronensaft; 250 Milliliter Magermilch. Die Zwiebel kleinhacken und mit dem Lachs zusammen in die Brühe mit Magermilch pürieren. Mit dem Zitronensaft abschmecken, dabei nur unter leichter Hitze erwärmen.

Lammkoteletts

- Lammkoteletts immer so heiß wie möglich servieren, so kommt man in den vollen Genuß des feinen Lammgeschmacks.

Leber

- Ein Trick macht Leber besonders zart: Leber gut eine Stunde vor dem Braten in Milch legen. Gut abtrocknen, in Mehl wenden und in wenig Fett nur ganz kurz braten.
- Leber niemals vor dem Braten oder währenddessen salzen, sonst wird sie hart. Erst hinterher würzen, so bleibt sie bekömmlich und zart.
- Leber wird beim Braten nicht hart, wenn man sie vorher mit Zucker bestreut.
- Leber vor dem Häuten kurz in heißes Wasser tauchen, das erleichtert die Arbeit.

Literpackungen, kleckernde

• Milch, Säfte etc. kleckern beim Ausgießen gern. Am gegenüberliegenden Ende der Ausgußtülle zwei kleine Löcher anbringen, es fließt gleichmäßig.

Mais

• Hartwerden von Mais beim Kochen können Sie ganz einfach verhindern: Geben Sie in Ihr Kochwasser einen Teelöffel Butter und eine Prise Zucker.

Mandeln

• Mandeln springen beim Zerkleinern nicht so leicht, wenn etwas Zucker auf die Unterlage gestreut wird.
• Keine Mandeln im Haus? Mandeln können durch leicht geröstete Kürbiskerne, angeröstete Haferflocken oder Nüsse ersetzt werden.

Marinade

• Ein Zartmacher für Schnitzel und Kotelett ist folgende Marinade: Ein Eßlöffel Öl, ein Ei und etwas Salz und Pfeffer werden gut durchgeschlagen, und das Fleisch wird sechs bis zehn Stundan lang hineingelegt.

Markklöße

• Markklöße geraten gut, wenn man das ausgelassene Fett etwas erkalten läßt und dann schaumig schlägt. Erst dann gibt man die anderen Zutaten dazu.

Marmelade

• Eingetrocknete Marmelade wird durch kurzes Aufkochen in heißem Wasser wieder verwendbar. Vorteilhaft wäre es, wenn man mit frischen Früchten das Aroma wieder etwas aufpeppen würde. Frische Früchte pürieren und einfach kurz mitkochen. Marmelade sogleich verzehren.
• Wenn Marmelade Schimmel angesetzt hat, nimmt man den Belag vorsichtig herunter und streut eine dicke Schicht Zucker auf die Marmelade.
• Marmelade vom letzten Jahr, die schon etwas von ihrem Geschmack verloren hat, läßt sich gut zum Verfeinern von Joghurts verwenden.

Marzipan

• Marzipan trocknet nicht aus, wenn man es in ein feuchtes Tuch einschlägt.

Mayonnaise

- Macht man Mayonnaise selbst, immer nur Eier direkt aus dem Kühlschrank verwenden, so wird sie schneller dick.
- Geronnene Mayonnaise wird wieder glatt, wenn man heißes Wasser tropfenweise dazurührt.
- Um das Gerinnen zu vermeiden, sollte man Mayonnaise nie an einem warmen Ort zubereiten.
- Mayonnaise, die man selbst herstellt, gerinnt nicht, wenn man zu Beginn dem Dotter etwas Senf beimischt.

Meerrettich

- Die Wurzel schälen, in Alufolie einwickeln und einfrieren. So läßt sich die Wurzel leichter reiben. Den restlichen Teil wieder in Folie wickeln und ins Gefriergerät zurücklegen.
- Meerrettich ist frisch, wenn er fest ist. So läßt er sich auch am leichtesten reiben.
- Geriebener Meerrettich bleibt weiß, wenn man ihn mit etwas Zitronensaft beträufelt.
- Frischer Meerrettich läßt sich leicht reiben, wenn man ihn vorher kurz in das Gefrierfach legt.
- Meerrettich reibt man ohne Tränen am offenen Fenster, oder wenn man ein feuchtes Tuch über Hände und Reibeisen legt.

Mehl

- Beim Einkaufen haben Sie es sicher auch schon festgestellt – das Angebot an verschiedenen Mehlsorten ist in den letzten Jahren umfangreicher geworden. Doch wissen Sie auch, wozu die verschiedenen Sorten am besten verwendet werden? Was die unterschiedlichen Typenbezeichnungen zu bedeuten haben? In dieser kleinen „Mehlkunde" erfahren Sie die wichtigsten Antworten!
- Mehl entsteht aus feingemahlenem Getreide. Die gesunden Bestandteile davon, die Mineralstoffe, Vitamine und Spurenelemente, befinden sich vor allem in den Randschichten des Getreidekorns. Damit Sie nun als Verbraucher über den genauen Mineralstoffgehalt der Mehlsorten informiert sind, werden sie mit Typenzahlen gekennzeichnet. Diese Zahl sagt Ihnen, wieviel Milligramm Mineralstoffe in 100 g Mehl enthalten sind.

- Zum Beispiel: Weizenmehl der gängigsten Type 550 enthält etwa 550 mg Mineralstoffe in 100 g Mehl. Sie können sich grundsätzlich an folgende Regel halten: Je höher die Typenzahl des Mehles, desto mehr von den wertvollen Bestandteilen des Korns sind enthalten. Deshalb sind Mehle mit höherer Typenzahl auch dunkler – und gesünder. Vollkornmehle enthalten sämtliche Kornbestandteile und sind deshalb besonders reich an Mineralstoffen, Vitaminen und Spurenelementen.

- Wozu welches Mehl?

  Weizenmehl: Für Kuchen, Kleingebäck, Weißbrot und zum Kochen. Weizenvollkornmehl: Weizenvollkornbrot, Mischbrote, kräftige Gebäcke.

  Roggenmehl: Roggenbrot und -brötchen, Mischbrote, Printen und Spitzkuchen, Pumpernickel und Schwarzbrot.

- Die Qualität von Mehl erkennt man, wenn man es zusammendrückt: Gutes Mehl klebt zusammen, schlechtes nicht.

- Lagerung des Mehls: Grundsätzlich jede Mehlsorte dunkel, kühl, trocken und geruchsfrei lagern!

Melonen

- Beim Kauf von Honigmelonen gut aufpassen. Mit folgenden Tricks finden Sie ideal-reife Früchte heraus: Zuerst anschauen, die Farbe der Schale kann ruhig gelbgrün bis blaßgelb sein, aber niemals grün! Einige Male tüchtig hin und her schütteln. Reife Melonen rasseln leicht mit den Samenkernen im Innern. Die reife Frucht duftet. Also, Nase ran, schnuppern. Abtasten: Wenn die ganze Melone weich ist, dann ist sie überreif. Nur der Bauchnabel darf ein klein wenig weich sein, dann ist sie richtig.

- Wassermelonen testet man, indem man mit Daumen und Mittelfinger an die Melonen schnalzt. Sie sind reif, wenn sie hohl und tief klingen. Klingen sie dagegen hell, dann sind sie unreif.

Milch

- Angebrannte Milch? Darüber brauchen Sie sich in Zukunft nicht mehr zu ärgern – vorausgesetzt, Sie befolgen diesen Tip: Einfach 1-2 Eßlöffel Zucker in den Kochtopf geben. Leicht verhindern läßt sich das Anbrennen von Milch auch so: Einfach den Topf vorher mit kaltem Wasser ausspülen.

- Wenn Ihnen die Milch übergekocht ist, müssen Sie sofort den Topf von der Herdplatte nehmen, die Milch mit einem feuchten Tuch wegwischen und einige Spritzer Essig auf die noch heiße Herdplatte geben. So lassen sich häßliche Flecken leicht vermeiden.

- Auf der Milch bildet sich keine Haut, wenn man die Milch kurz mit einem Eiswürfel abschreckt.
- Das Anbrennen von Milch, Pudding, Holländischer Soße usw. wird verhindert, wenn eine Glasmurmel mitgekocht wird.
- Milch wird nicht so schnell sauer, wenn man sie unter Zugabe eines Teelöffels Zucker aufkocht. Rohe Milch kann man auch im Sommer einige Zeit vor dem Sauerwerden schützen, wenn man sie mit rotem Papier zudeckt.
- Milch wird nicht so leicht sauer, wenn man beim Kochen etwas Zucker oder Natron zugibt. Nach dem Kochen schnell kühl stellen.
- Milch kocht nicht über, wenn man ein kleines Tellerchen verkehrt herum auf den Topfboden legt.
- Milch kocht nicht über, wenn der Topf oder der Topfrand vor dem Einfüllen der Milch mit etwas Butter ausgerieben wird.
- Auf der Milch bildet sich keine Haut, wenn man die Milch bis zum Erkalten rührt.
- Übergekochte Milch mit etwas Natron noch einmal aufkochen.
- Der Geruch von übergekochter Milch wird gemildert, wenn man ein paar Wacholderbeeren auf die heiße Platte legt.
- Angebrannte Milch kocht man in einem anderen Topf mit etwas Vanillezucker wieder auf.
- Durch das Umstellen von Vollmilch auf Magermilch wird eine erhebliche Reduzierung der Kalorienaufnahme erreicht – von ungefähr 45 Prozent Kalorien auf unter 3 Prozent.
- Leicht säuerliche Milch kann man noch verwenden, wenn man sie mit Natron abkocht.
- Geronnene Milch wird wieder gut, wenn man sie mit zwei oder drei Messerspitzen Pottasche nochmals aufkocht.

Milchreis

- Den Reis zuerst mit viel Wasser vorkochen, dann Wasser abgießen. Erst jetzt die Milch hinzufügen, so wird er wunderbar weiß und klebt nicht.
- Milchreis – ein leckeres und billiges Mahl – wird leider beim Kochen manchmal etwas pappig. Locker und leicht wird dieses köstliche Gericht, wenn Sie kurz vor dem Anrichten etwas geschlagenen Eischnee unter die Masse heben.

Möhren

- Möhrenputzen leicht gemacht: Statt des Schabens mit einem Messer einfach mit einem Topfkratzer abschrubben.
- Möhren erhalten einen herzhaften Geschmack, wenn man sie mit etwas Apfelsaft kocht.
- Karotten muß man nicht schälen, wenn man sie nach dem Waschen mit Salz abreibt.
- Frische Möhren aus dem Garten können lange gelagert werden, wenn sie schichtweise in einem Faß nicht zu dicht nebeneinandergelegt werden und jede Schicht mit Sand, Erde oder Torf gut abgedeckt wird.
- Karotten garen schneller und behalten ihre frische Farbe, wenn man eine Messerspitze Natron in das Wasser gibt.

Mürbeteig

- Kleine Gebäckstücke aus Mürbeteig werden besonders locker und zart, wenn man die angegebene Anzahl der Eier mit Zitronensaft verquirlt.
- Bleibt der Mürbeteig beim Ausrollen kleben, mischt man etwas Mehl unter.
- Gebäck aus Mürbeteig wird lockerer, wenn man Zitronensaft unter die Eier rührt.
- Mürbeteig sticht man auf dem Blech vor dem Backen mehrfach mit der Gabel ein, damit es keine Luftblasen gibt.
- Klebrigen Mürbeteig in Folie wickeln und eine halbe Stunde in den Kühlschrank stellen – danach ausrollen.
- Mürbeteig gelingt gut, wenn man alle Zutaten kalt gestellt hat.
- Mürbeteig, der zu brüchig ist, wird mit einem in etwas Puderzucker verrührten Eigelb noch einmal durchgeknetet.
- Den Mürbeteig-Tortenboden unbeschadet in die Springform zu bringen ist manchmal ein kleines Kunststück. Man rolle den Teig auf einer dem Springformboden entsprechenden, mit Mehl bestäubten Pappscheibe aus und radle den Teig am Rand ab. So läßt sich der Teig mit der Pappe in die Form stürzen.
- Wenn man in Mürbeteig einen Teelöffel Essig mit einknetet, wird er besonders locker.
- Mürbeteig wird locker, wenn man zur Hälfte Weizenmehl und zur Hälfte Kartoffelmehl verwendet.

Muscheln

- Verletzte oder geöffnete Muscheln wegwerfen, nur gute Exemplare kommen in den Topf. Ohne Flüssigkeit aufsetzen, sie sondern beim Erhitzen genügend eigene ab. Jene Muscheln, die nach dem Garen noch verschlossen sind, muß man unbedingt wegwerfen.

Nieren

- Sie sollten genau wie Leber einige Stunden vor dem Zubereiten in Milch gelegt werden.
- Nieren nicht nur erst nach dem Garwerden salzen, sondern vor dem Zubereiten dreimal in kaltes Wasser legen und aufkochen. Sie verlieren nur so den Uringeschmack und -geruch.

Nudeln

- Nudeln immer in reichlich Wasser garen, dem ein Eßlöffel Öl zugefügt wurde. So kleben die Nudeln nicht aneinander, und das Abschrecken mit kaltem Wasser wird überflüssig. Die Nudeln kommen noch heiß auf den Tisch!
- Nudeln bekommen mehr Geschmack, wenn man einen Brühwürfel mitkocht.
- Nudeln kleben nicht zusammen, wenn man sie in kochendes Wasser gibt und dem Wasser einen Schuß Essig beifügt.
- Nudeln und Reis kleben nicht, wenn man etwas Öl oder Butter ins Kochwasser gibt.

Nudelteig

- Nudelteig läßt sich viel leichter ausrollen, wenn er eine halbe Stunde vorher unter einer erwärmten Schüssel lagert.

Nußgebäck

- Nüsse, Mandeln und Kokosraspel werden bei langer Lagerung ranzig. Durch die Hitze beim Backen wird dieser Effekt noch verstärkt. Deshalb immer vorher kosten, ehe Nüsse verbacken werden.

Obst

- Obst, Gemüse, Wurzelwerk schält, schabt und putzt man mit ganz nassen Händen, um keine schwarzen, rissigen Finger zu bekommen.

- Es geht beim Schälen von Äpfeln, Pflaumen, Pfirsichen und Tomaten weniger Fruchtfleisch verloren, wenn die Früchte einen Augenblick in kochendes Wasser getaucht werden. Kleine Früchte auf ein Sieb legen, damit das heiße Wasser gleich abläuft.
- Schmeckt Obst durch langes Lagern fad, so legt man es einige Tage zwischen wollene Decken, und der Geschmack kommt wieder.

Obst, kalorienarmes
- Das „meiste" Obst bzw. Gemüse mit nur 50 Kalorien bekommen Sie in Form von Weintrauben (18 Stück), Mandarinen (2 Stück), rohen Champignons (150 Gramm), Brokkoli (125 Gramm) und Radieschen (25 Stück).

Obst, entkernen
- Um fleckige Finger beim Obstentkernen zu vermeiden, reibt man die Hände vorher mit Margarine ein.

Obstkorb
- Ist im Obstkorb eine Orange oder ein Apfel schimmelig geworden, sofort den ganzen Korb mit Salz und einer feuchten Bürste reinigen. Gut nachspülen, trocknen lassen. Ohne diese Maßnahme würde immer wieder Obst in diesem Korb verschimmeln.

Obstsalat
- Obstsalat bleibt länger frisch, wenn man die Schüssel mit dem Obstsalat in eine größere, mit Eiswürfeln gefüllte Schale stellt.

Obstsalat, exotisch
- Etwas kleingeschnittener Ingwer, in Rum eingelegte Rosinen und die Brühe von einer aufgekochten Zimtstange verleihen dem Obstsalat eine besondere Note.

Obsttorte und Obsttortenboden siehe Torten

Öl
- Öl riecht nicht beim Braten, wenn man in das Öl, sobald es anfängt, sich zu erhitzen, einen Zweig Petersilie legt.
- Brennendes Öl nie mit Wasser löschen, sondern mit nassen Tüchern ersticken.
- Trüb gewordenes Speiseöl wird durch Erwärmen wieder klar. Öl bewahrt man in einer offenen und dunklen Flasche auf. Man binde die angebrochene

Flasche mit einem Leinenläppchen zu. Nur Olivenöl bewahrt man verschlossen auf. Speiseöl bleibt klar, wenn man eine Prise Salz dazugibt. Die meisten Speiseöle sind reich an Vitamin E (beim Einkauf immer darauf achten).

- Ranziges Speiseöl läßt sich zum Braten verwenden, wenn man es mit einer Brotrinde braten läßt.

Öldosen

- Leere Öldosen geben immer noch jede Menge Öl her, wenn man sie rundherum mit dem Dosenöffner öffnet.

Olivenöl

- Olivenöl hält man mit einem Stück Würfelzucker bis zum letzten Tropfen frisch.

Ölsardinen

- Nie in geöffneter Dose aufbewahren! Die gefürchtete Fischvergiftung droht, denn bei Luftzufuhr bilden Blech und Öl eine giftige Verbindung.

Oliven

- Oliven im angebrochenen Glas schimmeln nicht, wenn sie mit Öl oder Zitronensaft bedeckt werden.

Omeletts

- Sie gelingen am allerbesten, wenn man sie in einer schweren Pfanne bei starker Hitze zubereitet.
- Omeletts bereitet man immer mehr zu, als man braucht. Die restlichen in feine Streifen schneiden, einfrieren – stets hat man eine gute Suppeneinlage.
- Omelettes werden leichter, wenn man den Teig mit Wasser statt mit Milch anrührt. Besonders locker werden sie, wenn man Selterswasser nimmt.

Orangen

- Dünnschalige Orangen sind für die Saftgewinnung am empfehlenswertesten.
- Um größere Saftmengen zu bekommen, legt man Orangen gleich den Zitronen kurz in heißes Wasser. Ist gerade der Backofen warm, kann man die Orangen auch kurz in die Röhre legen. Oder man rollt die Südfrucht auf dem

Küchentisch einige Male mit Druck hin und her. Das fördert ebenfalls die Saftgewinnung.

- Orangen und Zitronen werden erst richtig schmackhaft und reif, wenn man sie in die Sonne oder in die Nähe des Ofens legt.
- Die Kunststoffnetze, in denen Orangen verpackt sind, lassen sich gut für die Lagerung anderer Obst- oder Gemüsesorten verwenden.

Panade

- Wenn Sie dem Panier-Ei einige Tropfen Öl zusetzen, haftet die Panade viel besser.
- Panieren kann man Fleisch und Fisch auch, wenn kein Ei zur Hand ist. Man rührt Mehl in Milch an.
- Zum Panieren ohne Ei nimmt man Zitronensaft statt Ei. Das Paniermehl und die Gewürze haften genausogut, und das Gericht schmeckt pikant.
- Fische zerfallen beim Backen nicht, wenn beim Panieren die Panade mit etwas Mehl vermischt wird.

Paprika

- Wird Paprika lange (mit)gekocht, verliert er seinen pikanten Geschmack.

Paprikagewürz
- Paprikagewürz nicht ins heiße Fett geben, da es sonst kandiert und Klumpen bildet.

Paprikapulver
- Paprikapulver darf niemals mitgeröstet werden, denn es verbrennt und verändert so den Geschmack des Gerichts. Erst nach dem Anbraten und Ablöschen hinzugeben.

Paranüsse, geschälte

- Paranüsse bekommt man ganz aus der Schale, wenn man sie vor dem Knacken eingefroren hat.
- Mit Hitze kann man ebenfalls nachhelfen. Dazu werden die Paranüsse im 175° warmen Ofen etwa 15 Minuten gebacken.

Parmesan

- Parmesankäse bleibt sehr lange frisch, wenn man ihn in Salz legt.

Pellkartoffeln

- Sie lassen sich kinderleicht abziehen, wenn man sie noch vor dem Kochen kurz mit kaltem Wasser abschreckt.
- Pellkartoffeln für Kartoffelsalat oder Bratkartoffeln lassen sich am einfachsten im Eierschneider in schön gleichmäßige Scheiben schneiden.
- Pellkartoffeln für Kartoffelsalat läßt man nach dem Abgießen zugedeckt stehen, bis sie handwarm und angenehm zu schälen sind. So werden sie nicht so leicht breiig.
- Wenn man Pellkartoffeln nicht ganz weich kocht, sie schält und dann noch fünf Minuten in frisches, kochendes Salzwasser legt, schmecken sie wie Salzkartoffeln.
- Gekochte Kartoffeln kann man leichter schälen, wenn sie sofort nach dem Kochen mit kaltem Wasser abgeschreckt werden.

Petersilie

- Welke Petersilie wird garantiert rasch wieder knackig, wenn man sie etwa 30 Minuten in lauwarmes Wasser legt, dem ein Spritzer Zitrone beigefügt ist.
- Eine Hilfe ist auch, sie in heißes Wasser zu legen, für ganz kurze Zeit wirkt sie wieder frisch.
- Außerdem bleibt Petersilie von vornherein saftig und knackig frisch, wenn man sie statt in kaltem in heißem Wasser wäscht.
- Petersilie und Schnittlauch, die, ins Wasser gestellt, so schnell verderben, bleiben, im Plastikbeutel gut verschlossen, im Kühlschrank zehn bis zwölf Tage lang frisch. Petersilie bewahrt man folgendermaßen auf: Petersilie waschen, hacken und im Steingut- oder Glasgefäß mit Salz einstampfen. Auf fünf Teile Petersilie ein Teil Salz nehmen.
- Frische Petersilie, gewaschen und getrocknet, kann man für den Winter aufheben.
- Welk gewordene Petersilie oder Kopf- sowie Endiviensalat gibt man in eine Plastiktüte, schüttet etwas kaltes Wasser dazu, schüttelt alles kurz durch und läßt die Tüte eine Weile an einem kalten Ort (Keller oder Kühlschrank) liegen. Salat oder Petersilie sind nach dieser Behandlung wieder wunderbar frisch.

Pfannkuchen

- Mit einem Schuß Bier werden die Pfannkuchen besonders locker.

Pfirsiche, Aprikosen usw. häuten

- Dünnhäutige Früchte übergießt man vor dem Schälen mit kochendem Wasser. Danach geht das Schälen ganz leicht. Steht eine Gasflamme zur Verfügung, steckt man die zu schälenden Früchte einfach auf eine Gabel. So lange über die Flamme halten, bis die Haut platzt. Jetzt läßt sie sich völlig problemlos abziehen.

Pilze

- Waschen Sie Pilze ausschließlich unter fließendem Wasser ab. Sie nehmen sonst zu viel Feuchtigkeit auf.
- Pilze nach dem Putzen gleich in Essigwasser legen, dann werden sie beim Kochen nicht schwarz.
- Pilze nach dem Waschen gut abtropfen lassen und am besten im eigenen Saft mit etwas Butter dünsten.
- Pilze sollte man möglichst frisch verwenden. Niemals länger als einen Tag aufbewahren und dann auch nur sehr kühl und ungewaschen. Gekochte Pilze nur bis zum Abend aufheben.
- Pilze sollte man garen. Pilze soll man nicht überbrühen, und sie dürfen nicht lange im Wasser liegen.
- Pilze dünn schälen und durch Abschaben der Oberhaut putzen, nachdem man sie vorher von grobem Schmutz befreit hat. Dann die Pilze waschen und in kleine Scheiben schneiden.
- Eßbare Pilze aller Art schneiden, an Luft und Ofen intensiv trocknen und zu Pulver zerstoßen – fertig ist wunderbares, selbstgemachtes Gewürz.

Pilze sammeln

- Pilze niemals ausreißen, sondern am unteren Ende mit einem Messer abschneiden. Den Stumpf anschließend mit Erde und Laub abdecken.
- Pilze noch am Fundort von Erde, Laub und Nadeln befreien und in einem luftigen Behältnis sammeln (zum Beispiel in einem Weidenkorb). Pilze nicht gedrückt (zum Beispiel in einer Plastiktüte) nach Hause tragen.
- Unbekannte Pilze niemals sammeln, ohne einen Fachmann zu befragen.
- Beim Pilzesammeln soll man nur die jungen Pilze nehmen und die alten, die wäßrig und eventuell gar madig sind, stehen lassen.

Plätzchen

- Plätzchen lassen sich leichter ausstechen, wenn man bei weichem Teig die Ausstechform zuvor in Mehl und bei festem Teig in lauwarmes Wasser taucht.

Plätzchenteig muß immer gleichmäßig dick beziehungsweise dünn ausgerollt werden, sonst werden die dünnen Plätzchen schwarz, während die dicken zu hell bleiben.

- Beim Plätzchenbacken spart man viel Zeit, wenn man Backpapier verwendet. Man schneidet es auf die Größe eines Backbleches zu. Während die erste Lage Plätzchen im Ofen bäckt, sticht man die nächste aus und legt sie auf das Backpapier.

Pökelfleisch

- Geräuchertes oder Pökelfleisch, das stark gesalzen ist, wird bekömmlicher, wenn man es zum Kochen sofort ins kalte Wasser legt und etwas Zucker dazugibt. Bekanntlich wird ja Fleisch sonst erst ins heiße Wasser gegeben, da es dadurch an Geschmack und Kraft gewinnt.

Pommes frites

- Sollen Pommes frites aufgewärmt werden, ohne daß sie hart und unverdaulich werden, hängt man sie in einem Sieb über einen dampfenden Topf.

Pudding

- Besonders lockeren Pudding erhält man, indem man ein bis zwei Eßlöffel steifgeschlagenes Eiweiß darunterhebt.

Puderzucker

- Puderzucker können Sie auch selbst herstellen. In einer Tasse wird normaler Zucker mit einem Eßlöffel Stärkemehl vermischt. Diese Mischung wird etwa 2 Minuten lang auf mittlerer Stufe im elektrischen Mixer pulverisiert.

Quark

- Doppelt solange frisch bleibt Quark, wenn man ihn in der Verpackung auf den Kopf stellt.

Radieschen

- Weich gewordene Radieschen werden wieder so richtig schön knackig, wenn Sie sie kurz in kaltes Wasser legen.

Ravioli

• Selbstbereitete Ravioli schmecken fantastisch. Mit der speziellen Auswalz-form macht die Herstellung keinerlei Probleme. Teig und Füllung, je nach Be-lieben aus Fleisch oder Kräutern oder auch Gemüse, werden in die Form ge-preßt und mit einem Teigroller zu Raviolitaschen ausgewalzt.

Reis

• Ein Reisgericht dauert immer ziemlich lange. Wenn's einmal schnell gehen soll: Etwas Öl im Kochtopf erhitzen, den gewaschenen Reis hineingeben und in dem Fett wenden, die doppelte Menge kochendes Wasser dazu geben und sprudelnd aufkochen lassen. Gut abdecken und bei niedriger Hitze aus-quellen lassen. Kein Anbrennen und kein Überkochen, kein übriges Wasser, das man hinterher wegschütten muß. Alle Vitamine und Mineralien bleiben im Reis!

• Reis, der geschält und poliert wurde, ist für die Ernährung wertlos, da er alle Vitamine verloren hat. Reis, auf dessen Packung „spezialbehandelt" oder „parboiled" steht, wurde unter hohem Druck mit Dampf behandelt, so daß die Vitamine in den Reiskern hineingedrückt wurden. Unbehandelter, soge-nannter Rohreis muß länger gekocht werden, bis er gar ist. Rundkornreis wird für Milchreis verwendet, Langkornreis für normale Speisen.

• Ansetzen und Anbrennen von Reis verhindert man, indem man den Reis in Ruhe kochen läßt und nicht umrührt.

• Reis bleibt beim Kochen weiß, wenn man ein paar Tropfen Zitronensaft mit-kocht.

• Reis schmeckt besonders delikat, wenn man Joghurt unterhebt und etwas fri-schen Zitronensaft dazugibt. Anschließend mit Mandelsplittern überstreuen. Wird der Reis zusammen mit einem Suppenwürfel gekocht, schmeckt er be-sonders würzig.

• Beim Reiskochen kann man auf Salz verzichten. Um trotzdem einen guten Geschmack zu erzielen, gibt man eine ganze Zwiebel dazu, dies entwäs-sert den Reis besser.

Rettiche

• Rettiche stellt man mit dem Kraut nach unten in ein wassergefülltes Gefäß. So bleiben sie länger frisch. Ebenso verfährt man mit Radieschen.

Rhabarber

• Rhabarber als Kompott wird geschnitten mit ganz wenig Wasser ange-
schmort und erst dann gesüßt. Wenn der Kochsaft mit ein wenig in Wasser
angerührtem Stärkemehl gebunden wird, macht sich seine Säure weniger
bemerkbar.

Rinderbraten

• Den Braten vor dem Garen kurz in kochendes Wasser tauchen. Die Poren
schließen sich, das Fleisch behält in der Pfanne seinen Saft.

Römertopf

• Schon die alten Römer, die als Freunde guten Essens berühmt waren, kann-
ten das Geheimnis eines vorzüglichen Aromas: Schmoren und Garen im eigenen Saft! So standen sie Pate für die Idee des Römertopfes, der vor einigen Jahrzehnten neu entdeckt wurde. Hier haben wir Ihnen die wichtigsten
Vorzüge zusammengestellt!
• Im Tontopf kochen Sie gesünder. Sie brauchen kein Fett zuzugeben – das
hilft, Kalorien zu sparen. Alles schmort im eigenen Saft, d. h. Vitamine,
Spurenelemente und Mineralien bleiben erhalten.
• Der Tontopf hilft Arbeit und Zeit sparen: Sie können das Essen schon am Vortag oder -abend vorbereiten – am nächsten Morgen brauchen Sie dann nur
noch die Zeituhr Ihres Herdes einzuschalten, und wenn Sie nach Hause kommen, ist das Essen fertig; nichts kocht über, nichts kocht ein! Die Ofenreini-
gung entfällt.
• Der Tontopf ist formschön: Sie brauchen das fertige Mahl nicht mehr anzu-
richten – der dekorative Topf kann gleich vom Herd auf den gedeckten Tisch.
Ist das nicht praktisch?

Rosenkohl

• Rosenkohl ist gut, wenn die Köpfe verschlossen und die äußeren Blätter nicht
welk sind.
• Rosenkohl erst nach dem Kochen salzen, dann wird er nicht so grau.

Rosinen

• Rosinen sinken während des Backens im Teig nicht nach unten, wenn man
sie nach dem gründlichen Waschen und Abtropfen in etwas heißem Rum ziehen läßt. Zudem schmeckt der Kuchen umso besser.

- Rosinen lassen sich ganz leicht hacken, wenn man beide Seiten des Hackmessers mit Butter einfettet.
- Eingetrocknete Rosinen werden wieder weich, wenn man sie eine halbe Stunde in Zitronensaft legt.

Rosinenersatz

- Kleingeschnittene Datteln, Dörrpflaumen, getrocknete Aprikosen sind ein guter Rosinenersatz.

Rote Bete

- Ein Ausbluten der roten Knolle wird vermieden, wenn man sie in Alufolie verpackt gart.

Rote Grütze

- Rote Grütze klumpt nicht, wenn man trockenen Gries mit Zucker vermengt. In einem feinen Strahl in den Grützesaft einrieseln lassen.

Rotkohl

- Rotkohlgemüse kann man gut sämig kochen, indem man einen großen Eßlöffel Reis hinzugibt.

Rouladen

- Rouladen werden sehr pikant, legt man sie einen Tag vor der Zubereitung in eine Marinade aus Öl und kleingeschnittenem Knoblauch.

Rührei

- Besonders locker wird Rührei, wenn man zu den gut verquirlten Eiern etwas kohlensäurehaltiges Mineralwasser gibt.
- Rühreier werden ebenfalls lockerer und leckerer, wenn man beim Braten einen Schuß Milch zugibt.
- Besonders pikant wird Rührei, wenn man etwas geriebenen Parmesankäse hineinstreut.
- Mit Streuwürze erhält das Rührei ebenfalls eine weitere pikante Geschmacksnote.
- Eine Schnittlauchrolle kann man herstellen, indem man den verquirlten, herzhaft gewürzten Eiern gehackten Schnittlauch beifügt. Die fertigen Rühreier auf einer Platte anrichten und sofort servieren.

Rührschüssel

- Schlägt man in der Rührschüssel dünnen Teig, stellt man sie einfach in das Abwaschbecken. So vermeidet man Teigspritzer auf Arbeitsplatte und an Küchenfliesen.

Rumfrüchte

- Rumfrüchte, die Blasen zeigen, sind im Gärprozeß. Dennoch kann man sie noch verwenden, wenn man sie ein paar Minuten aufkochen läßt.

Rübensaft

- Haben Sie es gewußt? Der Saft roh geriebener roter Rüben läßt sich hervorragend zum Einfärben von Zuckerguß verwenden. Dies ist ein schöner Trick, um beispielsweise Weihnachtsgebäck oder einen Geburtstagskuchen mal etwas anders zu gestalten.

Sahne

- Vor Einrühren der Sahne in Suppen oder Soßen verrührt man sie mit etwas Kartoffelmehl. Normales Mehl erfüllt ebenfalls den Zweck.
- Sahnereste friert man im Eiswürfelbecher ein. Bei Bedarf zum Verfeinern von Soßen oder Gemüse verwenden.

Sahne, saure

- Saure Sahne kann man leicht selbst aus Milch und etwas Zitronensaft herstellen.
- Statt saurer Sahne läßt sich einfacher fettarmer Joghurt verwenden, Sauerrahm hat ca. 10 Prozent, Magerjoghurt 1,5 Prozent Fettgehalt. Sie sparen damit 100 Kalorien pro Becher ein.
- Mixen Sie mageren Hüttenkäse beziehungsweise Quark, Magermilch und Zitronensaft als Ersatz für saure Sahne. Oder schlagen Sie Quark mit Buttermilch im Mixer schaumig.

Sahne, süße

- Geronnene Schlagsahne läßt sich wieder schlagen, wenn man etwas kalte, ungekochte Milch zusetzt.
- Süße Sahne schlägt sich leichter mit einer Prise Staubzucker und unter Beifügung von etwas gemahlener Gelatine.

- Den Zucker fügt man bei gesüßter Sahne kurz vor dem Steifwerden hinzu. Prima eignen sich zum Süßen auch Zuckersirup, Ahornsirup oder etwas Honig.

- Wird die Schlagsahne nicht fest, dann fügt man aufgelöste Gelatine oder ein paar Tropfen Zitrone hinzu. Den Zucker erst unterrühren, wenn die Sahne steif ist.

- Wird die Sahne nicht steif, ein Eiweiß dazugeben, kurz in den Kühlschrank stellen und dann schlagen.

- Als Sahneersatz dient Büchsenmilch. Wenn sie sehr gut gekühlt ist, läßt sie sich steif schlagen, wenn man vorher eine entsprechende Menge aufgelöste Gelatine dazugibt.

- Sehr viel einfacher läßt Schlagrahm sich steifschlagen, wenn man ein paar Tips beherzigt: Sahne, Schüssel und Schneebesen vor dem Schlagen gut kühlen. Die Schüssel während des Sahne-Schlagens in eine Schale mit Eis stellen.

- Soll geschlagene Sahne länger aufgehoben werden, ist es gut, etwas Steifmittel dranzugeben.

- Ergiebiger und nicht so fett wird Schlagsahne, wenn man vor dem Schlagen ein Eiweiß hinzufügt.

Salate

- Der Salat-Genuß beginnt bereits beim Einkauf. Deshalb ein paar wichtige Tips zu diesem Thema: Blattsalat sollte fest und geschlossen sein, die Blattrippen straff und saftig, ohne gelbe Flecken. Treibhaus-Salat ist nicht so ergiebig, weil er lockere Köpfe hat. Feld-, Eisberg- und Endiviensalat sollten ebenfalls knackig und fest sein.

- Frischer Feldsalat hat glatte, dunkelgrüne Blätter. Endivien und Eisbergsalat können eine grünlich-gelbe Farbtönung haben.

- Wirklich frische Salatgurken sind dunkelgrün und fühlen sich fest an.

- Paprika und Zucchini sollten dieselben Voraussetzungen erfüllen.

- Ist bei Tomaten, Möhren und Auberginen die Haut glatt und straff, dann sind sie frisch. Tomaten müssen außerdem gleichmäßig in der Farbe sein.

- Der frischeste Salat nützt nichts, wenn man ihn tagelang zu Hause liegen läßt. Also: immer gleich verbrauchen.

- Kann man Salat nicht umgehend verarbeiten, muß man bis zur Verwendung der Salatfrüchte für sachgerechte Lagerung sorgen. Das heißt, die Salatfrüchte müssen unbedingt locker verpackt sein und kühl und dunkel gelagert werden.

- Salatfrüchte unter fließendem Wasser waschen, niemals im Wasser liegenlassen, erst nach gründlichem Abspülen putzen und kleinschneiden.
- Blattsalate in mundgerechte Stücke zupfen und gut abtropfen lassen oder trockenschleudern. (Kann man sehr gut in einer speziellen Salatschleuder machen, oder ganz schlicht in einem Küchenhandtuch.)
- Blattsalate natürlich immer erst kurz vor dem Verzehr mit der Salatsoße vermengen, sonst fällt das Ganze zu schnell in sich zusammen und wird unansehnlich.
- Dagegen schmecken Salate mit Gemüse, Fleisch- und Fisch-Zutaten sehr viel besser, wenn man sie einige Zeit durchziehen läßt. Mindestens zwei Stunden.
- Frische Kräuter, feingehackt, werden mit der Salatsoße verrührt oder erst kurz vor dem Anrichten unter den Salat gemischt.
- Trockenkräuter wirken intensiver, deshalb nur ein Drittel davon verwenden.
- Tiefgekühlte Kräuter haben denselben Effekt wie frische.
- Die Salatschüssel darf nie zu klein sein, damit der Salat ohne Druck mit der Salatsoße vermengt werden kann. Knoblauchliebhaber können die Schüssel vorher mit einer Knoblauchzehe ausreiben.
- Ist der Salat etwas welk geworden, so wird er wieder frisch, wenn Sie ihn in eine Schüssel mit kaltem Wasser legen, dem Sie einige Scheiben einer rohen Kartoffel beigefügt haben.
- Grüner Salat sollte nur sehr gut abgetropft mit Öl gemischt werden, weil er dann weniger Öl braucht: Zur Salatsoße eignet sich statt Öl auch jedes Restchen Milch, Sauermilch, Buttermilch oder kondensierte Milch – nur gut mit den übrigen Zutaten verquirlen. Salatsoße, die übrigbleibt, hebt man gekühlt auf für den nächsten Tag.
- Rosinen kann man als süßen, aber nahrhaften Abschluß auf den Salat streuen.
- Ist der Salat zu scharf geraten, kann man ihn mit Sahne oder Milch wieder entschärfen.
- Salate schmecken besser, wenn man sie mit zerlassener Butter statt mit Öl anmacht.
- Salat zuerst mit Öl und den Gewürzen anmachen, dann erst Zitronensaft beziehungsweise Essig hinzugeben. Das Öl überzieht die Blätter mit einer feinen Schicht und schützt sie vor dem Welkwerden.
- Welker Salat wird durch Waschen in Zuckerwasser wieder knackig.

- Mit Essigwasser gewaschen, wird der Salat sauberer.
- Kräuter-Salate wie Kopfsalat, Eissalat, Schnitt- und Pflücksalat sowie Zucker-hutsalat können Sie mit frischen Kräutern verfeinern. Diese werden kleinge-schnitten oder zerrupft und unter die klassische Öl-Essig-Marinade gemischt. Zusätzlich können Sie noch süße oder saure Sahne darunterrühren. Erst kurz vor dem Servieren heben Sie die Salatblätter unter diese Kräutersoße. Fol-gende Kräuter können Sie einzeln oder nach Geschmack gemischt dazu ver-wenden: Schnittlauch, Winterheckenzwiebel, Knoblauch, Petersilie, Pimpi-nelle, Borretsch, Zitronenmelisse, Dill, Ysop, Estragon, Eberraute, Sauerampfer, Tripmadam. Bestreuen Sie einmal eine fertige Salatschüssel mit himmelblauen Borretschblüten! Sie schmecken delikat und sehen bezau-bernd aus.

Salat-Garnierungen

- Das Auge ißt mit, eine altbekannte Tatsache. Mit wenigen Zutaten wird aus jedem Salat eine kleine Farborgie. Damit Garnierung und Salat auch wirk-lich zusammenpassen, hier einige Anregungen.
- Grüne Salate: Radieschen, Zitronenscheiben, Eierachtel, Eierscheiben, Kräuter.
- Kartoffelsalate: Salamischeiben, Petersilie, Radieschen, Tomatenscheiben, Eierscheiben oder Eierachtel, Gurkenscheiben.
- Gemischte Salate: Würstchen, Eierscheiben, Mayonnaise, Oliven, Gurken-scheiben, Tomatenscheiben.
- Wildsalate: Pfifferlinge, Spargelspitzen, Birnenhälften, Preiselbeeren, Kräuter.
- Nudelsalate: Peperoni, Kräuter, Eierachtel, Champignonscheiben, Petersilie, Liebstöckel, Essiggürkchen.
- Reissalate: Curry, Safran, Pfirsichspalten, Champignons, Kräuter, Bananen-scheiben, Paprikastreifen.
- Selleriesalate: Orangenstücke, Nüsse, Pampelmusenstücke.
- Geflügelsalate: Kirschen, Spargelstücke, Champignons, Kräuter, Ananas.
- Wurstsalate: Tomatenstücke, Eierscheiben, Zwiebelringe, Essiggürkchen, Pi-stazien, Petersilie.
- Fischsalate: Paprikaschoten-Streifen (grün und rot), Sardellen, Zitronenach-tel, Eierscheiben, Räucherlachs, Kapern, Zwiebelringe, Gurkenscheiben.
- Obstsalate: Bananenscheiben, Mandarinenspalten, Pampelmusenspalten (enthäuten), Nüsse, Mandeln, Birnenstücke, Orangenscheiben, Plätzchen, Schokoladenstreusel, Sahne.

Salatöl

- Salatöl, einmal angebrochen, soll nicht mehr luftdicht verschlossen werden. Eine Alufolien-Haube formen, mehrfach mit einer Nadel Löcher hineinstechen.

Salatsoßen

- Jeder Salat wird so gut, wie die Salatsoße es zuläßt. Ganz wichtige Aufgabe der Salatsoße: Sie muß zum Salat passen! Deshalb vorher überlegen, ob süß oder salzig, cremig oder flüssig. Der Eigengeschmack des Salats soll unterstrichen, niemals verfälscht werden.
- Grund-Zutaten für Salatsoßen: Gutes, neutrales Speiseöl (Mais-, Sonnenblumen-, Oliven- oder Distelöl). Walnußöl paßt sehr gut zu Broccoli, Avocado- oder Feldsalat. Allerdings sollte man Walnußöl nur in kleinen Mengen kaufen, es wird schnell ranzig. Und teuer ist es auch.
- Cremige Salatsoßen erhält man mit folgenden Zutaten: Mayonnaise, süße Sahne, saure Sahne, Crème fraîche, Joghurt oder Doppelrahm-Frischkäse.
- Im Handel erhältlich sind verschiedene Essigsorten. Für Salat-Liebhaber empfiehlt es sich, sich mehrere Essigsorten anzuschaffen. Spaß macht es auch, aus Essigessenz sich jedes Mal die entsprechende Sorte selbst zu mixen beziehungsweise sich Essigsorten als Vorrat anzusetzen.

Salbei

- Salbei ist gut zum Würzen von Fleisch- und Fischgerichten.

Salz

- Vermeiden kann man klumpiges Salz, wenn man von vorn herein den Salzstreuer mit einem Stück Alufolie abdeckt. So kann keine feuchte Luft eindringen.
- Gibt man ein paar Reiskörner in den Salzstreuer, können Klumpen ebenfalls vermieden werden.
- Ist das Salz in der Tüte oder im Schubfach klumpig geworden, zerkleinert man es am schnellsten auf einem Reibeisen.
- Hat man genügend Zeit, gibt man ein Stück frisches Brot in die Packung und verschließt es fest. Nach einigen Stunden ist das Salz wieder gebrauchsfähig.
- Alle Tips eignen sich genauso gut für klumpig gewordenen Zucker.
- Speisen, die zu süß geraten sind, erhalten mit Salz wieder ihren richtigen Geschmack.

Salzgebäck

- Salzgebäck, das nicht mehr knusprig ist, bäckt man in kurzer Zeit im aufgeheizten Backofen wieder frisch.
- Salzgebäckreste zerkleinert man in der Küchenmaschine, die Brösel ergeben ein sehr würziges Paniermehl!

Sauerkraut

- Bei der Sauerkrautzubereitung am besten einige rohe zerschnittene Kartoffeln beifügen. Dadurch wird dem Kraut jede Schärfe genommen, und es wird schön sämig.
- Salzgurken und Sauerkraut nicht in der Nähe von Obst und Gemüse aufbewahren, da sie leicht gären.
- Stellt man an der Oberfläche von Sauerkraut Schimmel fest, so entfernt man ihn und gießt ein Gläschen Branntwein darüber. Dies wiederholt man – höchstens viermal – bei jeder Entnahme von Sauerkraut.

Schaschlikspieße

- Schaschlikspieße reibt man vor der Verwendung mit Öl ein. So löst sich das Fleisch besser ab.

Schimmel

- Es kommt immer wieder mal vor – auf Brot oder Marmelade, auf Käse oder Obst zeigt sich eine grünlich-weiße Schicht: Schimmelbefall. Lesen Sie hier, was noch zu retten ist, und was Sie besser gleich in den Abfall werfen sollen!
- Obst, Tomaten, Saft, Kompotte: (und alles, was zu wasserreichen Lebensmitteln zählt) – weg damit zum Müll; hier breiten sich die gefährlichen Pilzgifte des Schimmels besonders schnell aus – ohne daß wir es sehen können.
- Käse: Abgesehen natürlich von den extra gezüchteten Pilzkulturen für die speziellen Schimmelkäsesorten gilt folgende Faustregel: Weichkäse muß bei Schimmelbefall sofort in den Abfall; bei Hartkäse genügt es, die befallenen Stellen großzügig abzuschneiden.
- Marmelade: Gezuckerte Marmelade können Sie bedenkenlos weiterverwenden, nachdem die Schimmelschicht entfernt ist; zuckerfreie oder Diätmarmelade dagegen sollten Sie unbedingt gleich wegwerfen.
- Reinigen Sie Ihren Brotkorb gründlich und regelmäßig. Dann haben die gefährlichen Schimmelbakterien bestimmt keine Chance.

Schlagrahm *siehe Sahne*

Schmalzgebackenes

• Schmalzgebackenes liegt nicht schwer im Magen, wenn man dem Teig einen Eßlöffel Rum hinzufügt. Das vermeidet, daß das Gebäck zuviel Fett aufnimmt.

Schnitzel

• Mit zerstoßenen Cornflakes panierte Schnitzel sind eine leckere Schnitzelvariante.

• Beim Panieren von Schnitzel kann man Eier sparen, wenn man die Eimasse mit etwas Dosenmilch streckt. Schnitzel vor dem Braten gut abklopfen, damit das überflüssige Paniermehl abfällt. Es verbrennt sonst zu schnell in der Pfanne.

Schokoladenpudding

• Haben Sie ab und zu übriggebliebenen Kaffee? Schütten Sie ihn nicht weg – lassen Sie ihn kalt werden und rühren Sie mal einen Schokoladenpudding darin an, das schmeckt köstlich.

Schwarzwurzeln

• Die Schale von Schwarzwurzeln läßt sich besser entfernen, wenn man das Gemüse vorher mit kochendem Wasser überbrüht.

• Schwarzwurzeln werden nicht braun, wenn sie nach dem Putzen in Wasser gelegt werden, in dem etwas Weizenmehl verrührt wurde.

• Schwarzwurzeln legt man nach dem Schälen sofort in eine Schüssel mit Mehl und Wasser, damit sie nicht schwarz werden.

Semmelbrösel, selbstgemachte

• Alte Semmeln oder altes Weißbrot werden auf der Reibe gerieben, schon sind die Semmelbrösel fertig.

Senf

• Senf hält sich länger frisch, wenn man eine kleine Prise Salz hinzufügt.

Soße

- Mehlschwitze bzw. Soßenbinder wird überflüssig, wenn man statt dessen ein Stück altes Brot in der Soße mitkocht. Bindet, macht schmackhaft und klumpt nicht. Vor dem Servieren werden die Brotstücke natürlich entfernt.
- Zu blaß gewordene Soße kann man nachträglich noch einfärben. Man bräunt in einem Extratopf noch etwas Mehl mit wenig Fett sehr dunkel und gibt es zur Soße. Oder man läßt Zucker in einer kleinen Pfanne unter ständigem Rühren so dunkelbraun werden, daß er nicht mehr süß ist.
- Mit Soja-Soße nachzufärben hat außerdem einen geschmacklichen Nebeneffekt; die Soße wird damit pikant abgerundet.
- Wer kennt das nicht? Die Soße ist zu dünn, zu dick oder vielleicht klumpig geworden. Letztendlich kein Problem. Mit ein paar kleinen Tricks läßt sich fast jeder Schaden beheben.
- Angebrannt: Sofort in einen anderen Topf gießen. Dabei aufpassen, daß sich das Angebrannte nicht löst.
- Zu dick: Mit Sahne, Milch oder etwas Wasser mildern.
- Zu klumpig: Durch ein feines Haarsieb streichen.
- Sauce Hollandaise geronnen: Sofort aus dem Wasserbad nehmen und ein wenig zerkleinerte Eiswürfel unterrühren.
- Ist die Soße zu fett geworden, einfach ein bißchen Natron hinzugeben.
- Zu dünn geratene Soße dickt man mit einem Teelöffel Mehl, Stärkemehl oder Kartoffelpüree-Pulver nach. Mit kaltem Wasser in einer Tasse glattrühren, dann in die Soße einfließen lassen, aufkochen, fertig. (Eventuell nachwürzen.)
- Ideal wäre es auch, immer eine Fertigsoße im Haus zu haben, damit läßt sich gut nachhelfen, wenn etwas schiefgelaufen ist.
- Und so schmeckt die Soße am besten: Verfeinern Sie Ihre Soße mit saurer Sahne, Wein, Cognak, Crème fraîche oder frischen Kräutern. Anschließend nicht mehr kochen lassen. Frische Kräuter immer erst ganz zum Schluß dazugeben. So behalten sie ihren Geschmack und ihr Aroma.
- Weiße Soße kann man problemlos auf Vorrat legen. Man vermischt dazu eine Tasse weiche Butter mit einer Tasse Mehl. Diese Paste streicht man in einen Eiswürfelbehälter. Würfel in einer Plastiktüte im Gefrierschrank aufbewahren. Für eine durchschnittlich dicke Soße genügt ein Würfel Soßenpaste mit einer Tasse Milch. Aufkochen lassen, abschmecken, fertig.

Spätzle

- Spätzle, die in Fleischbrühe anstatt in Wasser gegart wurden, haben einen herzhafteren Geschmack.
- Wenn man Spätzleteig mit einem Teelöffel Grieß zubereitet, gibt das einen volleren Geschmack.

Spargel

- Spargel bleibt auch mehrere Tage frisch, wenn er in eine Kiste mit Sand gelegt und damit angedeckt wird. An einem kühlen Ort aufbewahren.
- Spargel schmeckt nur frisch. Beim Einkauf sollte man darauf achten, daß die Köpfe weiß und geschlossen sind, die Stangen gerade, fest und frei von Rost- und Faulstellen. Die Schnittenden dürfen nicht ausgefranst, verhärtet oder verfärbt sein, bei leichtem Zusammendrücken müssen sie Saft abgeben.
- Eine kurze Zeit läßt sich Spargel, in ein feuchtes Tuch geschlagen, im Kühlschrank aufheben.
- Spargel bekommt ein stärkeres Aroma, wenn er in einem Gemüseeinsatz auf den eigenen Schalen gegart wird.
- Beim Kochen des Spargels legt man einen abgesägten Kochlöffel unter die Spargelköpfe, damit sie nicht ganz im Wasser liegen. So bleiben die empfindlichen Köpfe knackig.
- Spargel schält man von den Köpfen nach unten.

Spargel in Dosen

- Spargeldosen werden grundsätzlich am Boden geöffnet. So werden die zarten Spargelköpfchen beim Herausgleiten nicht beschädigt.

Speck

- Speckscheiben, die gebraten werden sollen, taucht man kurz vorher in kaltes Wasser. Danach werfen sie in der heißen Pfanne nicht auf.
- Speck bleibt auch flach, wenn man ihn während des Bratvorganges mehrfach mit einer Gabel einsticht.
- Speckstreifen aus der Gefriertruhe kriegt man leicht auseinander, wenn man ein erwärmtes Messer zwischen die einzelnen Scheiben schiebt.
- Speck oder Schinken, der zu zäh geworden ist, kurze Zeit in heißes Wasser legen, dann ist er wieder genießbar.

Speiseeis, angebrochenes

• Angebrochenes Speiseeis wickelt man am besten mit der Schachtel in Cellophanpapier. Zurück ins Tiefkühlfach, die gefürchteten Salmonellen haben so keine Chance.

Speisereste

• Speisereste von Fleisch, Gemüseteilen usw. niemals fortwerfen, sondern durch die Maschine gedreht oder kleingehackt für Suppen, Aufläufe oder Füllungen verwenden.

• Reste vom Mittagessen bewahrt man am besten in Glasgefäßen auf, da andere Geschirre den Geschmack leicht beeinflussen.

Spinat

• Wenn man statt der Mehlschwitze in Butter angeröstete Weißbrotwürfel zum Andicken nimmt, schmeckt Spinat einfach herrlich.

• Spinat bleibt beim Kochen grün, wenn man mit dem Salz eine Prise Natron ins Wasser gibt.

• Spinat darf nach dem Erkalten nicht wieder aufgewärmt werden, da sich dabei das giftige Nitrit bildet.

• Spinat schmeckt besonders gut, wenn man ihn mit frischem Dill würzt.

Spritzbeutel

• Spritzbeutel in ein leeres, hohes Gefäß stecken, den Rand umschlagen und mit dem Gummischaber Spritzmasse einfüllen. So vermeiden Sie das lästige Kleckern.

Spülbürsten

• Im Besteckkasten der Spülmaschine werden stark verschmutzte Spülbürsten wieder hygienisch sauber.

Spülmittel

• Spülmittel kann man strecken. Von der neugekauften Flasche die Hälfte in die alte leere Flasche abfüllen. Mit Essig ganz auffüllen. Spült wunderbar sauber und ist billiger.

Streusel

- Schön mürbe Streusel auf dem Kuchen erhält man, wenn man sofort nach dem Backen den Kuchen mit Wasser besprüht.
- Soll eine Torte reihum mit Streuseln garniert werden, nimmt man eine rohe Kartoffel zu Hilfe. Die Kartoffel durchschneiden, die Schnittfläche in die Streusel drücken und an den Tortenrand weitergeben. Klappt prima.
- Streuselkuchen besprüht man sofort nach dem Backen mit kaltem Wasser, dadurch werden die Streusel sehr mürbe.
- Streusel werden durch Vanille noch feiner.

Strudelteig

- Strudelteig reißt nicht so leicht beim Ausrollen, wenn man dem Teig einen Schuß Öl beimengt.

Suppe

- Suppen, die zu dünn geraten sind, kann man durch rohe geriebene Kartoffeln eindicken.

Suppenfleisch

- Suppenfleisch wird zart, auch wenn es ein zähes Stück ist, wenn man einen Schuß Essig ins Kochwasser gibt.

Tannenspitzen

- Tannenspitzen sind ein gutes Gewürz, das Fleisch einen feinen Geschmack gibt.

Tee

- Lassen Sie Tee, wenn er munter machen soll, zwei bis vier Minuten ziehen. Zieht er vier bis fünf Minuten, wirkt er beruhigend.
- Schwarztee auf indische Art bereitet man wie folgt zu: Tee in Wasser aufkochen, das zuvor mit Zucker, Nelken und Kardamom angereichert wurde. Danach Milch hinzufügen und den Tee noch mal aufkochen. Zum Schluß mit Zimt bestäuben. Etwa ein Drittel Wasser und zwei Drittel Milch nehmen.
- Teesorten aller Art bewahrt man in geschlossenen Blechdosen auf.
- Fruchttee wird ergiebiger, wenn die Früchte in der Kaffeemühle zerkleinert werden.

- Tee mit einem besonderen Aroma erhalten Sie, wenn Sie eine Zimtstange oder eine Vanillestange in die Teedose legen.
- Beim Sammeln von Teekräutern sollte man nur bekannte Kräuter nehmen, Irrtümer könnten ungewollte Folgen haben. Man beachte unbedingt die Bestimmungen des Naturschutzes.

Teeränder

- Teeränder entfernt man mit Salz. Tassen oder Kanne mit Salz bestreuen, feucht auswischen, klarspülen, fertig.

Teig *siehe Kuchenteig*

Toast

- Schnelle Toasts zaubert man mit Brät, das es beim Schlachter gibt. Einfach dick auf das Toastbrot streichen, mit Gürkchen, Paprikaschoten etc. belegen. Eine Scheibe Schweizer Käse darüber. In der Röhre oder unterm Grill überbacken. Wird außen knusprig, innen saftig.

Toastbrot

- Ein Brot kann man auch auf der Herdplatte toasten, wenn kein Toaster zur Hand ist. Man lege vorher ein Stück Alufolie auf die Herdplatte. Auch im Backofen kann man toasten.

Toaster

- Toaster lassen sich am besten mit einem trockenen Pinsel reinigen. Verwenden Sie auf keinen Fall einen feuchten Pinsel!

Tomaten

- Süßsauer zubereitete Tomaten sind bekömmlicher.
- Tomaten werden wie folgt enthäutet: In eine Schüssel legen und mit kochendheißem Wasser überbrühen.
- Für Gasherdbesitzer: Früchte auf eine Gabel spießen, in der Flamme wenden, abziehen.
- Ganze Tomaten, die zum Dünsten vorgesehen sind, fallen leider bei diesem Vorgang leicht auseinander. Dies läßt sich umgehen, wenn Sie die Tomaten vor dem Dünsten vertikal einritzen. So vorbereitet, können Sie die Tomaten wieder ganz aus dem Topf holen – das sieht einfach appetitlicher aus!
- Weich gewordene Tomaten legt man etwa 15 Minuten lang in kaltes Wasser, dann werden sie wieder schnittfest.

- Tomaten, die man schälen will, friert man vor dem Schälen kurz ein. Unter warmem Wasser läßt sich dann die Haut ganz leicht abziehen.
- Unreife Tomaten reifen im Herbst nach, wenn man die ganze Staude herauszieht, sie an den Wurzeln zusammenbindet und in Zugluft hängt.
- Tomaten lassen sich leichter schälen, wenn man sie vor dem Überbrühen mit einem spitzen Messer zweimal einritzt.

Tomatenmark

- Ist mal kein Tomatenmark im Hause, einfach Dosentomaten durch ein Sieb passieren, so daß Kerne und Stielansätze zurückbleiben.
- Angebrochenes Tomatenmark aus der Dose in ein Glas oder Porzellangefäß geben und mit Öl abdecken, so hält es sich lange.

Torten

- Tortenglasur haftet besser, wenn man vor dem Glasieren die Torte ganz fein mit Mehl bestäubt.
- Herrliche Tortendekorationen lassen sich auf einfachem Wege erreichen: Einfach ein Tortendeckchen oder eine Tortenunterlage mit großem Muster auf die Torte legen, mit Puderzucker bestäuben, die Formen vorsichtig wieder herunternehmen, fertig. Eine unkomplizierte Methode, um den Kuchen oder die Torte hübsch herzurichten.
- Zum Aufschneiden von Torten gehört ein scharfes Messer, doch das allein genügt noch nicht. Vor jedem Schnitt taucht man das Messer in heißes Wasser. Für Kuchenschneiden ebenfalls geeignet.

Tortenboden

- Beim Backen von Tortenböden nur den Boden mit Fett bestreichen, nicht den Rand, da der Teig sonst nicht hochsteigen kann.
- Der Tortenboden weicht nicht durch, wenn man vor dem Belegen mit Obst etwas Sahnesteif darüber streut.
- Torten aus Biskuitteig gehen gleichmäßig auf, wenn nur der Boden der Springform gefettet wird, nicht aber der Rand.
- Tortenboden läßt man in der Springform erkalten, bevor er auf die Kuchenplatte geschoben wird. Den Reif der Form öffnet man aber bereits wenige Minuten, nachdem der Kuchen aus dem Backrohr genommen wurde.

Tortenguß

- Tortenguß nach dem Erstarren mit etwas Alkohol bestreichen. Dadurch wird er schön glänzend und geschmacklich verfeinert.

- Hat man nur roten Tortenguß, braucht aber klaren, nimmt man einen Viertelliter Ananas- oder Pfirsichsaft und kocht damit den roten Tortenguß auf.
- Um rote Glasur herzustellen, verwendet man Himbeersaft, für gelbe Safran und für grüne Spinatsaft.

Obsttorte
- Damit sich die Obsttorte nach dem Backen besser schneiden läßt, streut man auf die Baisermasse etwas normalen Zucker.

Obsttortenboden
- Damit der Obsttortenboden nicht aufweicht, streut man vor dem Belegen mit Obst etwas Sahnesteif darüber.

Überkochen
- Um Überkochen zu verhindern, klemmt man einen Zahnstocher zwischen Deckel und Topf. So kann genügend Dampf entweichen, das lästige Überkochen bleibt aus.

Vanille
- Vanillestangen behalten lange ihr Aroma, wenn sie in einem fest verschlossenen Glas mit Schraubdeckel aufbewahrt werden.

Vanille-Pudding und Vanille-Speisen
- Niemals über längere Zeit aufbewahren, in Verbindung mit Milch entwickelt Vanille ein Übelkeit erregendes Gift!

Vanillezucker
- Ein Restchen Vanillezucker im Tütchen lassen, mit normalem Zucker auffüllen, gut verschließen. Ergibt nochmal die gewünschte Vanillewürze im Kuchen.
- Um stets Vanillezucker vorrätig zu haben, schneidet man eine Vanillestange der Länge nach durch. In ein Schraubglas legen, mit Zucker auffüllen, schütteln. Nach jeder Entnahme Zucker nachfüllen.

Versalzenes Essen
- Es passiert immer mal wieder: Das Essen ist versalzen. Hier ein paar Tips, wie man es noch retten kann:
- Klaren Suppen setzt man noch etwas Wasser zu.
- Ein rohes Eiweiß in die Brühe quirlen, gerinnen lassen. Geronnenes Eiweiß herausfischen, es hat den größten Teil des Salzes aufgenommen.

- Gebundene Suppen oder Eintöpfe rettet man, indem man eine rohe Kartoffel hineinraspelt. Nochmal aufkochen lassen und Kartoffelscheiben herausfischen.
- Viel frische Kräuter untermischen, das lenkt vom Salz ab.
- Apfelessig und Zucker, zu gleichen Teilen gemischt, ins fertige Gericht geben, zwischendurch nachschmecken, ob das überschüssige Salz neutralisiert ist.
- Ist Ihnen dagegen etwas zu süß geraten – ein Teelöffel Zitronensaft, eventuell auch etwas Apfelessig bindet den Zucker und rundet außerdem den Geschmack ab.

Waffeleisen

- Wenn kein Fettpinsel vorhanden ist, kann man das Waffeleisen sehr gut mit einer neuen Zahnbürste einfetten. Mit gleicher Bürste wird hinterher das Waffeleisen wieder gereinigt. Man nimmt mildes Seifenwasser, um die Schutzschicht des Waffeleisens nicht zu beschädigen.

Walnüsse

- Wenn man Walnüsse etwa vierundzwanzig Stunden in handwarmes Wasser legt (Schüssel auf die Heizung stellen), dann kriegt man garantiert die ganzen Nüsse aus der Schale.

Weihnachtsgebäck

- Weihnachtsgebäck mit besonderem Aroma erhält man, wenn man das Backblech mit Bienenwachs einreibt. Dazu erwärmt man das Blech kurz im Backofen und bestreicht es dann mit einer waagerecht gelegten Kerze aus reinem Bienenwachs.

Wein, Serviertemperaturen

- Beim Wein ist es wichtig, daß er richtig temperiert auf den Tisch kommt. Ca. 10 °C für Weißwein und ca. 18 °C für Rotwein ist gültig. Sekt sollte dagegen ca. 8 °C haben.

Weintrauben

- Weintrauben sind als Kurmittel gegen Gicht, Rheumatismus sowie auch schlechte Blutmischung unübertrefflich.

Weißkraut

• Ein Weißkrautkopf läßt sich leicht entblättern, wenn man ihn kurze Zeit in kochendes Wasser legt. Auch werden die Blätter dadurch geschmeidig und lassen sich zum Beispiel leichter zu Kohlrouladen verarbeiten.

Wild

• Wild wird zarter, wenn man es über Nacht in Buttermilch einlegt.
• Wildgeruch verliert sich, wenn das Fleisch in schwach mangansaurem Kaliwasser abgewaschen wird.

Wirsing

• Gartenbesitzer sollten ihren Wirsing samt der Wurzel ernten. In einer Kiste mit trockenem Sand im Keller aufbewahrt, bleibt er lange Zeit wunderbar frisch.
• Beim Einkauf von Wirsing sollten Sie darauf achten, daß die Köpfe geschlossen und ohne Frostschäden sind. Je fester der Kopf, um so besser die Qualität.

Wurst

• Angeschnittene Wurst wird nicht grau, wenn man die Schnittfläche gut mit Alufolie, feuchtem Einmachcellophan oder Pergamentpapier abdeckt; mit einem Gummiband befestigen.
• Haben Sie sich auch schon öfter über die harte Haut, zum Beispiel bei französischer Salami, geärgert? Unser Tip: Halten Sie die Wurst kurz unter Wasser, trocknen Sie sie ab – danach läßt sich die Haut problemlos mit dem Messer entfernen. Die Wurst erleidet dabei keinerlei Geschmacksverlust.

Würstchen

• Das Platzen von Würstchen kann man verhindern, indem man sie im offenen Topf erhitzt.

Zellulose

• Die Zellulose ist ein Kohlenhydrat, aber ohne Nährwert. Zellulose ist als Ballaststoff von großer Wichtigkeit, denn dieser unverdauliche Bestandteil der Nahrung sorgt für eine geregelte Verdauung, Zellulose kommt in der Hauptsache als Gerüststoff in der Pflanze vor und wird durch reichlichen Genuß von Obst, Gemüse, Salat und Hülsenfrüchten geliefert. Wer über lange Zeit ballastarme Gerichte ißt, wird über kurz oder lang über Darmträgheit und als Folge über Stuhlverstopfung zu klagen haben, die nicht nur unangenehm ist, sondern Giftstoffen die Chance gibt, ins Blut überzugehen und Krankheiten zu fördern. Greifen Sie also nicht einfach zu Abführmitteln, sondern bereichern Sie Ihren Speisezettel mit viel frischem Obst, Gemüsen und Salaten, die zusätzlich noch sehr vitaminreich sind.

Zitronen

- Zitronen mit glatter Schale und sichtlich runder Form sind saftig und aromatisch, denn sie sind gut ausgereift.
- Ungespritzte Zitronen, die 15 Minuten in heißem Wasser gelegen haben, ergeben die doppelte Saftmenge. Oder man legt sie in den warmen Backofen. Hin- und Herrollen auf dem Küchentisch bewirkt ebenfalls reiche Saftgewinnung.
- Ausgetrocknete Zitronen sind, etwa zwei Stunden lang in heißes Wasser gelegt, oftmals noch zu retten.
- Eine angeschnittene Zitrone können Sie so gut frisch halten: Legen Sie sie mit der Schnittfläche auf einen kleinen Teller, auf den Sie zuvor ein paar Tropfen Essig gegossen haben.
- Benötigt man nur einige Tropfen Zitronensaft, so sticht man mit einem Zahnstocher ein Loch in die Zitrone. Nach dem Auspressen der gewünschten Menge die Öffnung mit einem Klebeband verschließen.
- Zitronen geben beim Auspressen mehr Saft, wenn sie vorher mit der Hand auf dem Tisch unter leichtem Druck hin und her gerollt werden.
- Abgeriebene Zitronen legt man in Kochsalz, dort halten sie sich noch wochenlang frisch.
- Geriebene Zitronenschale läßt sich aufbewahren, wenn man sie mit Zucker vermischt in einem Glas gut verschließt.
- Als Heilmittel steht die Zitrone obenan. Ihr Saft besitzt eine stark lösende Wirkung auf alle Schleimhäute und Drüsen des menschlichen Körpers. Sie löst gichtige und rheumatische Ablagerungen, auch Stein- und Grießbildungen.

Zitronenschalen

- Zum Reinigen von Porzellanbecken und zum Entfernen von Wasserflecken auf Fensterscheiben und Spiegelflächen nimmt man Zitronenschalen.
- Getrocknete, in kleinen Säckchen im Schrank aufgehängte Zitronenschalen sind ein prima Mittel gegen Motten.

- Braucht man nur den Saft einer Zitrone, reibt man deren Schale vorher ab. Vermischt mit Zucker wird die geriebene Zitronenschale in einem verschließbaren Glas im Kühlschrank aufbewahrt – für Süßspeisen, Kuchen oder fruchtige Getränke bestens geeignet.

Zucker

- Zuckerrübensirup, Ahorn- und Obstsirup, Honig und andere Süßmacher sind und bleiben Zucker. Sie werden erstaunt sein, wieviel in den Fertiggerichten enthalten ist, und so sollten Sie sich entschließen, immer selbst zu kochen und einzumachen.
- Wenn brauner Zucker hart geworden ist, legt man den ganzen Block in einen Bratentopf und stellt eine Tasse Wasser mit hinein. Gut zudecken, bei geringer Temperatur in den Backofen stellen. Nach einiger Zeit ist der Zucker wieder streufähig.

Zuckerguß

- Rot wird Zuckerguß auch ohne künstliche Zutaten, wenn man ihn statt mit Wasser mit Malventee anrührt.
- Den Puderzucker mit Milch statt Wasser anrühren, dann wird der Zuckerguß schön weiß.
- Zuckerguß erhält einen feinen Geschmack, wenn man Zitronensaft, Vanillezucker oder Rosenwasser unterrührt.
- Zuckerguß wird weiß und glänzend durch Anrühren mit Eiweiß.

Zunge

- Zunge langsam kochen, denn durch schnelles Kochen wird sie zäh.

Zwiebeln

- Einzeln in Folie eingewickelt, treiben Zwiebeln nicht aus. Sie bleiben länger frisch und werden nicht so schnell weich.
- Halbierte Zwiebeln lassen sich sehr gut aufbewahren – einfach die Schnittfläche mit Butter bestreichen.
- Tränenreich geht es zu, wenn man Zwiebeln schneiden muß. Ein guter Trick, um das zu vermeiden, ist es, die Zwiebel unter Wasser zu schneiden. Oder man legt die Zwiebel einige Zeit vorher in den Kühlschrank. Hilfreich ist es auch, wenn man beim Zwiebelschneiden ausschließlich durch den Mund at-

met. Kontaktlinsenträger kennen das Problem mit den Tränen allerdings überhaupt nicht, ihre Augen werden von der Kontaktlinse vor Tränen geschützt.

- Zwiebeln keimen nicht so schnell, wenn man sie über einer Kerze absengt.
- Perlzwiebeln in lauwarmes Wasser legen, dann sind sie leichter zu schälen.
- Zwiebeln schneiden ohne Tränen geht wie folgt: Man wasche die Zwiebeln nach dem Schälen heiß ab und kaue während des Schneidens Brot. Auch offene Fenster lindern die Reizung. Einen Zwiebelvorrat stellt man wie folgt her: Man schneidet Zwiebeln in Scheiben, trocknet sie bei mäßiger Hitze im Backofen und verwahrt sie in luftigen Gazebeuteln. Vor der Verwendung weicht man sie in Wasser ein.
- Zwiebeln, die sich schlecht schälen lassen, mit kochendem Wasser übergießen. Danach läßt sich die Haut leichter abziehen.
- Zwiebelringe vor dem Rösten mit Mehl bestäuben, dann werden sie schön knusprig.
- Zwiebelgeruch an den Händen beseitigt man, indem man sie mit Zahnpasta wäscht.
- Erfrorene Zwiebeln, die süß geworden sind, dürfen nicht in warmen Räumen gelagert werden. Sie müssen langsam auftauen.
- Zwiebeln bereits einen Tag vor dem Verwenden dünsten. So verursachen sie weniger Blähungen.
- Das Zwiebelaroma verteilt sich besser, wenn man die Zwiebel fein reibt.
- Zwiebeln in Soßen und Salaten sind gerieben leichter verdaulich, als wenn man sie hineinschneidet.
- Angeschnittene und geschälte Zwiebeln behalten ihre Frische, wenn man sie auf eine Untertasse legt, auf die Salz gestreut wurde.

Zwiebelgeruch

- Zwiebelgeruch an Bestecken spült man in kaltem Wasser ab und reibt dann die Bestecke mit Salz ab. Ebenso verfährt man mit dem Eßgeschirr.
- Auch die Hände verlieren den Zwiebelgeruch, wenn man sie mit Salz abreibt, sie allerdings danken es, wenn sie nach gründlichem Abspülen noch dick mit Creme eingerieben werden.

Zwiebelringe

- Besonders fein werden Zwiebelringe, wenn man sie auf einem Gurkenhobel reibt.

Zwiebelsalz

• Zwiebelsalz kann man leicht selbst herstellen. Auf die Schnittfläche einer Zwiebel streut man normales Salz. Ist der Zwiebelsaft eingezogen, kratzt man das Salz wieder ab. Diesen Vorgang wiederholt man so lange, bis die Zwiebel aufgebraucht und genügend Zwiebelsalz vorhanden ist.

Lagern und Konservieren

In unseren Zeiten nicht mehr modern?
Doch, denn gerade in hektischen Zeiten helfen
ein paar gute Tips zum Lagern und Konservieren, Zeit
zu sparen. Falls Sie nicht täglich in den Supermarkt
können, falls Sie Ihr Wochenende mal anders als beim
Einkaufen verbringen wollen – hier finden Sie alles,
was Sie brauchen, um ein paar Tage zu
„überwintern"!

Äpfel

- Zur Aufbewahrung legt man Äpfel und Birnen auf Holzregale mit Rand im Keller mit den Stielen nach oben. Sie dürfen einander aber nicht berühren. Kocht man Äpfel ein, nimmt man saure Sorten und legt die Stücke vorher in Zitronenwasser.
- Äpfel eignen sich vorzüglich zur Frischlagerung, sofern man die nicht lagerfähigen Herbstsorten wegläßt. Jede Sorte hat ihre charakteristische Lagerzeit, die nur unter Qualitätsminderungen überschritten werden kann. Überlagertes Obst wird weich und mehligtrocken; Fruchtsäure und Aroma bauen sich fortlaufend ab. Wer jedoch säuerliche Früchte bevorzugt, für den beginnt die Eßreife früher.

Birnen

- Kocht man Birnen ein, legt man die Birnenstücke vorher in Zitronenwasser. Holunderblüten werden von französischen Bauern zwischen eingelagerte Birnen gelegt. Der leichte Muskatgeschmack dringt in das Fruchtfleisch und verfeinert das Aroma. Vorsicht – die Blüten dürfen nicht faulen.

Brot

- Für eine längere Lagerung eignen sich eher roggenhaltige Sorten, die sich gut ein paar Tage zu Hause halten und daher ideal fürs Wochenende und für Feiertage sind. Stärker weizenhaltige Sorten kauft man besser öfter und in kleinen Portionen frisch beim Bäcker ein.

Butter

- Butter kann man wie folgt lange frisch halten: Man kocht Salzwasser, läßt dieses abkühlen und legt die Butter ganz hinein. Darin kann die Butter sehr lange bleiben und sich frisch halten.

Eier

- Vorratseier bleiben länger haltbar, wenn man sie ab und zu umdreht.
- Eier halten sich monatelang frisch, wenn sie in Wasserglas eingelegt werden.
- Eier bewahrt man für den Hausgebrauch wie folgt auf: Man bestreicht die Eier sorgfältig mit Kollodium, das zu einem Häutchen trocknet und so die Poren luftdicht verschließt.
- Eier kann man auch folgendermaßen aufbewahren: Drei bis fünf Eier in einem Netz vier bis fünf Sekunden lang in kochendes Wasser hängen. Die

Hitze macht das Häutchen unter der Schale luftdicht. In eine Kiste lagenweise zwischen Stroh legen.

- In zwei Liter Wasser rührt man eine Messerspitze mangansaures Kali, bis es tiefrot wird. Die gereinigten frischen Eier werden etwa eine Stunde lang in die Lösung gelegt. Nach dem Abtrocknen in reines Papier hüllen und trocken aufbewahren. So bleiben die Eier über ein halbes Jahr frisch.
- Eier halten sich an heißen Tagen, wenn man sie in Salz legt.

Einfülldatum

- Achten Sie darauf, daß das Einfülldatum auf der Konserve vermerkt ist. Zusätzlich schreiben Sie zu Hause das Kaufdatum gut leserlich mit Filzstift auf das Etikett. Noch besser sind Klebe-Etiketten, die Sie für diese Zwecke immer zur Hand haben sollten.

Einkochen

- Beim Einkochen spart man Zucker, wenn süßes und herbes Obst zusammen gekocht wird, wie etwa Rhabarber und Himbeeren, Kürbis und Äpfel, Stachelbeeren und süße Birnen.

Einmachgläser

- Einmachgläser, die sich nicht öffnen lassen, halten Sie kurze Zeit mit dem Deckel nach unten in heißes Wasser.
- Beim Einkochen werden die Gläser dicht verschlossen, wenn man nach dem Einfüllen in die Gläser 97prozentigen Alkohol daraufgießt und diesen anzündet. Noch während des Brennens das Glas verschließen.
- Einmachgläser kann man wie folgt sicher verschließen: Die sauber gewaschenen Gummiringe in steif geschlagenem Eiweiß wenden, bevor man den Deckel auflegt und mit dem Bügel sichert.
- Gefüllte Einmachgläser lagert man am besten auf dem Kopf. Dadurch schimmelt der Inhalt nicht so schnell.

Erdbeeren

- Erdbeeren behalten ihre schöne Farbe, wenn beim Einkochen etwas Kirschsaft dazugegeben wird oder in jedes Glas ein paar entsteinte schwarze Kirschen gelegt werden.

Fleisch

- Ein vorgekühltes Stück Fleisch in lauwarm verflüssigtes Butterschmalz tauchen und wieder kühl stellen. Das wieder erhärtete Butterschmalz bildet eine luftdichte feste Schicht und verhindert rasches Reifen und vorzeitiges Verderben des Fleisches.
- Fleisch hält sich frisch, wenn man es so in einen Topf legt, daß unter dem Fleisch Essig ist, ohne daß das Fleisch selbst mit dem Essig in Berührung kommt.
- Rohes Fleisch bleibt frisch, wenn man es mit Essig abreibt; davon wird es auch zarter.
- Fleisch kann man einige Tage frisch halten, indem man es einige Sekunden in kochendes Wasser legt.
- Rohes Fleisch bleibt frisch, wenn man Farnkraut dazwischen legt.

Gemüse

- Junges Gemüse hält sich in einer irdenen Schüssel, die man mit einem feuchten Tuch zudeckt, längere Zeit frisch.
- Für längere Zeit bewahrt man Gemüse wie folgt auf: Wurzelgemüse in Sand oder Erde, Kraut- und Kohlarten mit der Wurzel im Garten in Gruben (Mieten) einschlagen oder im Keller auf Lattengestelle locker auflegen (mit der Wurzel nach oben oder ohne Wurzel) oder an Schnüren aufhängen. Zwiebeln und Knoblauch, zu Zöpfen geflochten oder in Beuteln, an trockenem Ort aufhängen. Endivie in Erde einschlagen. Gemüse muß frostfrei aufbewahrt werden.

Gewürze

- Damit die Gewürze lange ihr intensives Aroma behalten, kauft man sie, soweit möglich, im ganzen, zum Beispiel Muskatnuß, Ingwer, Kardamom, Nelken, Anis, Piment, Zimtstangen. Die ätherischen Öle – sie sorgen für den Duft und Geschmack – verflüchtigen sich um so rascher, je feiner die Gewürze gemahlen sind. Kardamom und Koriander in Pulverform verlieren ihr Aroma am schnellsten. Kaufen Sie darum nur kleine Mengen. Falten Sie die angebrochenen Beutel bis auf den Gewürzrest herunter und schließen Sie Gläser sorgfältig. Bei feuchter Luft verklumpen gemahlene Gewürze. Außerdem können sie schimmeln.

Gurken

- Gurken faulen auch in naßkalten Sommern kaum, wenn man unter die Früchte Glasscheiben legt.
- Das Schimmeln von Essiggurken verhindert man, indem man 20 Gramm schwarzen Senf in ein Leinwandsäckchen gibt, zubindet und es zu den Gurken legt.

Hülsenfrüchte

- Getrocknete Hülsenfrüchte werden vor Würmern geschützt, wenn man sie mit etwas Salz bestreut und öfters durchschüttelt.

Kaffee

- Kaufen Sie nur soviel Kaffee, wie Sie in einer Woche, höchstens in zwei Wochen trinken. Bewahren Sie Kaffee stets gut verschlossen auf. An der Luft verfliegt das Aroma. Und Ihr Kaffee schmeckt dann nach nichts mehr. Verschließen Sie deshalb die Packung gut, stecken Sie sie in eine dicht schließende Dose. Und stellen Sie diese Dose in den Kühlschrank. Dort bleibt der Kaffee dreimal so lange frisch.

Kartoffeln

- Der beste Aufbewahrungsort für eingekellerte Kartoffeln ist eine Kartoffelhorde: ein Lattengestell mit einer Öffnung am unteren Teil, in dem die Kartoffeln sofort nachrutschen, sobald Sie ein Quantum entnommen haben. Auf diese Weise werden immer zuerst die unteren Kartoffeln verbraucht, und Sie ersparen sich die Kontrolle der besonders gefährdeten unteren Vorratsschicht. Wenn Sie keine Kartoffelhorde haben, können Sie die Kartoffeln auch in großen Kartons aufbewahren, die Sie mit vielen Luftlöchern versehen und auf Ziegelsteinen oder anderen Unterlagen erhöht aufstellen. Die obere Kartoffelschicht decken Sie mit einem alten Sack oder mit Papier zu. Sehen Sie die Kartoffeln öfter durch und entfernen Sie gründlich alle angefaulten Stücke, weil sonst die gesunden Kartoffeln angesteckt werden. Kartoffeln haben in der Nähe von Farben, starkriechenden Waren oder auch Gemüse nichts zu suchen, denn sie nehmen leicht fremde Gerüche an.
- Wenn es aufs Frühjahr zugeht, fangen die Kartoffeln an zu keimen. Dies läßt sich nicht verhindern, aber durch Einstreuen von keimhemmenden Mitteln wesentlich hinausschieben.

- Die Einlagerung von Kartoffeln geht insbesondere in den Städten immer mehr zurück, obwohl die ein- bis zweimalige Einkellerung auch Vorteile bringt. Der Preis liegt günstiger, und das Heranschleppen entfällt. Der Wintervorrat wird im Oktober eingelagert. Dabei ist auf unbeschädigte, trockene, möglichst gleichmäßige Ware zu achten. Voraussetzung für jede Einlagerung aber ist ein kühler, trockener, frostfreier Keller. Den Vorrat schüttet man im frisch gekalkten Keller am besten auf Lattenroste bis 1,5 Meter auf. Für gute Lüftung, vor allem in den ersten Wochen, ist zu sorgen. Der erste Vorrat, insbesondere im Landhaushalt, muß bis zum Öffnen der Mieten Ende März ausreichen.
- Kellerasseln, die gerne an eingelagerte Kartoffeln gehen, lockt man mit frischem ausgehöhltem Kohlrabi. Die Asseln sammeln sich darin und können so leicht ausquartiert werden.

Käse

- Käse, den man zum Reiben verwendet, bewahrt man in einem Gefäß mit Salz auf, damit er trocken bleibt und sich stets gut reiben läßt.
- Schnittkäse (auch am Stück) mit einem Stück Würfelzucker in einem Glas aufbewahren. Der Käse bleibt lange frisch. Wenn das Würfelzuckerstück zerfällt, durch ein neues ersetzen.

Kirschen

- Kirschen werden bis Weihnachten wie folgt frisch gehalten: Man pflückt sie mit Handschuhen und gibt sie in einen neuen Steintopf, den man mit einer Schweinsblase zubindet.
- Kirschen werden erst gewaschen und dann entstielt. Frühe Sorten bei Süßkirschen eignen sich am besten zum Einkochen. Ein Gänsekiel, gerade abgeschnitten, eignet sich zum Entsteinen.

Knoblauch

- Knoblauch läßt sich gut lagern, wenn man die Zwiebeln zu einem Zopf zusammenflicht und an einem kühlen und luftigen Platz aufhängt.

Konserven

- Bevor Sie einen Konservenvorrat anlegen, kaufen Sie anfangs nur eine Dose zur Probe. Erst wenn der Inhalt zusagt, greifen Sie zu. Auch von Sonderangeboten nicht verlocken lassen.

- Konserven unbedingt vor Feuchtigkeit und Frost schützen. Der Lagerraum sollte eine konstante Temperatur von 5 bis 16 Grad Celsius haben.
- Konserven, die leichte Wölbungen zeigen, sofort wegwerfen. Der Inhalt ist durch zu lange Lagerzeit verdorben; die entstandenen Gase bewirken ein Ausbeulen der Dosen.
- Angebrochene Konserven möglichst bald verbrauchen. Rest in Porzellan- oder Glasgefäße umfüllen; niemals in den Dosen aufbewahren.

Kuchen

- Kuchen oder Gebäck kann man frisch halten, indem man es in eine Blechbüchse gibt und einen Apfel dazulegt.

Kürbis

- Kürbisse halten länger, wenn man bei der Ernte ein Stück des Stiels an der Frucht läßt.

Lebkuchen

- Lebkuchen, Honigkuchen und Pfefferkuchen bleiben weich, wenn sie in einer fest verschließbaren Dose aufgehoben werden und einige Apfel- oder Orangenscheiben dazugelegt werden.

Marmelade

- Hausgemachte Marmelade, die nicht fest geworden ist, noch einmal aufkochen und Tortenguß statt Gelatine hinzufügen.
- Kirschwasser, Himbeergeist oder andere Obstler in kleiner Menge der Marmelade beigeben. Das bringt eine geschmackliche Verfeinerung und verhindert Schimmelbildung.
- Pflaumenmarmelade schmeckt besonders pikant, wenn in den letzten fünf Minuten der Kochzeit feingehacktes Zitronat und Orangeat mitgekocht werden.
- Preiselbeeren verhindern das Schimmeln von selbsteingekochter roter Marmelade.

Möhren

- Frische Möhren aus dem Garten können lange gelagert werden, wenn sie schichtweise in einem Faß nicht zu dicht nebeneinandergelegt werden und jede Schicht mit Sand, Erde oder Torf gut abgedeckt wird.

Nüsse

- Nüsse halten sich gut, wenn man sie in trockenem Sand aufbewahrt.

Obst

- Wird beim Einkochen von saurem Obst (zum Beispiel Rhabarber oder Stachelbeeren) etwas doppelt kohlensaures Natron hinzugegeben, wird dadurch weniger Zucker benötigt.
- Obst kocht nicht über, wenn ein klein wenig Butter hinzugefügt wird.
- Anstelle von Gelierzucker kann man zum Einkochen auch Normalkristallzucker nehmen und einen Apfel unter die Frucht reiben.
- Stiele bei eingekochtem Obst verursachen durch die Gerbsäure, die sie enthalten, einen herben Geschmack und müssen deshalb vorher entfernt werden.
- Äpfel, Birnen und Pfirsiche bleiben beim Einkochen schön weiß, wenn ein Schuß Zitrone oder eine halbe Messerspitze voll Vitamin C hinzugegeben wird. Dabei spart man außerdem die halbe Menge Zucker.
- Obst sollte man nicht in einem Raum mit Kartoffeln oder Gemüse aufbewahren.
- Farnkraut dient gegen Lagerschäden bei Obst. Im Sommer gepflücktes, gebündelt auf einem Dachboden aufgehängtes und gut getrocknetes Farnkraut legt man zur Obsternte in die Obstregale im luftigen, trockenen Keller. Das nur in einer Schicht daraufgelegte Obst hält sich lange gesund und frisch und wird nicht so schnell von Lagerschäden befallen. Diese Farnkrautunterlage muß im nächsten Jahr erneuert werden!

Öl

- Speiseöl muß nicht gekühlt aufbewahrt werden.
- Kaltgepreßte Öle (zum Beispiel Distel- oder Sonnenblumenöl) verderben viel leichter und gehören deshalb in den Kühlschrank.
- Öl wird nicht ranzig, wenn man von Zeit zu Zeit etwas Salz zusetzt.

Preiselbeeren

- Kocht man Preiselbeeren ein, verbessern ein paar Äpfel oder Birnen den Geschmack.

Senf

- Senf trocknet im angebrochenen Glas nicht ein, wenn man etwas Salz hineinstreut. Der Geschmack ändert sich dadurch nicht.

Vorräte aufbewahren

- Wohin mit dem Vorrat? Neben der Küche – bequem zu erreichen – eine kühle, trockene Speisekammer mit Regalen, in denen alle Vorratsschätze Platz finden, das wäre die ideale Lösung. In der Praxis sieht es meist anders aus.
- Sind weder Speisekammer noch Keller vorhanden, muß in der Wohnung Platz für den Vorrat geschaffen werden. Schränke und Regale eignen sich für die Aufbewahrung der Vorräte besonders gut, weil alles übersichtlich geordnet seinen Platz findet und einfach überwacht werden kann. Vorratsregale können aus Metall oder Holz sein.

Vorratsanordnung

- Jeden Neuzugang an der hintersten Stelle aufbewahren. So wird automatisch zuerst verzehrt, was am längsten gelagert hat.

Vorratshaltung

- Lohnt sich Vorratshaltung heute noch? Folgende Gründe sprechen dafür: 1. Vorrat hilft Arbeitszeit sparen und Freizeit gewinnen. Sie müssen nicht mehr täglich durch Geschäfte laufen, nicht mehr täglich an der Kasse warten. 2. Vorrat hilft Geld sparen. Sie können Sonderangebote nutzen und kaufen dann, wenn es billig ist; Sie verbrauchen, wenn die Preise gestiegen sind. Beim Großeinkauf denken Sie zumeist mit Schrecken an die Rechnung. Doch lassen Sie sich nicht täuschen – Sie sparen Geld. 3. Vorrat macht unabhängig. Nie mehr einkaufen müssen bei Wind und Wetter! Immer etwas im Hause haben, wenn unverhoffter Besuch kommt! Nicht kurz vor Ladenschluß in das nächstbeste Geschäft hetzen müssen, weil es im Büro später wurde und nichts für das Abendessen vorhanden ist. Nie mehr die Nachbarin um eine Tasse Öl bitten müssen, weil aus der Dose beim besten Willen kein Tropfen mehr herauskommt.
- Wer mit viel Liebe und entsprechender Mühe einen Garten pflegt, der möchte seinen Ertrag möglichst während des ganzen Jahres auf den Tisch bringen können. Diesem Ziel dienen – neben den Rezepten – alle Bemühungen um eine möglichst verlustarme Aufbewahrung von Obst, Beeren, Gemüse und Kartoffeln.

Walnüsse

- Walnüsse im Zugwind sehr gründlich trocknen, damit sie nicht schimmeln, dann in Säcke füllen und hängend aufbewahren.

Weintrauben

- Weintrauben kann man längere Zeit aufbewahren, wenn man sie in einem kühlen, trockenen Raum frei aufhängt, nachdem man die faulen Beeren abgezupft und die Schnittfläche des Stiels mit Siegellack luftdicht verschlossen hat.

Wurst

- Harte Würste, die hängend an einem luftigen Ort aufbewahrt werden müssen, bestreicht man von Zeit zu Zeit mit etwas Speiseöl. So behalten sie ihren delikaten Geschmack und verderben nicht so schnell.
- Aufgeschnittene Wurst verfärbt sich nicht an der Schnittfläche und hält länger, wenn man den Abschnitt mit Margarine oder Butter bestreicht.

Zitronen

- Zitronen halten länger, wenn man sie auf einen Unterteller stellt und ein Glas darüberstülpt.
- Zitronen halten sich, wenn man sie einzeln in Papier wickelt und so in trockenen Sand legt, daß sie sich nicht berühren.
- Geriebene Zitronenschale läßt sich aufbewahren, wenn man sie, mit Zucker vermischt, in einem Glas gut verschließt.
- Abgeriebene Zitronen in Kochsalz legen, dort halten sie sich noch wochenlang frisch.

Zwiebeln

- Knollen und Zwiebeln lagert man am besten in einem mit dürren Kastanien- oder Nußbaumblättern gefüllten Kistchen.

Sparen am rechten Fleck

Das macht nicht nur Spaß, sondern vergrößert
obendrein noch das Budget.
Befolgen Sie unsere Anregungen, und Ihr Sparschwein
wird sich freuen!

Abonnement bei der Kosmetikerin

• Wenn man sich regelmäßig den Besuch bei der Kosmetikerin gönnt, lohnt es sich, nach einem Abonnement zu fragen. So kann man erreichen, daß man statt zehn Behandlungen nur neun bezahlt.

Abwaschlappen

• Abwaschlappen halten länger, wenn man sie jedesmal nach Gebrauch in heißem Wasser auswäscht und anschließend locker zum Trocknen über die Spüle hängt. So entsteht auch kein unangenehmer, säuerlicher Geruch.

Alufolie

• Sind mal wieder Speisereste vom Mittag übriggeblieben, so kann man sich die Alufolie sparen. Man füllt die Reste in ein Gefäß, das sich mit einem Unterteller oder einem größeren Teller gut abdecken läßt.

Auslegeware

• Aus Reststücken von Auslegeware kann man prima Einlegesohlen für Gummistiefel oder andere Schuhe zuschneiden.

Baby-Öl

• Billiges Baby-Öl ist normales Sonnenblumenöl. Es hilft prima gegen Wundsein und hält die Haut schön sauber. Noch besser ist Olivenöl.

Baden

• Ein Vollbad ist herrlich entspannend für Körper und Geist. Trotzdem sollte man sich allzu häufiges Baden verkneifen, denn es ist einfach sündhaft teuer. Man bedenke: Die Warmwassermenge einer Wannenfüllung reicht für vier bis sechs Duschen!

Badezusatz

• Einen phantastischen Badezusatz kann man aus Olivenöl und der Schale von ungespritzten Zitronen herstellen. Man setzt die Schalen in dem Öl an, fügt ein klein wenig Wasser hinzu, läßt das Ganze ein paar Tage stehen. Ein paar Tropfen davon ins Badewasser geben – reinsteigen, entspannen, sich wohlfühlen. Nach dem Abtrocknen ist die Haut duftend, weich und samtig.

- Ein preiswertes und wohltuendes Badesalz kann man leicht selbst herstellen. 400 Gramm Alaun werden mit 200 Gramm Natron gut vermengt und anschließend mit etwas Fichtennadelöl parfümiert.

- Kräuter, die mehr als ein Jahr gelagert wurden, geben als Würze nicht mehr viel her. Aber man kann sie aufkochen, durch ein Sieb ins Badewasser schütten und hat so einen prima Badezusatz, der außerdem noch billig ist.

Bastelklebstoff

- Für Bastelarbeiten von Kindern rührt man Tapetenkleister an. Das ist sehr viel preiswerter als die handelsüblichen Klebstoffe, und außerdem sondert Tapetenkleister keine giftigen Dämpfe ab.

Bausparvertrag

- Will man einen Bausparvertrag abschließen, so tut man das am besten vor dem 31. März. Man kommt dann schneller an das Baugeld, weil sich die Ansparzeit verkürzt.

Bedienungsanleitung studieren

- Wenn Elektrogeräte im Haushalt streiken, nicht gleich den Elektriker rufen! Erstmal in den Bedienungsanleitungen lesen. Vieles kann man oft mit wenigen Handgriffen selbst erledigen. Aber bitte beachten: Immer den Netzstecker ziehen und möglichst mit isoliertem Werkzeug arbeiten!

Besen

- Die Borsten müssen geschont werden. Deshalb sollten Sie ihn immer hängend aufbewahren oder mit dem Stiel nach unten aufstellen. Tauchen Sie jeden Besen vor Gebrauch kurz in Salzwasser. Gebrauchte Besen regelmäßig mit dem Teppichkamm säubern und von Zeit zu Zeit mit Seifenwasser und etwas Salmiakgeistzusatz waschen. Mit klarem Wasser spülen, auskämmen und aufhängen.

- Reisstrohbesen halten wesentlich länger, wenn man sie ab und zu in Wasser stellt. Die trockenen Zweige brechen dann nicht so schnell ab.

- Zu weich gewordene Borsten werden wieder fest, wenn sie in eine Alaunlösung aus der Apotheke oder Drogerie getaucht werden. Einen Augenblick einziehen lassen, fertig.

Duftspray

• Raumspray und Dufttabletten in Toiletten kann man leicht einsparen, wenn man einfach ein paar Tropfen Zitronenöl auf einen Wattebausch träufelt.

Eigelbreste

• Bleibt beim Kochen oder Backen Eigelb übrig, verarbeitet man es zu Mayonnaise. So verderben keine wertvollen Lebensmittel.

Einkäufe

• Nur mit Einkaufszettel zum Einkaufen gehen. Und wenn möglich niemals hungrig. Dann nimmt man nur das aus den Regalen, was man auch wirklich benötigt.
• Bei täglichen Einkäufen sollte das Scheckbuch unbedingt zu Hause bleiben. Das verführt nur zu übereilten Käufen, die man hinterher womöglich bereut.

Einwegfeuerzeuge

• Einwegfeuerzeuge sind noch sehr nützlich, auch wenn das Gas verbraucht ist. Mit dem Feuerstein kann man noch lange einen Gasanzünder ersetzen.

Energie sparen

• Energiesparen kann gar nicht genug praktiziert werden. Vom Kochen bis zum Heizen praktische Tips, die den Geldbeutel schonen:

Backen

• Der Backofen verbraucht ungeheuer viel Strom. Deshalb sollten kleinere Braten, Pizzas, Kuchen oder Brötchen in der Deckelpfanne auf der Kochplatte braten oder backen. Ein Tischgrill verbraucht ebenfalls viel weniger Strom.
• Beim Backen von Obstkuchen ist es energiesparend, wenn man gleich zwei Tortenböden in die Röhre schiebt. Das spart außerdem noch Zeit. Den zweiten Tortenboden kann man ja schließlich einfrieren.

Bügeln

• Wäsche sollte zum Bügeln und Mangeln nicht zu trocken sein, aber auch keinesfalls zu feucht. Beides verlängert und erschwert nämlich die Bügelzeit, man braucht mehr Strom und mehr körperliche Energie.

Garen

• Beim Garen darauf achten, daß man mit Wasser spart. Versuche ergaben, daß zum Beispiel geschälte Kartoffeln, tropfnaß in den Topf gegeben, nur halb soviel Strom brauchen, wie etwa mit einem halben Liter aufgesetzte Kartoffeln. Versuche mit anderen Gemüsen fielen genauso auffallend aus.

Heizen

- In Wohnungen, in denen es ständig zieht, wird das Heizen ziemlich teuer. Deshalb rechtzeitig vor Kälteeinbruch Türen und Fenster gut abdichten. In Baumärkten gibt es die dafür geeigneten Materialien recht preisgünstig zu kaufen.
- Gründliches Lüften muß auch im Winter sein. Weniger Heizenergie geht dabei verloren, wenn man die Fenster einmal für kurze Zeit weit öffnet und gründlich durchlüftet, als wenn man den halben Tag eine Fensterklappe offenstehen hat.
- Energiesparen kann so leicht sein. Wenn die Tage kühl werden, kommt durch den Briefkastenschlitz eine Menge kühle Luft in die Wohnung. Klebt man an der Türinnenseite eine Klappe aus Teppichbodenbelag oder einem dicken Wollstoff an, so hält das die Kälte draußen.
- Energiesparen können Sie, wenn Sie Gardinen und Verkleidungen vor Heizkörpern während der Heizperiode entfernen.
- Energiesparen mit vernünftiger Temperaturpolitik im Haus. Fachleute empfehlen: 15 Grad im Flur, 18 Grad im Schlafzimmer, 23 Grad im Bad. Mit einem Grad weniger spart man etwa sechs Prozent Brennstoff.

Kochen

- Beim Kochen immer fest den Deckel auf dem Topf lassen, zwischenzeitliches Lüpfen und Hineingucken oder Umrühren erübrigen sich, wenn man die Menge richtig zugegeben hat. Bei jedem Lüpfen des Deckels geht nämlich eine Menge Hitze verloren, so daß anschließend wieder aufgeheizt werden muß.
- Zeit und Strom kann man auch sparen, wenn man Hülsengerichte, die viel Garzeit beanspruchen, im Schnellkochtopf gart.
- Nutzen sollte man auch die Resthitze elektrischer Platten. Nach abgeschlossenem Kochvorgang stellt man mit Wasser gefüllte Töpfe auf die restwarmen Platten. So hat man dann gleich Spülwasser zur Hand.
- Kochtöpfe, die oft benutzt werden, setzen leicht Kesselstein an. Dies hat zur Folge, daß der Topf zum Erhitzen viel mehr Energie verbraucht! Reinigen Sie sie deshalb regelmäßig. Hierzu verwenden Sie am besten Essigwasser (Viertelliter Essig auf 2 Liter Wasser), mit dem Sie den Topf auskochen — dann bitte gründlich nachspülen und richtig reinigen.

- Lassen Sie sich einen Eierkocher schenken, oder kaufen Sie ihn sich selbst. Dieses Gerät ist keinesfalls ein Luxus, im Gegenteil, man spart damit wirklich viel Geld, denn es braucht sehr viel weniger Strom, als wenn man die Eier im Topf auf dem Herd kocht.

Keidung, abgelegte

- Aus abgelegten, pflegeleichten Oberhemden und Blusen kann man ganz süße Puppenkleidchen nähen.
- Aus alter Lederkleidung kann man hübsche Handtaschen nähen.
- Aus den Schäften ausgedienter Winterstiefel entfernt man das Innenfutter. Aus dem noch guten Leder macht man Flicken für Pullover oder Kinderhosen. Oder man benutzt das Leder zu attraktiven Bastelarbeiten.
- Kleingeschnittene Schnipsel aus alten Kleidungsstücken aus Perlon oder Nylon ergeben eine leichte, gut waschbare Kissenfüllung.
- Aus abgenutzten Handtüchern können Waschlappen gemacht werden, alte Oberhemden werden zu kleinen Babyhemdchen verarbeitet.
- Noch gute Teile ausgedienter Biber-Bettlaken schneidet man in kleine Stücke von 40 x 40 Zentimetern. Schön umsäumt werden hübsche Putz-, Spül- und Staubtücher daraus.
- Aus ausrangierten, schlichten Tüll-Gardinen kann man hübsche Kräutersäckchen (z. B. für Lavendelblüten gegen Motten) oder Wäschebeutel nähen. Empfindliche Textilien wie Feinstrumpfhosen überstehen eine Maschinenwäsche in solchen Beuteln viel besser.
- Das Geld für den Kauf von Plastiktüten sollte man sich sparen. Von alten Hosen schneidet man die Beine ab und richtet davon zwei gleich große Teile her. Zusammennähen, Taschenträger anbringen. Wer will, kann die Tasche sogar ausfüttern. So finden aussortierte Sachen wieder Verwendung, und der Plastikmüllberg wird nicht noch mehr angereichert.

Kühlen

- Der Kühlschrank verschlingt Energie. Sparen kann man, wenn man die Tür immer nur so lange offenstehen läßt, wie es auch wirklich nötig ist. Beim Abräumen von Essensresten, die in den Kühlschrank sollen, ist es sinnvoll, zuerst alles vor dem Gerät zusammenzustellen und dann erst die Kühlschranktür zu öffnen.
- Einen Kühlschrank sollte man nach Möglichkeit nie neben der Heizung oder dem Herd aufstellen lassen. Sollte es sich absolut nicht vermeiden lassen,

muß eine isolierende Styropor-Platte zwischen Herd oder Heizung und Kühlschrank geschoben werden.

- Kühlschränke und Tiefkühlgeräte niemals zu stark vereisen lassen. Eine Reifschicht von etwa 2 Millimetern kann den Strombedarf um 10 Prozent, eine Reifschicht von 5 Millimetern um 30 Prozent erhöhen.

Waschen

- Die Waschmaschine niemals nur halb oder dreiviertel füllen. Wenn nur wenig Wäsche zu waschen ist, dann unbedingt das Sparprogramm benutzen. Dran denken, daß auch nur die halbe Waschmittel- und Weichspülmenge eingefüllt werden muß. Bei der Temperatur kann ebenfalls gespart werden, die Wäsche wird dennoch sauber.

Fahrradfahren

- Mit dem Fahrrad zur Arbeit zu strampeln ist nicht nur gesund, sondern spart auch noch Geld. Die Anschaffung eines Rades lohnt sich auf jeden Fall, zum Beispiel: Kostet ein Fahrrad 360,00 DM und eine Monatsfahrkarte 60,00 DM, dann hat man in sechs Monaten schon den Kaufpreis des Fahrrads gutgemacht.

Familientag auf Rummelplatz

- Oktober-, Volksfest und Rummelzeit. Für Fans ist es ratsam, sich zu informieren, wann Familientag ist. Da kosten nämlich Karussell, Luftschaukel, Riesenrad usw. nicht ganz soviel wie sonst.

Ferienreisen

- Studieren Sie rechtzeitig vor der Urlaubsreise Kataloge, damit Sie die günstigen Angebote noch bekommen können. Das erspart Ihnen viel Geld und schafft außerdem noch eine Menge Vorfreude. Man sollte dabei auch die günstigen Sparreisen in Betracht ziehen, die für Zeiten angeboten werden, die vor oder nach der Hauptreisesaison liegen oder für Gruppen ausgeschrieben sind.
- Auch Fluglinien bieten Sonderpreise an. Dazu erkundigt man sich rechtzeitig vor dem Flug über Spartarife oder Last-Minute-Angebote. Diese Angebote sind in jedem Fall günstiger als die üblichen Linienflüge.

- Will man Ferien im Ausland machen und reist mit dem eigenen Wagen an, dann sollte man sich rechtzeitig nach Benzingutscheinen erkundigen (ADAC). In manchen Ländern kauft man sich sonst arm an Benzin.

- Beim Urlaubplanen dran denken: Wenn man das Geld erst im Zielland vom Postsparbuch abhebt, ist das sicherer, als viel Bargeld bei sich zu tragen. Außerdem kostet es nicht einmal Gebühren.

- Will man mit dem Zug verreisen, dann sollte man sich vor dem Kauf der Fahrkarte zuerst einmal gründlich informieren. Es gibt da nämlich jede Menge Vergünstigungen, zum Beispiel für Gruppen, Senioren-Reisen, Familien-Reisen etc. Außerdem gibt es die BahnCard sowie Wochenendtarife, die preisgünstige Reisen ermöglichen.

- Ehe man in Urlaub fährt, sollte man etwa vorhandene Kräuter abernten. Entweder man friert sie ein, oder man hängt sie in Büschel an einem schattigen Ort zum Trocknen auf. Bis man aus dem Urlaub zurückkommt, haben die abgeernteten Sträucher meist schon wieder nachgetrieben.

Fischreste

- Aus Fischresten läßt sich ein delikates Gericht zubereiten. Man zerkleinert die Reste, begießt sie mit Weinessig, fügt zerkleinerte Zwiebel und Lorbeerblatt hinzu. Nach ein paar Stunden im Eisschrank bringt man den Fisch zu Bratkartoffeln auf den Tisch.

Fleisch

- Rollfleisch oder Rouladen sind billiger, wenn man einen normalen Braten kauft. Das Fleisch im Gefriergerät anfrieren, dann auf der Brotschneidemaschine oder mit Sägemesser möglichst dünn aufschneiden. So erhält man gleichmäßig dünne Fleischscheiben.

Friseur

- Manche Friseure bieten Aktionstage an. Das heißt, an einem ganz bestimmten Wochentag sind die Preise für Friseurleistungen heruntergesetzt. Darauf sollte man sich einrichten.

Gefriergerät abtauen

- Beim Abtauen des Gefriergerätes achtet man am besten darauf, daß man es in die kühle Jahreszeit verlegt. Dann kann man das Gefriergut leicht auf den Balkon legen, bis das Gefriergerät wieder in Schuß ist.

Geschenkgutscheine

- Mancher sträubt sich noch vor dem Verschenken von Gutscheinen. Das sollte man ablegen. Es ist nämlich wirklich viel praktischer, vor allem zu Weihnachten. Denn gleich nach den Feiertagen werden gerade Artikel wie Textilien, modische Accessoires und Schuhe, Handtaschen und Tücher sehr viel billiger.

Geschenkpapier

- Wenn man sich von den Kindern einfaches Seidenpapier bemalen läßt, hat man stets originelles und sehr persönliches Geschenkpapier. Außerdem haben Kinder und Beschenkte viel Freude daran, und es ist nicht einmal halb so teuer wie gekauftes Geschenkpapier.

Glasreinigerflaschen

- Flaschen von Glasreinigern nicht wegwerfen! Man kann sie, gut ausgespült, prima als Blumenspritze verwenden. Blattpflanzen und Balkonkästenbepflanzungen freuen sich darüber!

Gutscheine

- Tauscht man Weihnachtsgeschenke gegen einen Gutschein um, so sollte man unbedingt darauf vermerken lassen, für wie lange er gilt, damit er auch wirklich in ein paar Monaten noch anerkannt wird.

Haarspülung

- Spartip für angegriffenes Haar: Eigelb (1–2 Stück, je nach Haardichte) schaumig schlagen. Auf der Kopfhaut verteilen, leicht einmassieren. Nach 15 Minuten mit einem sehr milden Shampoo auswaschen. Diese Eigelbkur wäre zweimal die Woche zu empfehlen. Nach etwa fünf Wochen sieht man ganz deutlich den Erfolg.
- Preiswert und gut ist folgende selbstgemachte Haarspülung: Aus Birkenblättern (Reformhaus) einen Tee aufbrühen, leicht abkühlen lassen, durchsieben. Nach dem eigentlichen Haarewaschen als Spülung verwenden.

Haushaltsgeld

- Wenn man leicht die Übersicht verliert übers Haushaltsgeld, dann empfiehlt es sich, das Geld auf wöchentliche Rationen einzuteilen. Ob man sich dafür eine Kasse zulegt oder das Geld erst vom Konto holt (zum Beispiel jeden

Freitag), das kann man halten wie man will. Zu bedenken gibt es dann allerdings, daß nicht alle Monate gleichlang sind.

Heizkosten

- Tips für Heizkostensparer: Mindestens einmal im Jahr muß die Heizung gewartet werden. Nur so ist garantiert, daß die Heizung richtig und energiesparend arbeitet. Im Sommer kann man möglicherweise einen Sonderpreis für diese Arbeiten aushandeln.
- Heizöl kauft man im Sommer meistens günstiger als im Winter. Also Preise vergleichen, und wenn lohnend, zugreifen.

Heiz- und Nebenkostenabrechnung

- So Mitte April kommen für Mieter gewöhnlich Heiz- und Nebenkosten-Abrechnungen. Diese sollte man ganz genau nachrechnen, vielleicht mit den übrigen Mietern, um Unkorrektheiten sofort aufzudecken.

Herabgesetzte Kleidung

- Günstig an modische Kleidung kommt man, wenn man nicht erst bis zum Schlußverkauf wartet. Schon vorher sind in Boutiquen und Modegeschäften die schicksten Sachen heruntergezeichnet.

Herdplatten

- Herdplatten reinigt man preiswert und umweltfreundlich mit flüssiger grüner Seife. Die noch warmen Herdplatten damit abwischen, anschließend sind sie nicht nur schön sauber, sondern zudem mit einem leichten Schutzfilm überzogen.

Innensohlen

- Innensohlen, die mit Stoff bezogen sind, sind schnell abgewetzt. Deshalb ist es klug, die Pantoffeln gleich mit preiswerten Einlegesohlen zu versehen oder später die Einlaufsohlen über die abgenutzten Sohlen zu kleben.

Kartoffelsalatreste

- Reste von Kartoffelsalat kann man attraktiv aufbereiten, und es entsteht noch ein leckeres Abendessen daraus. Man gibt Tomaten, Gurken, hartgekochte Eier und einige Wurstwürfel dazu.

Knöpfe nachnähen

- Bei vielen Kleidungsstücken werden keine Ersatzknöpfe mitgeliefert. Deshalb heißt es, alle Knöpfe von vornherein nachnähen, denn verliert man auch nur einen einzigen, so ist man gezwungen, ein ganzes Knopfset nachzukaufen. Die kleine Mühe spart so unter Umständen viel Geld.

Kosmetiktuben

- Scheinbar leere Kosmetiktuben noch nicht wegwerfen! Mit der Haushaltsschere aufschneiden, man wird sehen, daß noch jede Menge Creme vorhanden ist.
- Ebenso verfährt man mit Plastikflaschen. Sie werden mit einem scharfen Küchenmesser aufgeschnitten. Die Reste reichen meistens noch für eine Weile.

Kräuter

- Küchenkräuter kriegt man immer häufiger im Blumentopf angeboten. Wenn man die Töpfe nach dem Abernten auf den Balkon oder in den Garten stellt und regelmäßig gießt, wachsen die meisten Kräuter nach, sogar kräftiger als vorher.

Lavendelöl

- Manchmal erhält man preiswert oder gar geschenkt getrocknete Lavendelblüten als Andenken an den Urlaub in südlichen Ländern. Mit 40 Gramm Lavendelblüten und einem Liter Olivenöl kann man herrliches Lavendelöl herstellen. Einfach die Blüten in dem Öl ansetzen, zwei Wochen lang einweichen lassen, dann durch ein Sieb filtern und in ein luftdicht abgeschlossenes Fläschchen abfüllen. Als Badezusatz wunderbar geeignet. Aber auch für Grillfleisch oder andere südliche Gerichte ist es eine zusätzliche Geschmacksbereicherung.

Lebensmittelpackungen

- Alle abgepackten Lebensmittel wie zum Beispiel Tiefkühlgemüse, Marmelade, Gewürze, Kaffee, Teebeutel und auch in Schalen abgepackte Früchte gibt es mit sehr unterschiedlichem Gewicht in ganz ähnlichen Packungen. Deshalb sollte man nicht nur auf die Preise achten, sondern auch unbedingt auf das Gewicht. Beim bloßen Preisvergleich kann man sonst leicht baden gehen.

- Bei manchen Lebensmitteln liegen die Verpackungskosten extrem hoch. Solche Sachen sollten Sie deshalb möglichst nur in Großpackungen kaufen. Einige Beispiele: Bei Kaffee und Milch müssen Sie rund 10 % für die Verpackung bezahlen. Auch Konserven, Joghurt und Getränke immer möglichst groß einkaufen. Bei diesen Waren liegt der Verpackungspreis sogar bei 17 bis 18 %.

Leckendes WC

- Ein leckendes WC verschwendet viel Wasser. Da lohnt es sich, den Spülkasten vom Fachmann überprüfen zu lassen. Durch ein solches Gerinnsel können nämlich ohne weiteres 20 Liter Wasser in der Stunde verschwendet werden.

Lippenstifte

- Mit mehreren Lippenstiften kann man sich immer entsprechend der Garderobe schminken. Damit diejenigen, die gerade nicht gefragt sind, nicht ranzig werden, legt man sie in einer Dose in den Kühlschrank.

Medikamente

- Sollte man etwa regelmäßig bestimmte Medikamente wie Kopfschmerztabletten oder Schnupfenmittel benötigen, so ist es zweckmäßig, sich in Urlaubsländern nach den Preisen zu erkundigen. Vielfach erhält man dort nämlich genau die gleichen Präparate wesentlich billiger.

Nagelfeilen

- Nagelfeilen werden wieder sauber, wenn man Leukoplaststreifen gegen die Reibflächen preßt. Zieht man den Leukoplaststreifen wieder ab, bleibt der ganze Schmutz aus den Rillen daran kleben.

Nähgarn

- Muß man neue Kleider, Röcke oder Hosen kürzen, kann man sich die Ausgabe für passendes Nähgarn sparen. Man muß nur das Ende des Kettelstichs suchen, dann kann man den Faden leicht aufreppeln. Diesen wickelt man auf eine leere Garnrolle, so hat man gleich den passenden Faden für den zu säumenden Rock (Kleid usw.).

Nähkasten

- Einen preiswerten Nähkasten geben einfache Plastik-Handwerkerkästen ab. Diese haben viele kleine und große Fächer für allerlei Utensilien und sind zudem auch noch billig in der Anschaffung.

Pflanzen

- Wenn man im August von den Balkonblumen wie zum Beispiel Fuchsien, Pelargonien usw. Stecklinge abnimmt und großzieht, braucht man im nächsten Jahr keine neuen Pflanzen zu kaufen. Und Spaß macht es außerdem.

Porree

- Die abgeschnittenen Wurzeln von Porree nicht wegwerfen! In einen Topf oder in den Garten gesetzt, wächst er nach und liefert so noch prächtiges Suppengrün.

Preise vergleichen

- Ehe man einen Auftrag an den Klempner oder Elektriker vergibt, sollte man sich zuerst mindestens zwei Angebote geben lassen. Da sind nämlich oft ungeheure Preisunterschiede zwischen den einzelnen Unternehmern, und auch die Leistung schwankt von Firma zu Firma.

Regenschirm

- Ist der Regenschirm verblaßt, ist das noch lange kein Grund, einen neuen anzuschaffen. Den Schirm aufspannen, mit Spiritus abreiben – er wird wieder farbenfrisch.

Scheckgebühr sparen

- An Tankstellen sollte nur mit Scheck gezahlt werden, wenn man wirklich kein Bargeld bei sich hat. An vielen Tankstellen werden mindestens 50 Pfennig berechnet für das Einlösen.

Scheuertücher

- Neue Scheuertücher sollte man vor dem ersten Gebrauch mit heißem Wasser überbrühen. Das festigt das Gewebe, das Tuch wird wesentlich haltbarer. Zudem nimmt es auch die Feuchtigkeit gleich viel besser auf.

206   Sparen am rechten Fleck

Schminkpinsel

• Verflixt teuer sind gute Rouge- oder Puderpinsel. Zum Auftragen dieser Kosmetika sind Rasierpinsel genausogut geeignet, und sie sind viel, viel billiger.

Schnittblumen

• Im Januar/Februar sind Schnittblumen ziemlich teuer, und allzulange halten sie nicht. Deshalb ist es günstiger, sich den Frühling per Primel ins Haus zu holen. Drei Primeltöpfchen in einen Korb oder eine Schale stellen – das hält lange Zeit und erfreut das Auge. Verblühte Blüten immer abzupfen.

Schnürsenkel

• Schnürsenkelreste dreht man zu einer Kordel und näht sie als stabile Aufhänger in Jacken oder Mäntel.

Schokoladenglasur

• Billige Schokoladenglasur kann man selbst herstellen: Man kauft preiswerte Schokolade, schmilzt sie im Wasserbad und fügt Plattenfett hinzu.

Schubladen

• Alte Schubladen nicht zum Sperrmüll geben! Daraus lassen sich herrlich geräumige Spielzeugkisten machen. Räder unterschrauben, eventuell für Kleinspielkram Fächer einbauen und unters Bett schieben. Ist ganz einfach aufzuräumen und in Ordnung zu halten.

Schuhe

• Schwarze Streifen ruinieren Schuhe oft vollständig. Um sie vor dem Wegwerfen zu bewahren, säubert man sie gründlich mit Nitroverdünnung. Danach mit der entsprechenden farbigen Schuhcreme einreiben.

• Schuhabsätze kann man schonen und damit länger schöne Schuhe behalten, wenn man sie mit farblosem Nagellack einpinselt. So schiebt sich das Leder nicht hoch, und kleine Kratzer ritzen nicht so tief.

• Wildlederschuhe oder -stiefel sehen ebenso wie Handtaschen nach dem Reinigen mit Teppichschaum wieder wie neu aus. Anschließend einsprühen.

Seifenreste

- Geben Sie Seifenreste in ein Glas mit Schraubverschluß, in das Sie zuvor Wasser gefüllt haben. So entsteht eine gut verwendbare Seifenlauge für Ihre Feinwäsche.

Skonto

- Will man größere Anschaffungen bar bezahlen, sollte man unbedingt mit dem Händler drei Prozent Skonto aushandeln. Dasselbe gilt auch für Sofortüberweisungen.

Sonderangebote im Supermarkt

- Solche Angebote sind oftmals nicht einzeln ausgezeichnet, und die Kassiererin tippt die regulären Preise ein. Deshalb gut aufpassen, damit das Sonderangebot auch wirklich als solches eingetippt wird.
- Beim Wocheneinkauf im Supermarkt lohnt es sich, in die Knie zu gehen. Dort finden Sie nämlich die günstigen Angebote. Billigere Konserven, Konfitüren, Fertiggerichte, Teigwaren usw. werden aus verkaufstechnischen Gründen nämlich immer außerhalb der Sichtweite angeordnet.

Stempelkissen

- Trockene Stempelkissen geben wieder Farbstoff her, wenn man sie dünn mit Glyzerin bestreicht.

Steuer

- Aufpassen im September! Wenn man dem Staat kein Geld schenken will, dann sollte der Lohnsteuerjahresausgleich nicht verbummelt werden, sonst bekommt man keinen Pfennig zurück.
- In den ersten Novemberwochen bekommt man seine Lohnsteuerkarte. Damit man nicht zuviel Steuern im voraus bezahlt, ist es vorteilhaft, sich Freibeträge wie Werbungskosten, Kinderbetreuungsbeträge, außergewöhnliche Belastungen usw. eintragen zu lassen.

Strom sparen mit der richtigen Lampe

- Es gibt die unterschiedlichsten Lampen, Birnen und Leuchten auf dem Markt – und das mit Grund: Am Arbeitsplatz braucht man intensiveres Licht als im Wohnzimmer, in der Küche anderes als im Schlafzimmer. Was jedoch nicht jeder weiß – die sogenannte Lichtausbeute der unterschiedlichen Typen ist verschieden. Deshalb kann man durch die richtige Wahl der Beleuchtung auch zu Hause einiges sparen. Auf dieser Seite können Sie sich einen kleinen Überblick verschaffen!

- Die Glühbirne paßt in fast alle Lampen. Worauf Sie hier achten sollten: Vier 25-Watt-Birnen machen ein helleres Licht im Raum als das konzentrierte Licht einer Hundert-Watt-Birne.

- Die Leuchtstoffröhre spart Energie – für die gleiche Helligkeit braucht sie weniger als die Glühbirne. Deshalb ist sie zur Beleuchtung von Bad, Küche, Keller und von Arbeitsflächen bestens geeignet.

- Die Halogenlampe kennt man vom Auto oder von Dia-Projektoren. Doch inzwischen hat sie auch als Zimmerbeleuchtung ihren festen Platz erobert: als modische Lichtquelle, wenn besonders helles, gebündeltes Licht kräftig strahlen soll. Sie ist zwar nicht gerade preiswert, bietet jedoch eine sehr gute Lichtausbeute.

- Die gebündelte Röhre ist das Neueste für alle Energiesparer. Die kurze Ausführung davon mit vier Leuchtstoffröhren wird verwendet wie die Glühbirne – ihr Licht ist hell, aber warm getönt. Die längliche Ausführung mit zwei Röhren ist für Lese- und Arbeitslampen gut geeignet.

- Die Circolux-Lampe verbraucht nur ungefähr ein Viertel des Stroms, den eine Glühbirne von gleicher Helligkeit braucht. Zwar kostet sie etwas mehr als die Glühbirne, hält dafür aber sechsmal so lange. Sie ist zum Beispiel für den Flur gut geeignet oder überall dort, wo lange Licht brennt. Aber aufgepaßt – sie paßt nicht in jede Leuchte hinein.

- Die Kerzenlampe ist die eleganteste unter den Lichtmachern. Sie wird dort verwendet, wo zum Beispiel normale Glühlampen zu dick sind, oder dort, wo man ihre hübsche Form sehen soll.

- Die Kompakt-Sparlampe sieht aus wie eine supergroße Glühbirne, dabei stecken kleine Leuchtstoffröhren in ihr. Auch sie verbraucht nur ungefähr ein Viertel des Stroms der Glühbirne und hält außerdem um ein Vielfaches länger. Das lohnt sich!

Strümpfe mit Laufmaschen

- Nicht wegwerfen, sondern abschneiden. Die Fußteile kann man noch gut als Söckchen oder Strumpflinge tragen.

Tapetenkleister

• Tapetenkleister-Rest füllt man in ein Glas mit Schraubverschluß. So kann man ihn gut aufbewahren und eventuell zum Ausbessern sich lösender Tapetennähte verwenden.

Tarife öffentlicher Verkehrsmittel

• Bei häufiger Nutzung öffentlicher Verkehrsmittel lohnt es sich, mal in Ruhe die Tarife zu studieren. Vielleicht ist es wirtschaftlicher, von einer anderen Haltestelle als bisher zu fahren. Oder für den Wochenendbummel eine Familienkarte zu lösen.

Telefongebühren

• Wenn man beim Telefonieren die Gebühreneinheiten im Auge behält, verkürzt das manches Mal die Gesprächszeit auf das Wesentliche. Wenn man Gespräche auf den Abend verlegen kann, zahlt man außerdem wesentlich weniger.

Toaster

• Wenn Sie sich einen neuen Toaster anschaffen, dann nehmen Sie unbedingt einen mit Brötchenröster. So sparen Sie viel Geld, denn Brötchen aufbacken im Backofen kostet sehr viel mehr Energie.

Unechter Schmuck

• Wickelt man unechten Schmuck in Seidenpapier, dann behält er viel länger Glanz und Schimmer.

Unmoderne Kleidung

• Aus unmodernen Oberhemden kann man sehr gut witzige Nachthemden nähen. Manschetten und Kragen werden abgetrennt und statt dessen mit Spitzen und Rüschen verziert.

• Gut erhaltene, aber unmodern gewordene Cordhosen sollte man nicht wegwerfen. Die Beine abschneiden, Röhren schmaler nähen, mit Schaumstoffresten oder gesammelten, zerrupften Perlonstrümpfen ausstopfen. Die Enden mit Kordeln zusammenbinden und im Winter vor Balkontüren oder auf Fensterbretter legen. Durch die Ritzen von Fenstern oder Balkontüren zieht es nun nicht mehr herein.

Untersetzer

• Untersetzer für Blumentöpfe muß man nicht extra kaufen. Dafür kann man auch gut Plastikdeckel von Kaffeedosen verwenden.

Vollmilch, sauer gewordene

• Sauer gewordene Vollmilch schüttet man in eine Filtertüte, nach einigen Stunden ist daraus Quark geworden. Die ablaufende Molke fängt man auf, auch sie hat gesundheitlichen Wert.

Wandschmuck

• Preiswert als Wandschmuck sind dekorative Tabletts. Versieht man sie auf der Rückseite mit einer selbstklebenden Aufhängeröse, kann man damit Küche, Kinderzimmer oder Hobbyraum ausschmücken.

Waschen

• Ein wichtiger Typ, der sparen helfen kann: Erkundigen Sie sich bei Ihrem zuständigen Wasserwerk einmal genau nach dem Härtegrad Ihres Wassers! Von diesem hängt es nämlich ab, ob Sie bisher zu viel oder zu wenig Waschmittel verwendet haben. Vielleicht könnte hierin auch der Grund liegen, daß Sie schon mal Wäsche hatten, die nicht gründlich sauber war und noch Flecken aufwies. Informieren Sie sich deshalb ausführlich!

• Waschlauge sollte man, wenn möglich, aus der Waschmaschine in die Toilette laufen lassen. So wird die Toilette immer wieder gründlich gereinigt, und man spart sich zusätzliche chemische Reinigungsmittel, die dann wieder die Umwelt belasten würden.

• Statt teuren Weichspüler gibt man bei Buntwäsche und farbigen Pullovern Essig in den letzten Spülgang. Dadurch leuchten die Farben intensiver, die Wäsche wird weich, und durch den Essig wird gleichzeitig die Waschmaschine entkalkt.

Wasser kochen

• Ist ein Blitzkocher oder ein Kochwasserbehälter vorhanden, dann sollte man kochendes Wasser für Grog oder andere heiße Getränke nicht auf dem Herd im Topf kochen, das kommt nämlich sehr viel teurer als die oben angeführte Methode.

Weihnachtsbaumschmuck

- Glitzernder und dazu billiger Weihnachtsbaumschmuck sind sauber gewaschene Tannenzapfen, die man kurz in eine übersättigte Salzlösung taucht. Nach dem Trocknen sehen die Tannenzapfen wie mit tausend glitzernden Kristallen überzogen aus.

Wimperntusche

- Wimperntusche klebt gern in Resten an der Innenseite des Röhrchens. Wenn man den Pinsel mit etwas Wasser anfeuchtet, ehe man ihn wieder hineinsteckt, dann weichen die Reste wieder auf, und man hat länger an der Tusche.

Wochenmarkt

- Auf dem Wochenmarkt erst kurz vor Schluß einzukaufen ist unbedingt preissparender, als wenn man sich als erster dort einfindet. Viele Händler verschleudern dann ihr übriggebliebenes Obst oder Gemüse und auch Blumen zu einem günstigeren Preis, wenn man sie darauf anspricht.

Wollreste

- Bei Hobby-Strickern und -Häklern bleiben immer eine Menge Wollreste übrig. Die sammelt man und knüpft daraus Wandbehänge, Sofakissen, Tischläufer usw.

Zahnbürsten

- Alte Zahnbürsten sollte man unbedingt aufbewahren. Gerade Mohairpullover werden besonders gepflegt und flauschig, wenn man sie nach der Wäsche in Maschenrichtung damit bürstet. Zwischendurch die Flusen aus der Zahnbürste entfernen.
- Alte Zahnbürsten kann man auch prima dazu verwenden, Wachs in schlecht zugängliche Ecken zu bringen, oder um mehrfach gesteppte Schuhe einzucremen, oder um besser zwischen Sohle und Leder zu kommen.

Zitronen

- Preiswerte Zitronen kauft man auf Vorrat. Auspressen, jeweils ein leeres Honig- oder Marmeladenglas zur Hälfte mit dem Zitronensaft füllen. Mit Zucker bis obenhin auffüllen, gut verschließen und in den Kühlschrank stellen. Die-

ser Zitronenzucker ist unbegrenzt haltbar und fantastisch geeignet zum An-
reichern von Süßspeisen und zum Backen.

• Mit dem Zitronensaft aus Flaschen, deren Frischhaltedatum überschritten ist,
kann man noch gut Messing- oder Kupfergegenstände polieren.

Kleine Tücken im Alltag

Mit ein paar wenigen Handgriffen sind
sie manchmal zu beseitigen – wenn man
nur wüßte wie.
In dieser Aufzählung finden Sie hilfreiche Tips
für vieles, worüber Sie sich bisher schwarz geärgert
haben.

214 Kleine Tücken im Alltag

Abfalleimer

- Damit man den Abfalleimer nicht sofort riechen kann, sollten Sie ihn nach jedem Entleeren gründlich mit Wasser reinigen. Danach wird er getrocknet und mit Zeitungspapier ausgelegt. Erst dann kommt der Plastikbeutel rein. Einmal wöchentlich sollten Sie den Abfalleimer heiß mit einer Desinfektionslösung auswaschen – einschließlich Innendeckel.

Ameisen

- Wer erschrickt nicht beim Anblick von Schädlingen im Haus? Gerade Hausameisen sind da sehr gefürchtet. Oft treten die unliebsamen Hausgenossen in Holz, Bodenfugen und Mauerrissen auf. Nur zu gerne fallen die Hausameisen über zuckerhaltige Stoffe her. Es gibt einige wirksame Tips, sich dieser Schädlinge zu erwehren.
- Von den geprüften Schädlingsbekämpfungsmitteln abgesehen, hilft es, kochendes Wasser oder Essig auf eine Ameisenstraße zu gießen. Dies sind billige und umweltschonende Bekämpfungsmittel, die man sofort zur Hand hat. Auch flüchten Ameisen vor frisch ausgestreutem Kerbelkraut.
- Ebenso wirksam ist eine Mischung aus Honig und Hefe. Der süße Honig lockt sie an, an der Hefe gehen sie ein. So können Sie sich der Schädlinge, ohne daß große Kosten oder gar Umstände entstehen, problemlos und leicht entledigen.

Anschriften

- Anschriften auf Paketen schützen Sie wirksam mit einer Schicht farblosem Nagellack.

Anstecknadeln und Broschen

- Anstecknadeln und Broschen zu verlieren ist ein schmerzlicher Verlust. Wenn man unter dem Stoff ein kleines Stückchen Gummiband mitfaßt, kann das nicht mehr passieren.

Aufhänger für Handtücher und Waschlappen

- Sie halten viel länger, wenn sie aus gehäkelten Luftmaschen bestehen.
- Besonders praktisch ist das Anbringen von Gummilitze-Aufhängern, wenn man Kinder hat. Sie erreichen noch nicht immer mühelos die Handtuchhaken. Zerren und Ziehen nehmen normale Aufhänger übel, ein Gummilitze-Aufhänger überhaupt nicht.

Aufhänger am Mantel

- Ist der Aufhänger Ihres Mantels abgerissen? Dann nähen Sie einen aus Leder an – der reißt nicht so schnell ab.

Auto

- Auto-Aufkleber kriegt man manchmal satt. Zum Abnehmen einfach mit Speiseöl einreiben, eine Weile einwirken lassen, danach läßt er sich leicht abziehen.

- Es ist Winter, Ihr Auto springt nicht an. Holen Sie den Haarfön und blasen Sie heiße Luft auf den Vergaser.

- Ärgern Sie sich auch immer morgens mit vereisten Scheiben herum? Dagegen gibt es ein einfaches Mittel: Decken Sie Ihre Scheiben mit einem Stück Pappe oder Alufolie ab. Man kann sogar schon passende Abdeckungen mit Saugnäpfen kaufen. Dieser kleine Arbeits- oder Geldaufwand lohnt sich wirklich, wenn man bedenkt, wieviel Zeit die morgendliche Reinigung der Scheiben in Anspruch nimmt.

- Vereiste Autofenster lassen sich leichter abkratzen, wenn man sie nach dem Abstellen dünn mit einem Geschirrspüler einreibt.

- Ein einfaches Heftpflaster, über das Auto-Türschloß geklebt, verhindert das Einfrieren. Zum Aufschließen zieht man einfach das Pflaster etwas hoch und klebt es danach wieder darüber.

Bad in der Nacht

- Sind Sie ein Nacht-Bader? Dann vermeiden Sie störende Geräusche durch das einlaufende Badewasser, wenn Sie einen ausgedienten Perlonstrumpf über den Wasserhahn ziehen. So läuft das Wasser nahezu geräuschlos in die Wanne.

Badezimmerdampf

- Baden ist ein Genuß, wenn nur nicht jedesmal nach dem Einlaufen des Wassers das Badezimmer voller Dampf wäre. Wenn man zuerst das kalte Wasser in die Wanne laufen läßt und dann die Brause in das Wasser legt und mit heißem Wasser auffüllt, entsteht kein Dampf mehr.

- Badezimmerdämpfe können Ihren Spiegel nicht mehr trüben, wenn Sie ihn mit Brillen-Anti-Beschlag einreiben.

Beleuchtung

- Wichtig für Ihre Augen – die richtige Beleuchtung! Überanstrengte Augen können Tränen, Kopfschmerzen und sogar Sehstörungen hervorrufen. Deshalb sollten in jedem Raum genügend Steckdosen und Beleuchtungskörper sein. Die Beleuchtung stimmt, wenn Sie pro Quadratmeter folgende Lampen anbringen:
  In Arbeitsräumen, Küche und Bad – bis 40 Watt. In Wohn- und Schlafzimmer bis zu 20 Watt, in allen übrigen Räumen bis zu 10 Watt.

Bettfedern

- Quietschende Bettfedern können erheblich den Schlaf stören. Ein einfacher Trick hilft: Mit Möbelpolitur eingerieben schweigen die Störenfriede.

Beulen in Zelluloidpuppen oder Tischtennisbällen

- Beulen in einer Zelluloidpuppe oder im Tischtennisball entfernt man so: Man legt Puppe oder Ball in heißes Wasser. Durch die Erwärmung im Wasser wird die Beule wieder von selbst herausgedrückt.

Bienenstiche

- Ein feuchtes Stück Würfelzucker auflegen – es entzieht das Gift. Sollte der Stich allerdings sehr stark nachschwellen, bitte unbedingt zum Arzt gehen.

Blähungen

- Bei Blähungen hilft sehr gut ein altes Hausmittel. Aus 1 Teelöffel Fenchel oder gemahlenem Kümmel bereitet man einen Tee. Vor dem Schlafengehen trinken.

Blinde Scheiben

- Unschöne, blinde Scheiben können Sie mit einem in Öl getränkten Wollappen einreiben. Polieren Sie die Scheiben danach mit einem Löschpapier, so werden sie wieder glasklar.

Bohrmaschine

- Wenn mit der Bohrmaschine ein Loch in die Wand gebohrt werden muß, sollte jemand mit dem Staubsauger daneben stehen. Mit der schmalen Düse direkt neben dem Bohrer ansetzen, so fängt man anfallenden Staub direkt auf.

Boiler

• Ist alles heiße Wasser aus dem Boiler raus, das Gerät sofort wieder mit frischem Wasser nachfüllen. Das tut erstens dem Boiler gut, zweitens wird das nachlaufende Wasser von der Resthitze des Boilers wieder erwärmt.

Brandflecken auf Porzellan

• Immer wieder kommt es vor, daß ein Unterteller zum Aschenbecher umfunktioniert wird. Leider entstehen dabei oft häßliche Brandflecken, die auf folgende Weise jedoch verschwinden: Tauchen Sie einen nassen Korken in etwas Salz und reiben Sie kräftig auf dem Fleck – schon ist er spurlos weg.

Brandwunde

• Wenn man sich verbrannt hat und eine entsprechende Salbe nicht zur Hand ist, hilft sehr gut auch Zahnpasta. Eine kleine Menge auf die Brandwunde streichen, das lindert den Schmerz, und Brandblasen bleiben aus.

Briefmarken

• Zusammengeklebte Briefmarken legt man ins Gefrierfach. Danach lassen sie sich wieder voneinander lösen, und sie kleben auch noch ohne fremden Klebstoff gut auf dem Brief.

Brillen

• Brillen reinigt man mit Wasser und Geschirrspüler oder mit einem Schuß Schnaps oder Essig.
• Brillen, die im Gelenk wackelig sind, bekommt man durch Anziehen der Schrauben wieder fest. Ein neuerliches Lockern der Schrauben kann man vermeiden, wenn man ihre Köpfe vor dem Festziehen mit etwas Nagellack betupft.

Cellophanpapier

• Cellophanpapier löst man am besten vom Einmachglas, nachdem man etwas kaltes Wasser hat darüberlaufen lassen.

Deodorantstift

• Legen Sie Deodorantstift-Reste in Schränke oder Schubladen, so sammelt sich der frische Duft in Kleidern und Wäsche. Sobald der Deo-Roller leer ist – ausspülen und mit Wasser füllen. Jetzt können Sie ihn als Briefmarkenbefeuchter benutzen und brauchen die Marken nicht mehr abzulecken, was viel hygienischer ist.

Diamant

• Wollen Sie testen, ob ein Diamant wirklich echt ist oder ob man Sie reingelegt hat, dann legen Sie den Stein doch einfach in ein mit Wasser gefülltes Gefäß. Strahlt der Stein auch unter Wasser, dann ist er echt. Unechte werden im Wasser trüb.

Dielen, knarrende

• In die Dielenritzen knarrender Dielen streut man Talkumpuder. Das Knarren hört auf.

Dokumente

• Wichtige Dokumente bewahrt man sorgsam auf. Um sie vor dem Vergilben zu bewahren, kann man sie mit Lack aus der Sprühdose haltbar machen.

Druckstellen im Teppich

• Störende Druckstellen im Teppich können Sie wieder glatt bekommen: Einfach ein heißes Dampfbügeleisen etwa einen Zentimeter über die Druckstelle halten. Der Dampf richtet den niedergedrückten Teppichflor schnell wieder auf.

Eingangstüren

• Eingangstüren fallen wesentlich leiser ins Schloß, wenn man die schräge Fläche des Schnappers ein paarmal mit Bleistift einstreicht. Das dick aufgetragene Graphit sorgt für lautloses Zufallen des Schlosses.

Einkaufstüten

• Einkaufstüten sollten Sie als Mülltüten weiterverwenden.

Eiswürfel

• Vor Geburtstagspartys sollten Sie eine größere Menge Eiswürfel vorfrieren. In einem Plastikbeutel aufheben. So haben Sie immer genügend Eiswürfel parat.

Elektrogeräte

- Elektrogeräte im Haushalt sind alle mit Typenschildern oder Gerätebezeichnung, Fertigungsnummer und Baujahr gekennzeichnet. Davon sollte man eine Liste aufstellen. Wenn dann das eine oder andere Gerät einmal eine Panne hat, kann man diese Daten dem Pannendienst gleich durchgeben. Das spart Zeit und oft genug auch Geld.

Etiketten

- Selbstklebende Etiketten entfernt man leicht, wenn man sie kurz anfeuchtet und rasch über eine Streichholz- oder Feuerzeugflamme hält. Bleibt dennoch ein Rest Klebstoff zurück, einfach mit Nagellackentferner oder Nitro-Verdünnung abreiben.
- Etiketten auf Flaschen und Gläsern werden wetterfest, wenn man sie mit Nagellack bepinselt oder mit Lack aus der Sprühdose übersprüht.

Fahrradspeichen

- Fahrradspeichen kann man gut vor Rost schützen. Gründlich säubern, mit farblosem Lack einpinseln. Das macht zwar Mühe, lohnt sich aber bestimmt.

Falten

- Falten beseitigen ohne Bügeln: Besonders für die nächste Reise sollten Sie sich diesen Tip merken. Hängen Sie die verknitterte Kleidung·in der Dusche auf. Wenn Sie dann heiß duschen, dringt der Dampf in den Stoff, und die Falten verschwinden.

Fernsehschirm

- Ungetrübte Fernsehfreuden können Sie genießen, wenn Sie regelmäßig den Bildschirm reinigen. Hierzu verwenden Sie am besten einen weichen Lappen, den Sie zuvor mit Spiritus getränkt haben. Danach mit einem weichen Tuch nachreiben. Gute Wirkung können Sie auch mit dem Klarsichttuch aus Ihrem Auto erzielen.

Feststeller von Vorhängen

- Die Feststeller von Vorhängen verschwinden oft wie durch Hexerei. Einfache Knetgummi-Pfropfen im Loch der Gardinenstange erfüllen denselben Zweck.

Flaschenverschluß

- Klemmt der Flaschenverschluß, so kriegt man ihn mit einem Nußknacker mühelos wieder auf.

Fliegen

- Fliegen kommen immer durch die geöffneten Fenster auf der Sonnenseite herein. Lüften Sie also immer nur jene Zimmer, die gerade im Schatten liegen.

- Ungebetene Gäste wie Fliegen und Insekten können Sie leicht aus der Wohnung vertreiben: Lassen Sie von Zeit zu Zeit einen Tropfen Essig auf der heißen Herdplatte verdampfen. Geben Sie zusätzlich dem Putzwasser ein paar Spritzer Petroleum bei. Bei starker Insektenplage legen Sie auf die Fensterbank Zeitungen mit aufgestreutem Mottenpulver. So haben Sie bald Ruhe vor mehrbeinigem Getier.

Fotografien reinigen

- Immer in guter Erinnerung bleibt ein schöner Urlaub oder ein rauschendes Fest durch Bilder. Sind diese mit Dreckspritzern oder Fettfingern verschmutzt, so sollten Sie sie mit einem in Spiritus getränkten Wattebausch reinigen.

Freßnapf

- Unter den Freßnapf für Hunde und Katzen klebt man einen Gummiring. So vermeidet man das Herumrutschen der Näpfe.

Fußmatten

- Unter Fußmatten legt man ein gleichgroßes Stück Schaumgummi, so rutschen sie nicht immer weg.

Gartenschirm

- Ihr Gartenschirm wird widerstandsfähiger, wenn Sie ihn mehrmals, aber mindestens vor jeder Saison, mit Haarspray gut einsprühen.

Gebrauchsanleitungen

- Gebrauchsanleitungen für Elektrogeräte, neue Pfannen und Töpfe klebt man am besten auf die Innenseite der entsprechenden Schranktüren. So hat man sie immer bereit.

Geruch, muffiger

• Es kommt nicht selten vor, daß Kleidungsstücke aus Acryl oder Polyester muffig riechen. Geben Sie dann beim Waschen ein paar Tropfen Parfüm ins Spülwasser. Auch ist es besser, die Kleidungsstücke aus chemischen Fasern nicht zusammengefaltet im Kleiderschrank aufzubewahren – hängen Sie sie nach Möglichkeit auf einen Bügel. Zusätzlich schadet es nichts, die Kleider bei schönem Wetter öfter in der frischen Luft auszulüften.

Geschenke

• Vor Weihnachten kommt man oft ins Grübeln: was schenke ich wem? Damit die Geschenke auch wirklich Freude bereiten, sollte man das ganze Jahr über aufpassen. Oftmals fällt ganz beiläufig der eine oder andere Wunsch während eines Gesprächs. Sofort notieren. So hat man dann bei Bedarf stets eine Liste, auf der die Geschenkwünsche der Menschen stehen, denen man Freude bereiten will.

Gläser mit Heißem abfüllen

• Heißes in Gläser füllen ohne Sprung – das gelingt mit einem ganz einfachen Trick: Legen Sie einfach ein nasses Tuch unter die Gläser – nichts wird passieren.

Gläser öffnen

• Wie kriege ich nur das Glas gut auf? Legen Sie ein Tuch auf den Tisch, und stellen Sie das Glas verkehrt herum darauf. Nun schlagen Sie mit der flachen Hand ein paarmal darauf – aber vorsichtig! Danach lassen sich die meisten Gläser problemlos öffnen.

Glassplitter

• Ein Glas ist zu Bruch gegangen, feine Glassplitter sind über den Boden verteilt. Ganz einfach und restlos nimmt man sie auf, wenn man einen feuchten Wattebausch dazu benutzt.

Gummihandschuhe

• Wer Gummihandschuhe nicht verträgt oder einfach nicht leiden mag, der zieht für große Schmutzarbeiten einfach ein paar dünne Trikothandschuhe unter die Gummihandschuhe.

Gummiringe

- Hartgewordene Gummiringe legt man in Salmiakgeist, so werden sie wieder weich.

Gummi-Wärmflaschen

- Gummi-Wärmflaschen darf man nie bis zum oberen Rand füllen. Vor dem Verschließen legt man die Wärmflasche auf den Tisch oder preßt sie gegen sich, bis die überflüssige Luft heraus ist. Dann erst verschließen.

Hausapotheke

- Was muß in die Hausapotheke? Baldriantee als Beruhigungs- und Schlafmittel, essigsaure Tonerde für feuchte Umschläge bei Prellungen und Stauchungen, Fieberthermometer, Grippetee, Halstabletten, Hoffmannstropfen zur Belebung bei Schwächeanfällen, Husten- und Bronchialtee, Kohletabletten, Verbandspray, Jod, Pflaster, Binden. Wichtig: Immer gleich Datum und Zweck vermerken und regelmäßig überprüfen.

Hausmief

- Nach längerer Abwesenheit sollten Sie den Hausmief vertreiben, indem Sie in den Räumen Lappen aus Leinen oder Baumwolle auslegen, die Sie zuvor in Fichtennadelöl getränkt haben. Dies übernimmt die Aufgabe von Sprays und hält mehrere Monate an.

Holztreppen, knarrende

- Über knarrende Holztreppen brauchen Sie sich nicht länger zu ärgern: Streichen Sie einfach eine Lösung von Schmierseife auf die knarrenden Stellen! Am besten, Sie verwenden für diese Arbeit einen Zerstäuber. Aber Vorsicht! Das Holz darf nicht naß werden.
- Oder reiben Sie die Stufen mit farbloser Schuhcreme ein – nicht mit Bohnerwachs –, und das Knarren hört bestimmt auf.

Kaminfeuer

- Ein prima Erfahrungswert für Kaminfeuer-Freunde: Nadelholz läßt Funken sprühen, aber nicht, wenn die Holzscheite mit den Sägeflächen nach vorn in die Feuerstelle gelegt werden.

Kerzen

- Kerzen am Christbaum zündet man immer von oben nach unten an, da sonst Ihre Kleider in Gefahr kommen.
- Kerzen brennen langsamer und ruhiger ab, außerdem tropfen sie nicht, wenn man sie vor dem Gebrauch einige Stunden ins Gefrierfach legt.
- Kerzen tropfen nicht, wenn man den Docht vor dem Anzünden mit Salz bestreut oder die Kerzen vor Gebrauch einige Zeit in Salzwasser legt.
- Kerzen, die zu dick sind für den Leuchter, taucht man kurz in heißes Wasser. Jetzt sofort auf den Leuchter stecken und fest andrücken.
- Große, dicke Zierkerzen brennen meistens nur innen runter. Zum Wegwerfen sind sie einfach zu schade. Deshalb stellt man in die Mitte der Kerze ein Teelicht. Sieht hübsch aus und hält so lange man will.

Kerzenwachs

- Manchmal setzt sich ganz unten im Kerzenhalter Kerzenwachs ab. Das sollte man nicht auskratzen, sondern mit heißem Wasser auflösen. Danach kann man das Wasser samt Kerzenwachs einfach ausschütten.

Kettchen

- Dünne Kettchen verknoten sich gerne. Wenn man das Kettchen zwischen den Handflächen reibt, lösen sich die Knoten.

Klarsichtfolie

- Klarsichtfolie klebt leicht zusammen.Um sie nicht zu verdehnen, legt man sie vor dem Entwirren einfach eine Zeit ins Gefrierfach.

Klebestreifen

- Klebestreifen auf Möbeln oder Türen entfernt man schonend und ohne Kratzer mit einem weichen, ölgetränkten Tuch.
- Klebestreifen an Geschenkpapier können so ganz leicht entfernt werden: Bügeln Sie kurz mit dem heißen Bügeleisen darüber – abziehen. So kann das Papier gut mehrmals benutzt werden.

Kleiderschürzen

- Bei Kleiderschürzen näht man zweckmäßigerweise den untersten Knopf mit Gummifaden an. So reißt er beim Bücken oder raschen Gehen nicht aus.

Koffer

• Einen gutriechenden Koffer erhalten Sie, wenn Sie vor dem Wegpacken des Koffers ein Säckchen Lavendel oder eine stark duftende Seife hineinlegen.

Korken

• Korken auf Salmiakflaschen zersetzen sich gern. Wenn man sie vor dem Auf-stecken auf den Flaschenhals in Wachs taucht, wird dies vermieden.

• Sind die Korken für den Flaschenhals zu breit, schneidet man sie mit einem angefeuchteten Messer zu.

Kugelschreiber

• Der Kugelschreiber will nicht mehr! So kriegt man ihn wieder flott: Die aus-geschraubte Mine kurz in lauwarmes Wasser legen, abtrocknen, wieder ein-setzen. Der Kuli schreibt wie gewünscht.

Lackgürtel

• Bei der Aufbewahrung Ihres schönen Lackgürtels sollten Sie folgendes be-achten: Hängen Sie ihn am besten an der Schnalle auf! Beim Aufrollen des Gürtels dagegen kann es leicht zu Knickstellen kommen.

Lackkratzer

• Lackkratzer verschwinden am kostengünstigsten mit einer farblich passenden Wachsmalkreide. Danach die ausgebesserte Stelle mit einem farblosen Na-gellack festigen – fertig.

Ledergürtel

• Wenn der Ledergürtel um die Taille schlabbert, kann man selbst ein weiteres Loch hineinstanzen. Man bohrt die vorher angezeichnete Stelle mit einer heißen Stricknadel durch.

Leder nähen

• Wollen Sie Leder ohne große Mühe nähen, dann reiben Sie die Nadel vor und während der Arbeit mehrmals mit Wachs oder einem Stück Kernseife ein. Die Nadel rutscht so viel besser.

Lederkoffer / Ledertaschen

• Arg mitgenommene Lederkoffer und Ledertaschen werden wieder wie neu, wenn man sie mit Rizinusöl einreibt und es kurz einziehen läßt. Das überschüssige Öl wird mit einem weichen Lappen wegpoliert.

Leere Packungen

• In leere Packungen aus Pappe kann man jede Menge kleinerer Abfälle füllen. So spart man Platz im Mülleimer.

Modeschmuck

• Modeschmuck läuft nicht schwarz an, wenn Sie ihn vor dem ersten Tragen mit farblosem Nagellack überziehen.

Molton-Spannbettuch

• Mit einem Molton-Spannbettuch können Sie leicht die Tischdeckenunterlage ersetzen.

Mottenschutz

• Natürlich helfen die handelsüblichen Mottenkugeln und -streifen sehr gut. Sie können aber auch mal folgendes probieren: Legen Sie einfach Gewürznelken in Ihre Schrankfächer – das riecht gut und hält die kleinen Tierchen wirksam fern.

Nähmaschinennadel stumpf

• Ist die Nähmaschinennadel stumpf geworden, können Sie sie selber schärfen – einfach ein paarmal durch ein Stück Schmirgelpapier nähen.

Nähmaschinenöl

• Mit feinem Nähmaschinenöl kann man auch abgespielten Schallplatten wieder den alten Sound entlocken. Man nimmt ein Wolltuch, gibt etwas Öl darauf und reibt den Plattenrillen entlang die Schallplatte ab.

Naß-Rasierer

• Männer, die ihre Naß-Rasierer an den Handtüchern abtrocknen, bedenken nicht, daß das Löcher geben kann. Sie sollten besser normale Kosmetiktücher verwenden.

Pakete

- Pakete sollten Sie mit feuchtem Bindfaden verschnüren. Nach dem Trocknen hält er bombensicher.

Perlen

- Perlen sollte man nicht mit anderem Schmuck in einem Kästchen aufbewahren, sonst werden sie leicht zerkratzt.

Quietschende Türen

- Quietschende Türen nicht mit Speiseöl ölen. Dieses Öl verhärtet sich und wirkt dann wie eine Bremse. Mit Maschinenöl kann das hingegen nicht passieren.

Radiergummi

- Der alte Radiergummi funktioniert wieder, wenn Sie ihn auf beiden Seiten mit einer ausgedienten Nagelfeile aufrauhen.

Regenmantel, wasserdicht

- Nach dem Waschen sind Regenmäntel, Anoraks, Handschuhe oder Rucksäcke meistens nicht mehr wasserdicht. Legen Sie sie in eine Lösung aus 9 Teilen Wasser und 1 Teil essigsaure Tonerde. Nach zweistündigem Einweichen können Sie die Kleidungsstücke dann aufhängen – bitte nicht nachspülen! Jetzt schützen sie wieder sicher vor Schnee und Regen.

Reißverschluß

- Klemmt der Reißverschluß, so brauchen Sie ihn nicht gleich durch einen neuen zu ersetzen. Mit einem einfachen Trick können Sie ihn meist wieder funktionsfähig machen: Sprühen Sie auf den geöffneten Reißverschluß etwas Haarspray! Decken Sie aber unbedingt die Stoffpartien daneben ab!

Schlüssel

- Mit rotem Nagellack kann man ähnliche Schlüssel am Schlüsselbund markieren, das schützt vor Verwechslungen. Auch die Knöpfe an Radio oder Stereoanlage kann man kennzeichnen, so braucht man nicht immer erst lange zu suchen.

- Läßt sich der Schlüssel nur schwer im Schloß drehen, dann wäscht man ihn mit warmem Seifenwasser gründlich ab. Anschließend reibt man ihn mit Paraffin ein; jetzt dreht sich der Schlüssel wirklich wie geschmiert.
- Verrostete Schlüssel werden in Paraffin- oder Terpentinöl wieder sauber.

Schmiedeeisen

- Das Rosten von Schmiedeeisen wird vermieden, wenn es mit Möbelpolitur abgerieben wird.

Schmuckbänder

- Schmuckbänder von Weihnachts- oder Geburtstagspäckchen bügelt man auf, steckt sie auf eine Sicherheitsnadel und hängt sie an eine Schrankinnenseite. So hat man immer glatte, gebrauchsfertige Bänder für Geschenkpäckchen parat.

Schnürsenkel

- Damit Schnürsenkel, bei denen die Plastikkappen abgefallen sind, nicht ausfransen und sich auch leichter durchfädeln lassen, brauchen Sie die Endstücke nur einige Minuten in farblosen Nagellack zu tauchen.

Schraubverschlüsse

- Schraubverschlüsse lassen sich auch leicht öffnen, wenn man dazu Gummihandschuhe anzieht.

Schuhcreme

- Mit ein paar Tropfen Milch kriegt man eingetrocknete Schuhcreme wieder weich.

Schuhe

- Wenn die neuen Schuhe färben, reiben Sie das Innere mit Essig aus.
- Drückt der neue Schuh? Ein paar Tropfen Alkohol in die Schuhe geben und sofort anziehen. Das Drücken hört bald auf.
- Auf der Suche nach dem richtigen Schuhwerk sollten Sie nicht nur auf das Äußere des Schuhs achten. Gerade das Innenfutter ist für das Wohlbefinden sehr wichtig. Der Schuh sollte für Wasserdampf genügend durchlässig sein, da sonst Ekzeme die Folge sein könnten.

Schultertaschen

• Rutschende Schultertaschen sind lästig. Wenn man einen schmalen Streifen Schaumgummi auf die Innenseite des Taschenriemens klebt, rutscht die Tasche nicht mehr.

Seifenhaltige Stahlwolle

• Seifenhaltige Stahlwolle wird leicht rostig, wenn man sie längere Zeit aufbewahrt. Packt man die Stahlwolle jedoch in Alufolie und deponiert sie im Gefrierschrank, dann bleibt sie lange Zeit gebrauchsfähig.

Sicherungen

• Mit durchgebrannten Sicherungen kann man noch gut stumpfe Messer schärfen.

Silberfischchen

• Silber ist schön – Silberfischchen sind eine Plage. Ganz leicht wird man sie in Küche und Bad los, mit einer gleichteiligen Mischung aus Borax und Wasser.

Sondermüll

• Wir alle haben es längst eingesehen: Wir müssen etwas für unsere Umwelt tun, damit auch unsere Kindeskinder noch unsere schöne Welt gesund genießen können. Und Umweltschutz fängt beim Müll an. Doch wohin mit den Problemabfällen?

• Chemikalien: Farbreste vom letzten Renovieren gehören nicht in den Hausmüll und erst recht nicht in die Toilette. Erkundigen Sie sich bei Ihrer Stadt- oder Kreisverwaltung – dort gibt man Ihnen genauestens Auskunft, wo die nächste Sammelstelle für Ihren Sondermüll ist. Die Chemikalien in den Farbresten sind ein Problem für Kläranlagen.

• Medikamente: Die Hausapotheke sollten Sie sowieso regelmäßig durchforsten. Denn die alten Medikamente können sehr gesundheitsschädigend sein. Alle Medikamente, die Verfärbungen aufzeigen, oder auch die, deren Beipackzettel nicht zu finden ist – bei denen Sie somit kein Verfalldatum kontrollieren können –, nicht einfach wegwerfen, sondern Ihrem Apotheker bringen. Schon seit längerem nehmen Apotheken alte Medikamente zurück und entsorgen diese fachmännisch.

- Batterien: Alte Autobatterien werden in der Regel von Werkstätten zurückgenommen. Aber auch die anderen, die wir ständig benutzen – im Radio, im Wecker –, gehören auf keinen Fall in Ihren Hausmüll – sie enthalten Schwermetall! Sammeln Sie die leeren Batterien und bringen Sie sie dorthin zurück, wo Sie sie gekauft haben: Elektro- und Fotohändler nehmen die gebrauchten Batterien entgegen.

Sonnenschirme

- Stark beanspruchte Sonnenschirme werden leicht undicht. Behandeln Sie diese mit Wasserglas (in der Apotheke erhältlich) – das hilft!

Sonnenschutzmittel

- Verliert Sonnenmilch ihre Schutzwirkung? Solange Ihre Sonnenschutzmittel noch verschlossen sind, sind sie etwa ein Jahr haltbar und verlieren nichts von ihrer Wirkung. Haben Sie Ihre Milch oder Creme bereits angebrochen, so sollten Sie sie so schnell wie möglich aufbrauchen, da sie sich sonst zersetzen könnte. Dies gilt übrigens für die meisten kosmetischen Produkte. Doch noch ein Tip: Ist Ihre Sonnenmilch schon etwas älter, so brauchen Sie diese noch lange nicht wegzuwerfen! Verwenden Sie sie doch zur Körperpflege nach dem Duschen oder Baden. Dazu eignen sich die Produkte sehr gut aufgrund ihrer pflegenden und hautfreundlichen Wirkstoffe.

Stoffreste

- Hübsche Stoffreste hebt man auf. Man kann damit dekorative Deckchen für Küche oder Eßecke herstellen. Wenn man gelegentlich Selbsteingemachtes verschenkt, kann man aus den Reststücken auch runde Tüchlein machen, die man über die Marmeladengläser bindet.

- Stoffreste, die möglicherweise noch einmal Verwendung finden können, hebt man in einer alten Strumpfhose auf. Durch die dünne Feinstrumpfhose hindurch sieht man immer, wo das geeignete Stück Stoff zu finden ist.

Spielzeug

- Spielzeug aus Holz oder Metall überzieht man mit farblosem Nagellack. Es ist leicht sauber zu halten.

Stricken

- Strickteile häkelt man am besten zusammen. Das geht sehr schnell, und im Bedarfsfall hat man es schneller wieder aufgetrennt als genähte Nähte.
- Während Ihrer ganzen Strick- oder Stickarbeit wird sich Ihr Garn oder Ihre Wolle nicht verwirren, wenn Sie die Wollknäuel in eine Plastiktüte stecken. Fädeln Sie die verschiedenen Garne, die Sie benötigen, durch verschiedene Löcher der Tüte. So werden Sie bei der Arbeit mit mehreren Knäueln keine Probleme mehr haben.

Strickmuster

- Bei Maschen- oder Reihenmarkierungen komplizierter Strickmuster benutzt man am einfachsten Büroklammern.

Tapeten über Heizkörpern

- Tapeten über Heizkörpern verschmutzen schnell. Wenn man öfter mal mit einem feuchten Tuch über den Heizkörper wischt, vermeidet man das.

Tapeten hinterm Herd

- Die hinter dem Herd tapezierte Wand überstreicht man zweckmäßigerweise mit farblosem Lack. So kann man alle Spritzer einfach wieder wegwischen.

Tonbänder / Kassetten

- Tonbänder und Kassetten darf man niemals auf eingeschaltetem Fernseher oder Radio liegenlassen. Die Bänder würden sich durch die Wärme verziehen.

Trockenblumensträuße

- Trockenblumensträuße lassen sich gut mit dem Haarfön entstauben.

Tubenverschlüsse

- Tubenverschlüsse, die klemmen, einfach unter fließendes heißes Wasser halten.

Türklingeln

- Schrille Türklingeln sind ein echtes Abschreckungsmittel. Angenehmer klingt es, wenn man sie mit Löschpapier umklebt.

Türschild

- Das Türschild wird nicht blind, wenn man es mit farblosem Lack überpinselt.

Urlaubsgepäck

- Nach der Urlaubs- oder Geschäftsreise sollte man sich praktischerweise notieren, was man gebraucht hat und was überflüssig war. So weiß man beim nächsten Mal, was man wirklich braucht.

Urlaubsgrüße

- Urlaubsgrüße sind eine Freude für Daheimgebliebene. Wenn man nicht allzuviel Urlaubszeit damit verbringen will, schreibt man die Adressen einfach schon zu Hause auf Aufklebeschildchen.

Verschlüsse von Klebstofftuben

- Verschlüsse von Klebstofftuben sind oftmals so fest verklebt, daß man sie auch unter Aufbietung aller Kräfte nicht aufbringen kann. Mit zwei oder drei Tropfen feinem Maschinenöl auf dem Verschlußgewinde löst sich der Verschluß noch am besten.

Wasser

- Wasser, das in einem offenen Behälter transportiert werden muß, bändigt man mit einem Stück Holz auf der Oberfläche. So schwappt garantiert nichts über.

Wasserhahn, tropfender

- Das Tropfen des Wasserhahns macht den ausgeglichensten Menschen nervös. Bis zur Behebung des Defektes bindet man einen Bindfaden an den Wasserhahn und läßt ihn nach unten hängen. Daran läuft nun das Wasser völlig geräuschlos nach unten ab.

Wasserstein an Brauseköpfen

- Wasserstein an Brauseköpfen entfernt man, indem man den Brausekopf ein paar Minuten in Zitronensäure oder Essigessenz legt.

Wasserverdunster

- In die Wasserverdunster an Heizkörpern gibt man ab und zu ein paar Tropfen des Lieblingsparfüms, so hat man immer den Duft um sich, den man mag.

Wecker

• Einen zu laut tickenden Wecker im Schlafzimmer stellt man ruhig, indem man ein genügend großes Glas darüber stülpt.

Zigarettenrauch

• Zigarettenrauch vom Besuch ist wenig angenehm, wenn man selbst Nichtraucher ist. Mit der Blumenspritze etwas Essigwasser im Raum verspritzen oder, was natürlich viel attraktiver ist, Räucherstäbchen anzünden.

Do it yourself

Mach es selbst und spar viel Geld.
Gerade die kleinen Dinge und Reparaturen sind es,
die oftmals teuer bezahlt werden müssen.
Eine vielfältige Auswahl von Tricks fürs Selbermachen
bzw. Reparieren der unterschiedlichsten Gegenstände
sind hier aufgezählt.
Keine Angst vor dem Griff zum
Schraubenschlüssel oder Tapezierpinsel.
Meist kann man nämlich mehr, als man
sich selbst zugetraut hätte.

Autopflege

Lackschäden

- Bröckelt Lack ab, dann streicht man nach gründlicher Reinigung der Stelle Nagellack auf den Fleck.

- Lackkratzer bessert man mit einem Lack aus, den man als Farbmuster in Sprühdosen zu kaufen kriegt.

- Ganz kleine Schadstellen im Lack macht man unsichtbar, indem man ein Wattestäbchen in die passende Farbe tunkt und die Farbe vorsichtig auf den Fleck überträgt.

- Auch ein Stückchen Wachsmalkreide kann sehr nützlich zum Ausbessern von Lack sein. Danach wird die Stelle mit farblosem Nagellack überstrichen.

Auto, rostiges

- Gegen Rost hilft: Das Auto immer sauberhalten, auch auf der Unterseite. Dazu empfiehlt es sich, auf Sonderangebote der Auto-Waschanlagen zu achten. Diese Angebote umfassen manchmal auch eine Unterbodenwäsche.

Bolzen, rostige

- Verrostete Bolzen lassen sich wieder lösen, wenn man einen Lappen darum wickelt, den man zuvor in eine kohlensäurehaltige Flüssigkeit getaucht hat. Auch einige Tropfen Salmiakgeist lösen gut. Vor dem Zusammenschrauben wird der Bolzen mit Zwirn umwickelt und mit Vaseline gegen eine Wiederholung des Ganzen geschützt.

Stoßstangen, rostige

- Rostflecken an Stoßstangen beseitigt man mit folgendem Trick: Man taucht ein Stück zerknüllte Aluminiumfolie in Coca-Cola und reibt den Rost damit ab.

- Oder man nimmt handelsübliche Stahlwolle, die man mit Seife tränkt.

Elektroreparaturen

- Elektroreparaturen sollten Sie grundsätzlich vom Fachmann ausführen lassen. Wollen Sie eine kleine Störung trotzdem unbedingt selbst beheben, bitte folgende Tips beachten: Hauptleitung abschalten, Sicherung entfernen, nur mit isoliertem Werkzeug arbeiten. Alles andere kann gefährlich werden.

Gipsen

- Schadhafte Wände bessert man mit etwas Gips aus. Damit der Gips nicht klumpig wird, rührt man den Gips ins Wasser, nicht umgekehrt das Wasser zum Gips.
- Für Anfänger wird der Gips oft zu schnell fest. Das kann man hinauszögern, indem man etwas Essig in die Mischung gibt.

Holz

- Auch die kleinste noch rauhe Stelle am Holz läßt sich finden, wenn man einen alten Nylonstrumpf über die Hand zieht und noch einmal über das Holz fährt.

Klemmendes und Quietschendes

- Im Haus drinnen klemmt's öfter. Sind es die Schubladen, dann kann man leicht abhelfen. Einfach etwas Kerzenwachs auf die klemmenden Stellen streichen.
- Klemmt eine Tür, so reibt man sie an den Enden mit Bohnerwachs oder Paraffin ein.
- Quietschende Scharniere, Fahrradketten, Rollerräder, klemmende Riegel und was es sonst noch gibt sprüht man mit nichtklebendem Pflanzenspray ein.

Leim lösen

- Klebeverbindungen lassen sich am besten so lösen: Essig in eine kleine Ölkanne füllen, reichlich auf die Klebeverbindung tröpfeln lassen – so löst sich der alte Leim.

Malerarbeiten

Farbe entfernen

- Farbspritzer in Gesicht oder an Händen entfernt man mit Speise-, besser jedoch mit Baby-Öl. Dieses greift die Haut nicht an und löst vortrefflich.
- Farbspritzern auf der Haut rückt man niemals mit Lösung oder ähnlich aggressiven Mitteln zu Leibe.
- Vorbeugen für ein nächstes Mal kann man, indem man vor dem Malbeginn freiliegende Haut dick mit Vaseline eincremt. So kann man anschließend das Ganze einfach mit einem Kosmetiktuch abwischen.

Farbgeruch

- Die Wände erstrahlen in strahlendem Weiß oder der Lieblingsfarbe, und man könnte sich eigentlich zufrieden ausstrecken, wenn nur dieser störende Farbgeruch nicht wäre.

- Dem beugt man vor, wenn man von vornherein zwei Teelöffel Vanille-Aroma auf den Liter Farbe mischt.

- Oder man läßt einen großen Wassereimer mit einem Teelöffel Salmiakgeist im frisch gestrichenen Zimmer über Nacht stehen.

- Eine große, geschnittene Zwiebel in einem großen Topf mit kaltem Wasser erfüllt ebenfalls den Geruchsentfernungszweck. Bis zum Morgen wird die Zwiebel den Geruch gänzlich aufgesogen haben.

Farbreste

- Wiederverwendung länger gelagerter Farbe ist manchmal etwas problemhaft, weil sich Klumpen oder Haut gebildet haben. Am besten siebt man dann die Farbe durch einen alten Nylonstrumpf.

- Man kann auch versuchen, die Farbe mit einem alten Schneebesen glattzurühren.

- Oder man schneidet einen Kreis aus feinem Drahtnetz und legt es in den Farbtopf. Das Drahtnetz wird nach unten sinken und alle Farbverdickungen am Farbtopfboden festhalten.

- Es gibt keine Haut, wenn man ein passendes Stück Alufolie direkt auf die Farbe drauflegt.

- Ölfarbe bleibt wie neugekauft, wenn man auf die oberste Schicht etwa 4 Eßlöffel Waschbenzin gibt. Soll die Farbe weiterbenutzt werden, darf man nicht umrühren, sondern muß das Waschbenzin vorsichtig wieder abgießen.

- Ganz einfach ist es auch, die Farbdosen auf dem Kopf aufgestellt aufzubewahren. So entfällt auch die lästige Hautbildung auf der Oberfläche.

- Zum leichteren Wiederfinden der gesuchten Farbe wäre es ratsam, wenn man einen Klacks des Farbtons in der Dose auf den Dosendeckel malt.

- Auch eine Markierung über den Inhalt am Dosenaußenrand ist praktisch, so weiß man immer, wieviel Farbe man noch zur Verfügung hat.

- Für Ausbesserungsarbeiten lohnt es sich, auch kleinste Reste aufzubewahren. Man füllt sie in kleinere, leere Medizin- oder Nagellackfläschchen um. Sind die Beschädigungen minimal, so bessert man sie mit einem in die entsprechende Farbe getauchten Wattestäbchen aus.

- Reste von Kunstharzdispersionsfarbe gießt man in eine leere, saubere Plastikflasche (Weichspüler). Fest zuschrauben. Die Farbe vor einem weiteren Verbrauch gut durchschütteln.

Pinsel

- Bei manchen Malerarbeiten schafft man es einfach nicht, an einem Tag mit allem fertig zu werden. Dann hilft man sich so: Den benutzten Pinsel ungereinigt in Alufolie wickeln und in den Tiefkühlschrank legen. Vor dem Weiterarbeiten muß der Pinsel dann etwa eine Stunde Zeit haben, um wieder aufzutauen.
- Arbeitet man mit Kunstharzdispersionsfarbe, legt man bei einer mehrtägigen Unterbrechung den Pinsel oder Roller in einen Plastiksack. Die Luft sauber aus dem Beutel pressen, so verschließen, daß keine Luft mehr hineinkommt. Pinsel oder Rolle werden so nicht hart und können zu gegebener Zeit einfach weiterverwendet werden.
- Einen Ölfarbe-Pinsel einfach ganz in ein Gefäß mit Wasser legen. Gut ausschütteln, bevor man weiterarbeitet.
- Nach dem Malen muß das Werkzeug gut gereinigt werden. Pinsel sind nicht billig, es lohnt sich also, gewissenhaft alle Farbreste aus den Borsten zu beseitigen.
- Verschmutzte und verkrustete Pinsel bekommen Sie in einer Lösung aus Wasser und Salmiakgeist wieder ganz sauber.
- Pinsel und Farbroller nach dem Malen in Wasser und anschließend in Weichspüler auswaschen, das hält Fell und Borsten herrlich geschmeidig.
- In einer alten Gemüse- oder Obstbüchse, gefüllt mit Farbverdünnung, reinigt man die verklebten Ölfarbpinsel. Will man die Farbverdünnung allerdings später wieder verwenden, sollte man sie in eine Büchse füllen, die verschließbar ist. Nach dem Pinselreinigen einige Tage stehen lassen. Danach vorsichtig die Farbverdünnung in eine andere Büchse umfüllen, der Farbsatz hat sich auf den Boden gesenkt und bleibt zurück.
- Vor Verwendung eines neuen Pinsels sollte man ihn etwa 12 Stunden in Leinölfirnis stellen.
- Fast hoffnungslos hart gewordene Borsten von Farbpinseln kriegt man wieder weich, wenn man sie in kochendem Essig schwenkt. Anschließend in Seifenlauge auswaschen.

Streichen

- Beim eigentlichen Malen sollten Sie ein paar Tricks beherzigen: Den Pinsel keinesfalls am Farbtopfrand abstreichen. Besser ist es, über die Öffnung des

Farbtopfs einen Draht zu spannen. Den Draht befestigt man an zwei Löchern, die man mit einem Nagel in die Eimerwand gestochen hat. Die Drahtenden durch die einander gegenüberliegenden Löcher ziehen, befestigen, fertig.

- Zum Umrühren sollte man sich einen Holzlöffel anschaffen, der ein paar Löcher im breiten Teil hat. So wird die Farbe gleichmäßig dick und schön glatt.

- Soll die Farbe in ein anderes Gefäß umgefüllt werden, deckt man den Rand des Farbtopfs vorher mit einem Klebeband ab. So kommt keine Farbe auf den Rand, der Farbtopf läßt sich luftdicht verschließen und ist auch nach längerer Zeit wieder problemlos zu öffnen, weil keine Farbe den Deckel verklebt.

- Wird die Farbe knapp, kann man mit einem Plastikteigspachtel auch den letzten Tropfen Farbe aus dem Topf herausholen.

- Pinsel verlieren ab und an Haare. Das sieht häßlich aus an der Wand. Wenn man vor Gebrauch des Pinsels mit einem Kamm durch die Borsten fährt, lösen sich die bereits gelockerten Pinselhaare und fallen nicht erst beim Malen ab.

- Muß eine Zimmerdecke gestrichen werden, dann steckt man den dafür nötigen Farbroller auf einen Besenstiel. So kann man vom Boden die Decke streichen und muß nicht ständig auf einem Stuhl auf und ab turnen.

Streichen, Fenster

- Fensterstreichen ist tatsächlich etwas heikel. Deshalb braucht es schon etwas Geduld und die vielen Tips, die hier angeführt sind, damit das Werk gelingt.

- Als erstes sollte man den Pinsel nie zu tief in die Farbe tauchen. Das obere Drittel sollte auf jeden Fall immer trocken bleiben. So erreicht man, daß die Pinselbewegung immer geschmeidig und elastisch bleibt. Die Farbe wird gleichmäßig auf dem Fensterrahmen verteilt.

- Vor dem Streichen des Rahmens sollte man mit einem Riegel Seife über die Fensterscheiben streichen. Das gibt einen prima Schutzfilm, Farbspritzer können nicht auf die Scheibe kommen, sie kleben auf dem Seifenfilm und lassen sich hinterher mühelos abwaschen.

- Die Kanten zwischen Scheibe und Rahmen sollten möglichst sauber sein. Das geht ganz leicht, wenn man sich die Mühe macht, vor dem Streichen rundherum ein Krepp-Klebeband anzubringen. Das fängt kleine Entgleisungen auf. Nachdem die Farbe wirklich gut getrocknet ist, zieht man das Klebeband einfach wieder ab.

- Ist es doch passiert, daß Farbspritzer auf die Scheibe gekommen sind, so entfernt man sie mit Nagellackentferner oder reinem Alkohol. Mehrere Minuten einwirken lassen, dann mit einem weichen Tuch abreiben.

Nägel

- Nägel einschlagen ist gar nicht so einfach. Mit diesen Tips gibt's keine Probleme:
- Nägel werden grundsätzlich schräg eingeschlagen.
- Größere Nägel lassen sich leichter einschlagen, wenn sie vorher in ein Stück Seife gesteckt oder mit Öl bestrichen worden sind.
- Beim Nägeleinschlagen gibt es oftmals blaue Finger. Das vermeidet man, wenn man den Nagel mit einem Haarclip festhält. Oder mit einer ausrangierten Pinzette.
- Tapetenrisse durch Nägel kann man vermeiden, indem man vor dem Nagelanbringen einen kleinen Kreuzschnitt in die Tapete schneidet. Die Ecken zurückbiegen, nach dem Nageleinschlagen wieder andrücken. Das hat auch noch den Vorteil, daß, wenn der Nagel einmal entfernt werden sollte, man die Tapetenecken einfach über das Loch kleben kann.
- Wenn Holz zu spalten droht, wenn man Nägel einschlägt, dann kneift man vor dem Einschlagen des Nagels dessen Spitze ab.

Nagellöcher

- Nagelstellen können unsichtbar gemacht werden. Dazu müssen die Nägel mit einem Nagelversenker versenkt werden, und die Nagellöcher werden verkittet.
- Aus Sägemehl und Leim entsteht eine Paste, die unliebsame, überflüssig gewordene Nagellöcher im Holz füllt. Das Loch wird so nahezu unsichtbar.
- Nagellöcher in bereits bemalter Wand kann man leicht mit etwas Zahnpasta unsichtbar machen – natürlich nur, wenn die Wand weiß gestrichen ist.

Regal bauen

- Versuchen Sie es doch einmal: Bauen Sie sich Ihr Regal selbst! Nehmen Sie hierfür einfach alte Kisten. Mit Farbe können Sie Ihrem Regal eine ganz persönliche Note geben. Lassen Sie Ihre Phantasie walten, und Sie werden sagen können: Diesen netten Arbeitsplatz habe ich ohne jede Hilfe selbst gestaltet.

Reifenprofil

- Das Reifenprofil ist von entscheidender Wichtigkeit für die Fahrsicherheit. Deshalb regelmäßig das Profil kontrollieren. Dazu steckt man ein 10-Pfennig-Stück in eine Profil-Furche. Kann man die vollständige Jahreszahl der Münze ablesen, dann sind die Reifen abgefahren.

Rost

• Petroleum ist ein gutes Mittel gegen Rost.

Sägen

• Sperrholz splittert gern beim Sägen. Das verhindert man erfolgreich, wenn man einen Streifen Klebeband über die Anschnittstelle klebt.

• Ein Sägeblatt, das mit einer Speckschwarte eingerieben wurde, sägt viel besser.

• Eine Metall-Handsäge tut sich viel leichter, wenn man ein wenig Petroleum auf das Sägeblatt gibt.

Schleifen

• Schleifpapier muß nicht nach einmaligem Gebrauch verschlissen sein. Es hält länger und bricht nicht so leicht, wenn man es von hinten anfeuchtet und um einen Holzklotz wickelt.

• Gibt es Holzflächen zu schleifen, vor Beginn erst anfeuchten, dann gut trocknen lassen.

Schnüre

• Die Enden einer Schnur lösen sich nicht mehr auf, wenn man sie mit Schellack oder Alleskleber einstreicht.

• Kunststoffkordeln oder Kunststoffschnüre fusseln nicht auf, wenn man die Schnittenden über einer kleinen Flamme schmilzt. Das hilft auch bei Knoten, die sich ständig auflösen.

Schrauben

• Das weiß doch jedes Kind! Vielleicht doch nicht: Deshalb gut merken – nach links lösen, nach rechts zudrehen.

• Lockere Schrauben befestigt man, indem man ein hölzernes Streichholz in das Loch steckt und abbricht. Nun die Schraube wieder eindrehen. Oder eine entsprechende Menge Stahlfusseln von Stahlwolle um das Schraubengewinde wickeln, wieder einschrauben.

• Wacklige Schrauben vom Möbelkauf bestreicht man mit Nagellack. Ist der Lack getrocknet, hält die Schraube bestimmt. In Klebstoff oder Kitt getaucht, hält die Schraube ebenfalls wieder fest.

- Widerspenstige Schrauben, die klemmen, wenn sie aufgehen sollen, mit Öl oder Wasserstoffsuperoxyd tränken. Wenn sie dann immer noch nicht zu lösen ist, erhitzt man die Schraube mit der Bügeleisenspitze und schlägt sie heraus. Dabei die Augen mit einer Brille schützen.

- Klemmende Schrauben kann man auch lösen, wenn man die Spitze des Schraubenziehers vorher erhitzt hat.

- Hält eine Schraube mit Mutter nicht, versucht man es mit zwei Muttern. Fest anziehen.

- Bohrt man Schrauben vor dem Anbringen in ein Stück Seife, dann lassen sie sich hinterher besser eindrehen.

- Abrutschende Schraubenschlüssel haben schon zu mancher Verletzung geführt. Man schaltet dieses Risiko aus, wenn man die Schraubenzieherspitze mit Kreide einreibt. Sollen Schrauben an schwer erreichbaren Stellen eingeschraubt werden, steckt man sie zuerst durch ein Stück Klebeband, die klebende Seite kommt nach oben. Mit dem Band kann man sie dann an der Spitze des Schraubenziehers festkleben. Oder die Schraube am Schraubenzieher festkleben, und zwar mit einem rasch trocknenden Leim. Ist der Leim gut trocken, kann die Schraube locker eingedreht werden.

- Messingschrauben dringen leicht ins Holz, wenn man ihre Spitzen kurz in Bienenwachs eintaucht.

Tapezieren

- Zuerst müssen alte Tapeten entfernt werden. Dazu eignet sich eine Flüssigkeit aus gleichen Teilen warmes Wasser und Essig. Mit einem Farbroller wird die Flüssigkeit auf die Tapete aufgetragen, einwirken lassen. Noch einmal einweichen. Jetzt müßte die Tapete sich in großen Stücken lösen lassen. Sehr gut eignet sich auch eine Spülmittel-Wasser-Lösung. Immer mit dem Farbroller auftragen, das geht wesentlich besser als mit einem Farbpinsel.

- Tapeziert man eine vorher untapezierte Wand, kann man schon vorsorgen für später. Man streicht einen ölhaltigen Grundierlack auf die Wand. Gut trocknen lassen, jetzt erst die Tapete draufkleben. Von dieser Grundierung läßt sich später die Tapete wieder leicht abnehmen.

- Nun geht's zum eigentlichen Tapezieren. In Feuchträumen nach Abschluß des Tapezierens sämtliche Stoßränder der Tapete mit Klarlack überstreichen, damit keine Feuchtigkeit eindringen und die Tapete lösen kann.

- Muß eine beschädigte Tapete geflickt werden, niemals das einzusetzende Tapetenstück schneiden – immer reißen, und zwar in Richtung der Tapetenrückseite. So wird die ausgebesserte Stelle nicht ins Auge fallen.
- Sind die tapezierten Flächen blasig geworden, ritzt man die Blase mit einem Rasiermesser ein. Mit einem Messer oder Teigschaber etwas Tapetenkleister unter die Tapete bringen. Mit einem nassen Schwamm oder sehr feuchten Tuch glätten.
- Bei nicht ganz geraden Wänden streicht man vor dem Tapezieren die Ecken in dem Farbton der Tapete. So sind, falls nach dem Tapezieren die Ecken nicht ganz abgedeckt sind, die kleinen Mängel nicht sichtbar.
- Ein paar Tapetenreste sollten Sie an einer Wand auf dem Speicher aufhängen. Wenn irgendwann eine Stelle in der Wohnung ausgebessert werden muß, sind die Tapetenreste genauso ausgebleicht wie die an der richtigen Wand.

Wackliger Tisch

- Ein wackliger Tisch wird standhaft, wenn man etwas flüssiges Holz aus der Tube auf Pergamentpapier gibt. Das kurze Bein in die Masse stellen, gut trocknen lassen. Den überstehenden Rest mit einem scharfen Messer entfernen und mit Schleifpapier nachschleifen.

Werkzeug

- Rost nagt gern an Werkzeugen. Von einem Stück Holzkohle, Kreide oder einigen Mottenkugeln im Werkzeugkasten wird die Feuchtigkeit aufgesogen, das Werkzeug bleibt rostfrei.
- Mit Autowachs eingeriebenes Werkzeug bleibt ebenfalls lange Zeit vor Rost bewahrt.
- Nägel, Schrauben, Muttern und ähnliches sortiert in ausgedienten Baby-Flaschen mit Schraubverschlüssen aufbewahren. Wenn dann noch ein Loch in den Deckel gebohrt und die Flasche unter der Werkbank angebracht wird, ist Ordnung halten leichtgemacht.
- Muttern und Unterlegscheiben gehören zusammen. Das erreicht man, wenn man sie auf einer großen Sicherheitsnadel aufreiht. Die geschlossene Sicherheitsnadel wird an einen Nagel an die Wand gehängt.
- Runde Sägeblätter sollten geschützt aufbewahrt werden, damit die Zacken nicht beschädigt werden, z. B. in leeren Plattenhüllen. So aufbewahren, daß Kinder nicht drankommen!

Pflanzen und Blumen

Nicht jeder hat den berühmten „grünen Daumen",
aber jeder kann mit ein paar Tricks Blumen und
Pflanzen zu üppigem Gedeihen anregen.
Und daß man dazu nicht viel Geld braucht, ist bei
diesen Tips ohnehin selbstverständlich.

Ableger

• Schneller Wurzeln bekommen Pflanzenableger, wenn man sie in eine mit Wasser gefüllte farbige Flasche stellt. Das getönte Licht verhilft den jungen Stecklingen zu einem raschen Wurzelaustreiben.

Ameisen in Blumenbeeten

• Ameisen in Blumenbeeten oder -kästen vertreibt man erfolgreich mit Zitronenscheiben oder Zitronenschalen.

Blattläuse

• Gegen Blattläuse kann man folgendes unternehmen: Man pflanzt zwischen die Blumen Anis oder Koriander, das verdirbt den Blattläusen nachhaltig den Appetit. Auch Tagetes, Lavendel oder Knoblauch vertreiben Blattläuse und sind vor allem geeignet zum Unterpflanzen von Rosen.

• Haben sich Blattläuse schon angesiedelt, dann hilft ein Übergießen der Pflanzen oder auch ein gründliches Besprühen mit einer Lösung aus 40 Gramm Alaun auf ein Liter kochendes Wasser. Diese Lösung mischt man mit 9 Liter kaltem Wasser.

Blumen

Blumen, frisch halten

• Frische Schnittblumen bleiben länger frisch, wenn man rohe Kartoffeln, in die zuvor kleine Löcher gebohrt wurden, in die Vase legt. In die Löcher werden die Blumenstengel hineingedrückt. Hilft vor allem im Winter, wenn die Räume sehr trocken und warm sind.

• In der kalten Jahreszeit bleiben Frischblumen länger frisch, wenn man in die Vase einen Zypressenzweig steckt.

• Auch eine Kupfermünze in der Vase hält Blumen länger frisch.

Blumen schneiden

• Blumen schneidet man so: Weiche Stiele gerade, harte Stiele schräg abschneiden. Verholzte Stiele sollte man zusätzlich etwas breitklopfen.

Blumenwasser

• Blumenwasser für Astern und Chrysanthemen stellt man selbst her, und zwar aus 1 Liter Wasser und 2 Eßlöffel Essig und Zucker. Gut vermengen, in die Vase geben, so entwickelt sich kein Faul-Geruch, und die Schnittblumen halten wesentlich länger.

- Blumenwasser bleibt frischer, und die Blumen halten länger, wenn man eine Aspirintablette in der Vase auflöst.
- Manchmal riecht Blumenwasser durchdringend, vor allem bei leicht faulenden Blumenstielen. Mit einem Stückchen Holzkohle im Blumenwasser wird der Fäulnisgeruch vermieden.

Blumenzwiebeln

- Blumenzwiebeln oder auch -knollen, die man im Winter aufbewahren möchte, wie zum Beispiel die von Gladiolen, lassen sich gut in Früchte- oder Gemüsenetzen aus Plastik aufbewahren, die man am besten im Keller aufhängt. So sind Zwiebeln und Knollen im Frühling gesund und pflanzbereit.

Dünger

- Aus frischen Brennesseln läßt sich ein hervorragendes Flüssigdüngemittel herstellen. Drei Tage lang Brennesseln im Wasser ziehen lassen, danach durch ein altes Sieb gießen und an die Pflanzen geben. Wegen der durchdringenden Geruchsentwicklung sollte dieser Dünger nur im Freien hergestellt werden.
- Sommerblumen wie Tagetes, Tausendschön, Geranien und Begonien gedeihen herrlich, wenn man ihnen als Blumendünger Kaffeesatz in die Erde mischt. Pro Meter Balkonkasten rechnet man etwa zwei bis drei Hände voll Kaffeesatz. Auch an Gartenblumen kann man diesen Dünger geben. Wer selbst nicht viel Kaffee trinkt, sollte mal in der Lieblingskneipe nach Kaffeesatz fragen.

Erde

- Die Erde von Maulwurfshügeln eignet sich hervorragend als Blumenerde für Ihre Blumenkästen und Blumentöpfe.

Erdflöhe

- Erdflöhe aus Blumentöpfen vertreibt man mit Streichhölzern, die einen gelben Schwefelkopf haben. Das Kopfende wird einfach in der Erde versenkt. Mit dem Gießwasser löst sich der Schwefel auf und vertreibt das Ungeziefer. Den Pflanzen tut der Schwefel nichts.

Farne

- Farnpflanzen sind oft sehr heikel in Haltung und Pflege. Mit saftig frischem Grün und robuster Gesundheit danken Farne es, wenn man sie ab und zu

mit Milch oder leichter Kochsalzlösung (4 Eßlöffel auf einen Dreiviertel-
liter Wasser) gießt. Damit der Farn nicht einseitig wird, dreht man ihn am
besten von Zeit zu Zeit im Uhrzeigersinn.

- Was für Geranien Kaffee – das ist für Farne Tee. Die bereits gebrauchten
Teebeutel noch einmal überbrühen. Abkühlen lassen, Farne damit gießen.
Sie gedeihen, als ob man sie mit einem Düngemittel gedüngt hätte.

Flieder

- Flieder in der Vase ist schön, doch leider hält er oft nicht sehr lange. Wenn
man die Stengel mit einem scharfen Messer längs einschneidet und zusätzlich etwas Zucker ins Wasser gibt, dazu noch reichlich Blattgrün an den Sten-
geln entfernt, dann hält er länger.

Gartengeräte

- Gartengeräte rosten nicht, wenn man sie damit einreibt: Ein Teil Harz schmel-
zen, mit drei Teilen ausgelassenem Speck vermischen, fertig.
- Gartenschläuche hält man über den Winter geschmeidig, wenn man nach
dem letzten Einsatz etwas Glyzerin durchlaufen läßt. Gleichmäßig kühl,
aber frostfrei aufbewahren, dann kann nichts schiefgehen.

Hängeampel-Pflanzen

- Damit beim Blumengießen von Hängeampel-Pflanzen die Tapetenwand keinen Schaden nimmt, sollte man hinter jeden Topf ein Schwämmchen klemmen.

Kakteen

- Kakteen dürfen nicht zu oft umgetopft werden, sonst geht die ganze Kraft in
die Wurzel, die neu gebildet wird. Junge Kakteen also etwa alle zwei Jahre,
ältere alle drei Jahre umtopfen. Dabei gilt, wie bei allen anderen Pflanzen
auch, daß der Topf immer nur eine Nummer größer sein soll.
- Kakteen müssen in einem Raum bei 8 bis 10 Grad überwintern. Im Frühjahr
in einen hellen Raum stellen, noch trocken halten. Erst ab Ende Februar, Anfang März langsam wieder mit dem Gießen beginnen. Ab Juni dann wieder düngen.
- Ist ein Kakteenstachel in der Haut steckengeblieben, läßt man auf die entsprechende Stelle Kerzenwachs tropfen und taucht sie in kaltes Wasser, da-

mit das Wachs schnell erstarrt. Beim Abziehen des Wachses geht der Stachel mit heraus.

Läuse

• Stark verlauste Zimmerpflanzen kann man wieder sauberkriegen. Man stellt sie unter eine entsprechend große Kiste. Unter dieser Kiste brennt man dann zwei Handvoll Zigarren- oder Zigarettenstummel ab. Dieser Qualm muß mehrere Stunden auf die Pflanzen einwirken. Anschließend mit der Handbrause gründlich abbrausen.

Nelken

• Nelken halten ganze 10 Tage länger in der Vase, wenn man sie statt in Wasser in Zitronenlimonade stellt.

Orchideen

• Orchideen mögen kein kaltes Wasser. Sie bleiben viel länger schön, wenn man sie in lauwarmes Wasser stellt.

Pflanzenblätter

• Die Blätter Ihrer Zimmerpflanzen müssen ab und zu abgestaubt werden! Verwenden Sie ein weiches Tuch, das trocken sein sollte.

Pflanzen gießen

• Je nach Art und Größe der Pflanzen steckt man einen oder mehrere Plastiktrichter in die Blumenerde. So geht kein Tropfen Gießwasser mehr daneben, man spart lästiges Aufwischen vergossenen Wassers. Außerdem kann man so die Wassermenge genauer dosieren. Und es dringt auch ein, wenn etwas zuviel Torfmull unter die Erde gemischt wurde, während bei normalem Gießen das Wasser über den Torfmull wegrinnt.

• Immer wieder stehen Mineralwasser-Reste in Flaschen ab. Nicht wegschütten, sondern an Topfpflanzen geben. Wenn das regelmäßig geschieht, blühen die Blumen auffällig schöner.

• Lassen Sie das Gießwasser einen Tag stehen, damit es Chlorzusätze verliert und die Pflanzen keine braunen Flecken bekommen. Wasser, in dem Eier gekocht wurden, enthält viele Mineralien und ergibt einen wertvollen „Drink" für Ihre Zimmerpflanzen.

- Zimmerpflanzen nie zuviel Wasser geben! Lieber öfter gießen. Sie mögen kein Fußbad.
- Für Aquarienbesitzer: Beim Wechseln des Aquariumwassers dieses nicht wegschütten, sondern Topfpflanzen damit gießen. Die in dem Wasser enthaltenen wichtigen Nährstoffe sind für Zimmerpflanzen ein prima Düngemittel.

Rosen

- Damit Rosen länger halten, sollte man die Stiele ca. 2 bis 3 Minuten in sehr heißes, fließendes Wasser halten. Dann in eine mit normalem Leitungswasser gefüllte Vase stellen. Durch das vorangegangene Überbrühen schwellen die Saugkörper der Rosenstengel an, und sie können nun leichter Wasser holen.
- Lassen Rosenknospen in der Vase den Kopf hängen, erholen sie sich am ehesten wieder, wenn man mit einem scharfen Messer direkt unter der Knospe den Stiel anritzt. Stengel frisch anschneiden, eine Vase mit lauwarmem Wasser füllen, Rosen hineinstellen.

Schädlinge

- Schädlinge an Topfpflanzen brauchen nicht immer Gift. Eine Knoblauchzehe, die man neben Zierpflanzen steckt, vertreibt unliebsame Topf-Mitbewohner. Blattläuse kann man mühelos mit Tesafilm überkleben und anschließend einfach abziehen.

Schnittblumen transportieren

- Will man Schnittblumen auf Reisen mitnehmen, wickelt man um die Stiele nasse Watte und gibt sie in eine Plastiktüte. Oben gut zusammenbinden. So bleiben die Blumen frisch bis an den Zielort.

Tannen

- Geschlagene Tannenbäume halten auch in beheizten Räumen lange frisch, wenn man sie in ein Gefäß mit feuchtem Sand stellt. Sand immer wieder nachfeuchten!
- Tannenzweige bleiben länger frisch und schön grün, wenn man sie einige Zeit in lauwarmes Wasser stellt und anschließend die Schnittenden mit Siegellack bestreicht.

Tulpen

- Tulpen, selbst frische, lassen manchmal den Kopf hängen, sowie sie in der Vase sind. Sie richten sich von selbst wieder auf, wenn man sie am Abend unter eine Stehlampe stellt.

- Außerdem nützt es, wenn man den Tulpen nicht so viel Wasser in die Vase gibt.

Umtopfen

- Umtopfen so vorbereiten: Den neuen Topf über Nacht in Wasser legen, damit sich der Ton vollsaugen kann.

- In den ersten vier Wochen darf eine frisch umgetopfte Pflanze nicht gedüngt werden.

- Der Topf soll auch immer nur eine Nummer größer als der alte sein, da sonst zuviel Energie in die Wurzelbildung investiert wird.

Würmer

- Gerade im Frühjahr und im Sommer haben Sie bestimmt auch schon kleine, häßliche Würmer in Ihrer Blumenerde bemerkt, gegen die Sie machtlos zu sein scheinen. Dem ist aber nicht so! Sie können diese Würmer ganz leicht vertreiben, in dem Sie etwas Kaffeesatz unter die Erde mischen.

- Oder probieren Sie folgendes: Legen Sie eine rohe Kartoffelscheibe auf die Blumenerde; dadurch werden die Würmer herausgelockt, und Sie können sie leicht absammeln.

Zimmerpflanzen

- Die Blätter bei Zimmerpflanzen werden glänzend, wenn man sie mit Bier abreibt.

- Zimmerpflanzen gedeihen gut, wenn sie öfter in den Regen gestellt werden. Die Temperatur sollte dabei nicht unter 13 Grad Celsius betragen.

- Wenn man Holzkohle auf dem Grund des Topfes eingräbt, verhindert man, daß die Wurzeln der Pflanzen faulen.

- Große Blätter von Pflanzen verstauben nicht so schnell, wenn sie gelegentlich mit Glyzerin abgewischt werden.

- Es ist gut für die Pflanzen, ein Gefäß mit Wasser auf der Blumenbank aufzustellen, aus dem das Wasser verdunsten kann.

- Im Winter dürfen Zimmerpflanzen die Fensterscheiben nicht berühren, da diese die Kälte weiterleiten und die Pflanzen dadurch Schaden nehmen können.
- Pflanzen gehören nicht ins Schlafzimmer, denn viele Arten verschlechtern die Luft, weil sie nachts, wenn auch in geringen Mengen, ebenso wie Mensch und Tier nur Sauerstoff verbrauchen und Kohlenstoff produzieren.

Zweige

- Zweige treiben schnell in der Vase, wenn man einige Tropfen Salmiak ins Wasser gibt (für eine größere Vase zehn Tropfen).
- Blühende Zweige im Winter sind ein schöner Zimmerschmuck. Anfang Dezember Kirschbaum- oder Kastanienzweige abschneiden, zehn Zentimeter tief ins Wasser stecken, das eine Temperatur von etwa 20 Grad Celsius haben sollte. Das Gefäß in einen geheizten Raum stellen. Das verdunstete Wasser täglich nachfüllen und die kleinen Blätter jede Woche einmal mit lauwarmem Wasser besprengen.
- Zwiebel- und Knollengewächse faulen leicht, wenn sie zu reichlich gegossen werden.

Manfred Backhaus

KOPFSCHMERZ & MIGRÄNE

Lindern und Heilen durch Naturheilverfahren

MOEWIG

Manfred Backhaus, der bekannte Heilpraktiker und Schmerztherapeut, geht in diesem Buch den Ursachen der Erkrankung auf den Grund und zeigt, mit welchen Naturheilverfahren auf wirksame und unschädliche Weise Kopfschmerzen auf Dauer besiegt werden können. Hierbei kommen auch bewährte Hausrezepte und vorbeugende Maßnahmen nicht zu kurz.

Manfred Backhaus
Kopfschmerz & Migräne

252 Seiten, Hardcover
DM 14,80/öS 108,-/sfr 14.-
ISBN 3-8118-1388-9

rat & wissen aktuell **GESUNDHEIT**

Manfred Backhaus

NATÜRLICH SCHMERZFREI

Sanfte Naturheilmethoden für ein
Leben ohne Beschwerden

MOEWIG

Schmerzen – oft sind sie lebensrettende Warnsignale, manchmal
aber auch sinnlose Höllenqualen. Manfred Backhaus plädiert für
eine sanfte, biologische Schmerz-Therapie. Mit wertvollen Tips
aus der Naturheilkunde ist sein Buch medizinischer Ratgeber und
Lebenshilfe zugleich.

Manfred Backhaus
Natürlich schmerzfrei
Sanfte Naturheilmethoden für ein
Leben ohne Beschwerden

252 Seiten, Hardcover
DM 14,80/öS 108,-/sfr 14.-
ISBN 3-8118-1312-9